500만 독자가 선택한

가장 쉬운
독학 일본어 첫걸음
14,000원

가장 쉬운
독학 중국어 첫걸음
14,000원

가장 쉬운
독학 베트남어 첫걸음
15,000원

가장 쉬운
독학 스페인어 첫걸음
15,000원

가장 쉬운
프랑스어 첫걸음의 모든 것
17,000원

가장 쉬운
독일어 첫걸음의 모든 것
18,000원

가장 쉬운
스페인어 첫걸음의 모든 것
14,500원

버전업! 가장 쉬운
베트남어 첫걸음
16,000원

버전업! 가장 쉬운
태국어 첫걸음
16,800원

오늘부터는 팟캐스트로 공부하자!

팟캐스트 무료 음성 강의

▸1 iOS 사용자

Podcast 앱에서
'동양북스' 검색

▸2 안드로이드 사용자

플레이스토어에서 '팟빵' 등
팟캐스트 앱 다운로드,
다운받은 앱에서
'동양북스' 검색

▸3 PC에서

팟빵(www.podbbang.com)에서
'동양북스' 검색
애플 iTunes 프로그램에서
'동양북스' 검색

◉ **현재 서비스 중인 강의 목록** (팟캐스트 강의는 수시로 업데이트 됩니다.)

- 가장 쉬운 독학 일본어 첫걸음
- 가장 쉬운 독학 중국어 첫걸음
- 가장 쉬운 독학 베트남어 첫걸음
- 페이의 적재적소 중국어
- 중국어 한글로 시작해

매일 매일 업데이트 되는 동양북스 SNS! 동양북스의 새로운 소식과 다양한 정보를 만나보세요.

 blog.naver.com/dymg98　　 instagram.com/dybooks　　 facebook.com/dybooks　　twitter.com/dy_books

첫걸음 베스트 1위!

가장 쉬운
러시아어 첫걸음의 모든 것
16,000원

가장 쉬운
이탈리아어 첫걸음의 모든 것
17,500원

가장 쉬운
포르투갈어 첫걸음의 모든 것
18,000원

가장 쉬운
터키어 첫걸음의 모든 것
16,500원

버전업! 가장 쉬운
아랍어 첫걸음
18,500원

가장 쉬운
인도네시아어 첫걸음의 모든 것
18,500원

가장 쉬운
영어 첫걸음의 모든 것
16,500원

버전업! 굿모닝
독학 일본어 첫걸음
14,500원

가장 쉬운
중국어 첫걸음의 모든 것
14,500원

첫걸음 끝내고 보는 중국어 초중급의 모든 것

회화편 + 어법편

초판 5쇄 | 2018년 5월 20일

지은이 | 백연주
발행인 | 김태웅
편집장 | 강석기
편 집 | 권민서, 정지선, 김효수, 김다정
디자인 | 방혜자, 이미영, 김효정, 서진희
마케팅 총괄 | 나재승
마케팅 | 서재욱, 김귀찬, 이종민, 오승수, 조경현, 양수아
온라인 마케팅 | 김철영, 양윤모
제 작 | 현대순
총 무 | 전민정, 안서현, 최여진, 강아담
관 리 | 김훈희, 이국희, 김승훈

발행처 | 동양북스
등 록 | 제10-806호(1993년 4월 3일)
주 소 | 서울시 마포구 동교로22길 12 (04030)
전 화 | (02)337-1737
팩 스 | (02)334-6624

http://www.dongyangbooks.com

ISBN 978-89-8300-612-7 03720

© 백연주, 2008

저자의 말

중국어 첫걸음을 끝내고 방황하는 모든 학습자들에게 해답이 되는 책

그 어렵다는 중국어를 학원도 안 다니고 선생님도 없이, 첫걸음 책 한 권과 굳은 의지로 시작해서 멋지게 마치신 분들, 정말 존경의 박수를 보냅니다. 이 책은 ≪가장 쉬운 중국어 첫걸음의 모든 것≫에서 공부한 내용을 다시 정리하면서 조금씩 심화하는 데 초점을 맞췄습니다. 혹시 다른 첫걸음 책을 공부하셔서 주저하시는 분 계세요? 일반적으로 첫걸음 책의 기본 내용은 비슷하기 때문에 크게 걱정 안 하셔도 됩니다.

'회화와 HSK는 별개가 아니다'

8년 동안 회화와 HSK를 가르치면서 저는 이 둘이 결코 별개가 아님을 알게 되었습니다. HSK의 출제 기준은 회화에서 상용되는 중요한 어휘나 표현이기 때문에 회화를 잘하는 사람이 시험에도 유리합니다. 물론 어법도 마찬가지입니다. 바로 이 특성을 고려해 이 책을 회화와 어법으로 나누어 실었으며 어법편을 HSK 어법과 접목시켜 설명했습니다. 본문을 보다가 어법 보충이 필요한 부분은 페이지를 표시했으니, 어법편을 꼭 확인하면서 함께 공부하세요.

'따분한 책은 학습 의욕을 떨어뜨린다'

회화의 소재는 사회적인 트렌드나, 생활 속의 유용한 표현들을 채택했으며, 설명은 딱딱한 용어보다는 쉬운 말로 풀어서 지레 겁먹거나 어렵지 않게 느끼도록 했습니다. 여러분들이 이 책으로 공부하면서 중국어가 '저기 먼 나라 언어'가 아니라 '바로 여기, 가까운 곳의 언어'라는 느낌이 든다면 성공이라고 할 수 있겠죠?

'이 책으로 공부하는 학습자들은 모두 내 학생들이다'

옆에서 바로 지도해드리지는 못하지만, 독학자들에게 조금이나마 도움을 주기 위해서 제가 교재의 모든 단원을 직접 강의했습니다. 동양문고 홈페이지에서 무료로 제공되는 동영상 강의를 알 때까지 반복해 보면서 공부하세요. 제가 15년 동안 쌓은 중국어 지식과 내공, 8년 동안 학생들에게 쏟으면서 얻은 모든 노하우를 이 책과 동영상 강의에 담았습니다.

진심으로 감사 드립니다.

먼저 이 책을 나오게 한 원동력인 나의 학생들, 그리고 교육적인 부분에 있어 많은 가르침을 주신 이화여대 이종진 교수님, 지금의 저를 만들어주신 차이나로 박귀진·가광위 원장님, 유지선 선생님, 중국어 감수를 맡아주신 중국어 파트너 가란 선생님, 문창중학교 김은주 선생님, 책이 나올 때까지 함께 공들여준 동양문고 중국어팀, 끝까지 나를 지지해주신 시부모님, 친정 부모님과 너무 사랑하는 나의 남편과 아들, 모든 이들께 진심으로 감사 드립니다.

CONTENTS

어 법 편

이 책의 구성과 100% 활용법

단원 소개

각 단원의 본문에서 배울 회화 내용들을 재미있는 그림과 함께
한눈에 볼 수 있습니다. 그림 속 상황을 보면서 무슨 말을 하고
있는지 중국어로 훑어보세요.

본문

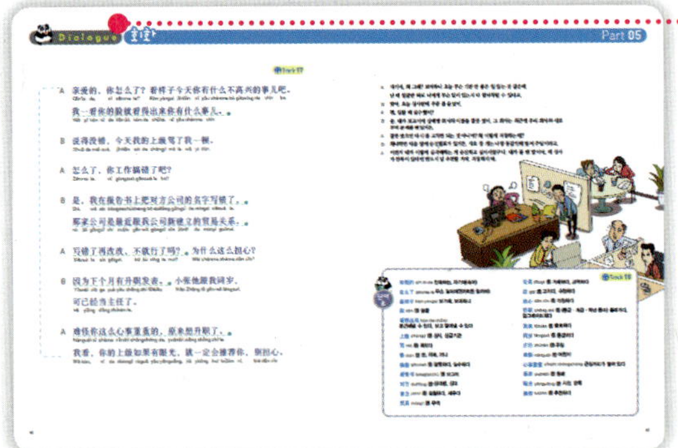

총 13개의 주제로, 일상에서 자수 쓰이는 단어와 문장들을 중
심으로 회화를 구성했습니다. 본문 중 핵심구문에서 더 배우게
될 부분은 밑줄과 번호로 표시했습니다.

핵심구문

본문에서 중요하게 다루어야 할 구문을 뽑아 형식과 어법에 대
한 설명을 보충했습니다. 예문은 실제 생활에서 자주 쓰이는
것들로 구성하여 이해를 돕고 활용도를 높였습니다. 또한 심화
된 어법 설명이 필요한 부분은 어법편 페이지를 체크했으니 지
나치지 말고 꼭 어법편 관련 파트에서 확인하도록 합니다.

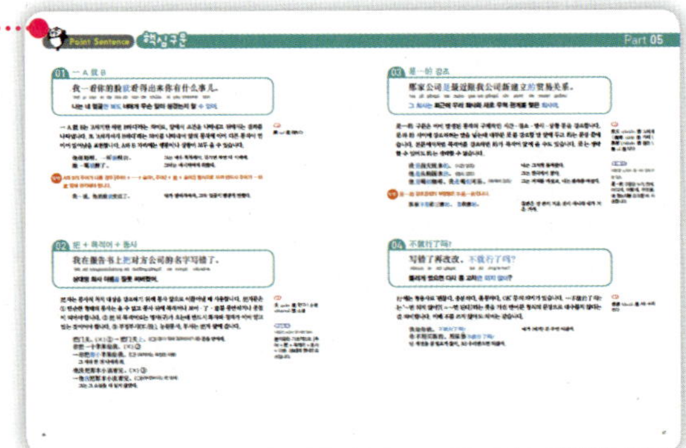

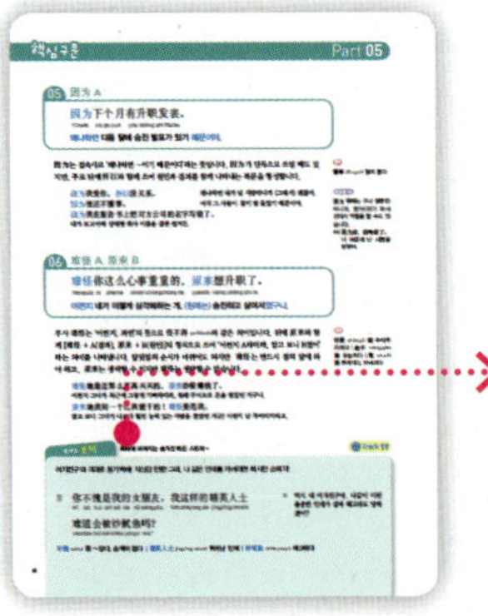

보너스 트랙

본문의 마지막 상황에 이어질 수 있는 대화들을 간단하게 실었
습니다. 회화 본문이 끝이 아니라 얼마든지 대화를 이어갈 수
있다는 생각으로 상황을 추측해보세요. 가벼운 마음으로 "이렇
게 말할 수도 있구나" 정도만 이해하시면 됩니다.

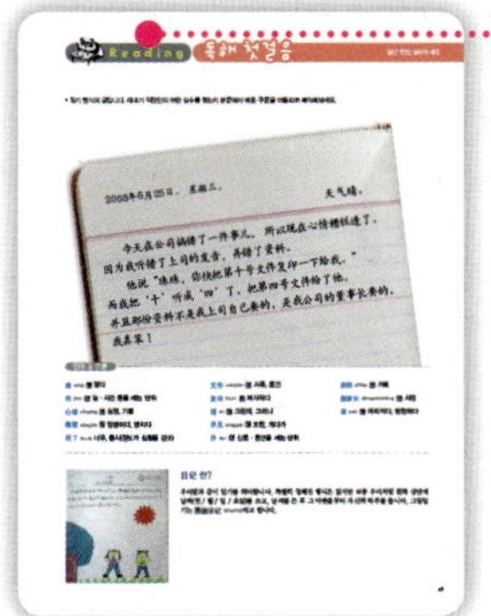

독해 첫걸음

주제와 관련된 짧은 독해글을 실었습니다. 단원마다 형식을 달리하고 사진과 함께 팁을 실어 재미를 주었습니다. 본문에서 배운 표현들을 떠올리며 해석해보세요.

독해 길잡이

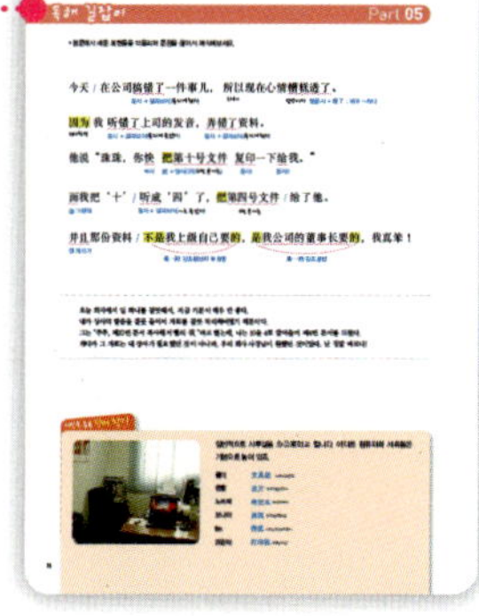

독해 첫걸음을 이해하는 데 도움을 주기 위해 해석할 때 끊어야 할 부분이나 구문, 단어 등을 알기 쉽게 표시했습니다. 문장을 구조적으로 끊어, 앞뒤 관련 어휘들을 파악하는 능력을 키워주므로, 해석과 함께 독해문의 구성을 살피며 자세히 공부하세요.

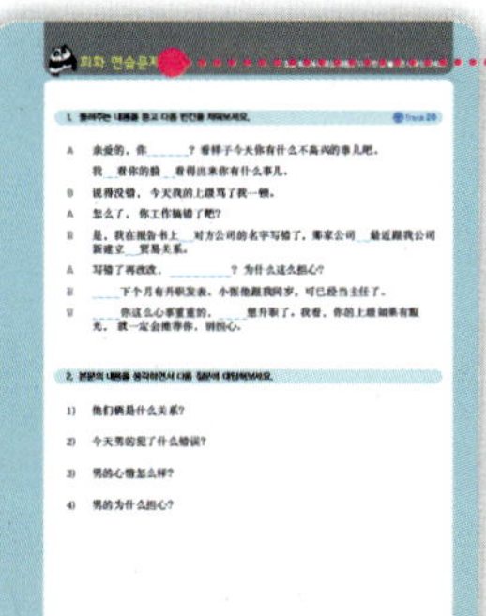

회화 연습문제

본문 회화를 듣고 빈칸을 채우는 문제와 내용을 이해하고 질문에 대답하는 문제를 실었습니다. 받아쓰기는 작문까지의 연장 과정이므로 반드시 직접 듣고 써보는 연습을 해야 합니다.

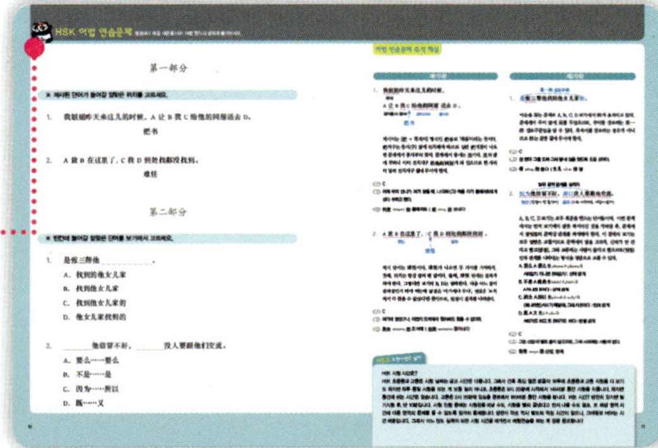

HSK 어법 연습문제 & 즉석 해설

각 단원의 핵심구문들과 표현이 HSK에서 어떻게 출제되는지 살펴보고, 직접 풀어볼 수 있습니다. 난이도는 3~5급 정도로 맞추었기에 부담없이 문제를 풀면서 HSK에 익숙해지는 과정으로 생각하시면 됩니다. 또 해설을 옆 페이지에 수록하여 문제와 해설을 함께 보면서 이해할 수 있습니다.

어법편

책의 뒷부분 어법편에서는 회화편에서 미처 다루지 못한 부분이나 설명이 부족한 부분을 더욱 자세하게 설명함으로써, 어법의 기본을 확실하게 다지고 전체적인 흐름을 읽을 수 있도록 했습니다. 따로 어법책을 사기 위해 고민할 필요 없이 수준에 맞는 어법 학습이 가능합니다.

이 책의 공부 순서

1 오디오북
듣고 감 잡기

'공부하자' 하면 제일 먼저 책을 펼친다? No! No! 귀에 이어폰부터 끼우세요. 먼저 공부할 과의 본문을 전체적인 대화의 분위기와 내용을 유추하면서 최소한 두 번 이상 끝까지 들어봅니다.

2 회화
귀로 듣고 눈으로 확인하기

오디오로 들었던 회화 내용을 눈으로 확인합니다. 발음의 차이를 비교하고, 회화에 있던 핵심문장 표시들을 유의해서 봅니다. 단번에 모든 걸 이해하려는 욕심은 버리세요.

3 핵심구문
핵심문장 이해하고 외우기

어법적으로 심화되어야 할 부분은 어법편 페이지를 옆에 표기했으니 회화 속 구문의 용법과 어법상의 이해가 함께 이루어지도록 공부하세요. 또 마음에 드는 표현이나 예문은 통째로 외워서 자기 것으로 만드세요. 외국어 학습의 시작은 모방과 암기입니다.

4 독해 첫걸음
듣고 말하기에서 읽기로

우선 새 단어를 참고하면서 글의 대략적인 흐름을 파악하고, 다음 장에 이어지는 풀이를 보면서 문장 전체의 구조를 보는 훈련을 합니다. 독해 첫걸음은 어휘량도 중요하지만 끊어 읽기와 문장을 구조적으로 꿰뚫는 안목이 중요합니다.

5 회화 연습문제
받아쓰기 훈련

듣고 쓰기를 연습합니다. 1번 문제는 녹음을 듣고 빈칸을 채우는 형식으로, 헷갈리는 단어는 병음을 먼저 쓰고, 한자를 나중에 확인해도 좋습니다. 2번은 본문 질문에 답하는 형식으로, 이해도와 작문 능력을 체크합니다. 스스로 문장을 구성하는 연습을 해보세요.

6 HSK 어법 연습문제
도전 HSK

HSK 문제를 새 단어나 해석을 보지 않고 풀어봅니다. 대부분 본문에서 언급한 내용이므로 어렵지 않게 풀 수 있고, 자신의 어법 이해도를 스스로 체크해볼 수 있습니다. 오답이나 헷갈리는 부분은 반드시 해설을 보고 확인합니다.

7 어법편
어법 자세히 공부하기

본문을 보면서 부분적으로 살펴봤던 어법 내용들을 이제는 전체의 큰 줄기를 생각하며 공부합니다. 어법 용어와 정의부터 확실하게 개념을 세우고, 중요한 품사 위주로 뼈대를 잡아가면서 중국어 어법의 흐름을 이해합니다.

8 동영상 강의
저자와 함께 정리하기

HSK 어법 연습문제까지 한 과를 다 공부한 후에 정리의 개념으로 동영상 강의를 봅니다. 책을 함께 보면서 선생님이 짚어주는 포인트와 설명을 다시 한 번 확인합니다.

본 교재에는 회화와 표현을 이해하는 데 도움이 되도록 중요한 중국어 어법을 설명하고 있습니다. 중국어 어법 설명에 자주 등장하고, 기본적으로 알아두어야 할 어법 용어들을 하나씩 살펴봅시다.

1. 어법의 단위와 문장의 종류

어법 설명에서 흔히 들을 수 있는 표현들로 단어와 구, 절, 문장 등등이 있습니다. 우리말에도 있는 용어들이므로, 쉽게 이해될 것입니다.

단어 + 단어 = 구　　단문(절) + 단문(절) = 복문　→　문장

① 단어　　의미를 가진 말의 가장 작은 단위를 가리킵니다.

② 구　　　단어와 단어가 합쳐진 것으로, 문장의 한 성분이 되기도 하고, 단독으로 문장이 될 수도 있습니다.

③ 절　　　주어와 서술어를 가지며, 단독으로 문장이 되기도 하고, 문장의 한 부분이 되기도 합니다.

④ 문장　　말로 생각이나 감정을 표현할 때 완결된 내용을 나타내는 최소 단위. 문장은 단문과 복문으로 나눌 수 있습니다.

　　　　　– 단문 : 주어와 술어의 관계가 단 한 번만 포함되는 문장

　　　　　– 복문 : 두 개 이상의 단문으로 구성된 문장을 가리킵니다. 이 복문을 설명할 때 앞에 있는 단문을 '앞절', 뒤에 있는 단문을 '뒷절'이라고 부릅니다.

他刚说完， 就站起身离开了。(복문)
앞절 (단문)　　　뒷절 (단문)
그는 말을 마치자마자, 곧 일어나서 떠났다.

2. 품사의 종류

품사란 단어가 어떤 의미를 표현하는 것인지를 보여줍니다. 즉, '단어의 성질'을 가리키지요. 중국어에서는 품사를 가장 크게 실사와 허사로 구분합니다. 실사는 실질적으로 의미를 갖는 단어들이고, 허사는 의미를 갖기도 하지만, 주로 어법적인 역할을 담당하는 단어들입니다.

1) 실사

명사	사람, 사물, 추상적인 개념 등을 나타내는 단어 ex 手, 中国, 概念…
대사	구체적인 사람이나 사물, 성질, 생각 등을 대신하거나 가리키는 단어. 인칭대사, 지시대사, 의문대사 등
■ 인칭대사	사람이나 사물을 나타내는 말 ex 我, 他们, 人家, 它…
■ 지시대사	사람이나 사물의 이름을 대신해 지칭하는 단어 ex 这, 那样…
■ 의문대사	의문 또는 부정칭을 표시하는 단어 ex 谁, 几, 怎样
수사	숫자, 서수 등 각종 수를 나타내는 단어 ex 一, 十, 千
양사	수를 세는 단위. 명량사, 시량사, 동량사, 차용양사 등
■ 명량사	사람이나 사물의 단위를 나타내는 말 ex 个, 台, 条…
■ 시량사	시간의 양을 나타내는 단어
■ 동량사	동작의 횟수를 세는 단어 ex 次, 下, 遍…
■ 차용양사	본래 양사는 아니지만 양사로 차용되어 쓰이는 단어 ex 桌子的菜 한 상 가득한 음식 一头汗 땀범벅이 된 얼굴
동사	동작이나 행위를 나타내는 단어 ex 看, 开始, 希望…
능원동사	동사 앞에 쓰여 능력 또는 가능 여부 등의 의미를 더해주는 단어 ex 能, 会, 可以…
형용사	사람이나 사물, 동작 등의 성질이나 상태를 나타내는 단어 ex 大, 美丽, 雪白…
부사	시간, 정도, 범위, 어기, 부정 등을 나타내는 단어 ex 都, 很, 已经…

중국어는 양사가 매우 발달되어 있습니다. 각각의 명사, 동사마다 쓰이는 양사가 다르므로, 명사 · 동사와 함께 외워두는 것이 좋습니다.

우리말에는 없는 품사이므로, 의미와 용법 그리고 각 능원동사 간의 차이점에 유의해서 공부하세요.

2) 허사

조사	단어나 구, 문장 뒤에서 부가적인 의미를 나타내는 단어
■ 동태조사	동작의 변화나 상태를 나타내는 말 ex 了, 着, 过…
■ 구조조사	ex 的, 得, 地…
■ 어기조사	의문, 청유, 명령, 감탄 등의 어기를 나타내는 말 ex 了, 呢, 吧…
전치사(介词)	동작의 시간, 장소, 방향, 대상, 방식 등을 나타내는 단어 ex 在, 从, 为…
접속사(连词)	앞뒤 단어, 구, 절을 연결하는 단어 ex 如果, 但是, 虽然…
감탄사(叹词)	놀라움, 느낌 등을 나타내는 단어 ex 唉, 啊呀, 咳…
의성사(象声词)	사물의 언어를 흉내 내는 단어 ex 刷刷, 丁冬, 哗…

중국어는 조사가 매우 발달되어 있습니다. 어휘의 용법에 가장 주의해야 하며, 어기조사의 의미, 동태조사의 위치, 구조조사는 앞 뒤 단어에 주의하세요.

전치사는 그 뒤에 반드시 명사가 와서 전치사구를 이룹니다. 전치사 뒤에는 명사가, 전치사구의 뒤에는 동사가 온다는 것을 꼭 기억하세요.

한 단어씩 쓰이는 경우도 많지만, 앞절과 뒷절에 호응되어 쓰이는 경우가 많습니다. 짝을 이루는 단어들을 함께 외우세요.

*( ) 안은 중국어 명칭

3. 문장성분

문장성분이란 문장을 구성하는 요소, 성분들을 가리키는 것으로, 문장 속에서 어떤 역할을 하는지를 나타내는 어법 용어입니다. 문장의 중심축을 이루는 중심어와 중심어를 수식하거나 보충해주는 수식어로 나누어볼 수 있습니다.

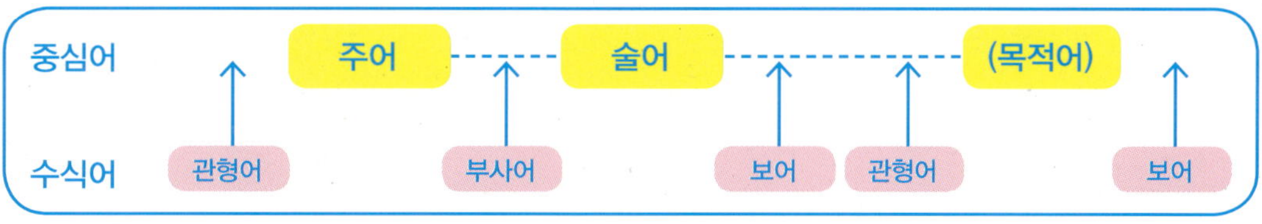

① 주어　　술어의 주체. 술어가 표현하는 동작 또는 상태의 주인공

② 술어　　주어를 설명하는 성분. 주어가 어떤 동작을 취하는지, 어떤 상태에 있는지를 설명

③ 목적어　주어가 동작을 취하는 대상

④ 관형어　주어 또는 목적어를 앞에서 수식하거나 제한

⑤ 부사어　술어 앞에서 술어를 수식하거나 제한

⑥ 보어　　술어를 뒤에서 보충하는 성분으로, 목적어와의 순서에 주의해야 한다. 결과보어 / 방향보어 / 정태 · 정도보어 / 가능보어 / 수량보어 / 전치사구 보어

兴趣是最好的老师。　一爱因斯坦

'흥미는 가장 좋은 스승이다'

중국에서 많이 쓰이는 아인슈타인의 명언입니다.
회화편에서는 13가지 주제 선정부터 독해문 구성까지,
중국어 공부에 흥미를 잃지 않고 꾸준히 공부할 수 있도록 엮었습니다.
반복해서 보고 듣고 말하며 중국어를 즐기세요.

회화편

房间里可以打国际电话吗?
我要从八月一号住到八月四号，四天三宿。
要住几天?

호텔 예약하기

我要订房间。

（跟服务员打电话）

A 喂！你好。我要订房间。①
Wéi! Nǐ hǎo. Wǒ yào dìng fángjiān.

B 您贵姓？要住几天？
Nín guì xìng? Yào zhù jǐ tiān?

A 我姓白，叫然珠。
Wǒ xìng Bái, jiào Ránzhū.

我要从八月一号住到八月四号，四天三宿。②
Wǒ yào cóng bā yuè yī hào zhùdào bā yuè sì hào, sì tiān sān xiǔ.

B 您需要什么样的房间？单人间还是双人间？③
Nín xūyào shénmeyàng de fángjiān? Dānrénjiān háishi shuāngrénjiān?

A 要单人间，房间里可以打国际电话吗？④
Yào dānrénjiān, fángjiān li kěyǐ dǎ guójì diànhuà ma?

B 可以，请告诉我您的手机号码。
Kěyǐ, Qǐng gàosu wǒ nín de shǒujī hàomǎ.

A 我的手机号码是82-10-3187-1111。
Wǒ de shǒujī hàomǎ shì bā èr - yāo líng - sān yāo bā qī - yāo yāo yāo yāo.

B 好的，您要的房间订好了。⑤
Hǎo de, nín yào de fángjiān dìnghǎo le.

(호텔 종업원과의 통화)

A 여보세요! 방 예약 좀 하려고요

B 성함이 어떻게 되시나요? 며칠 머무르실 겁니까?

A 성은 백, 이름은 연주입니다.
8월 1일부터 4일까지, 3박 4일 있을 겁니다.

B 어떤 방을 원하십니까? 싱글룸입니까 아니면 트윈룸입니까?

A 싱글룸으로 주세요. 방에서 국제전화를 사용할 수 있나요?

B 가능합니다. 휴대폰 번호를 말씀해주세요.

A 제 휴대폰 번호는 82-10-3187-1111입니다.

B 네, 요청하신 방이 예약되었습니다.

Track 02

단어 &

订 dìng 통 예약하다
房间 fángjiān 명 방
宿 xiǔ 양 밤을 세는 데 쓰임
单人间 dānrénjiān 명 1인실

双人间 shuāngrénjiān 명 2인실
国际电话 guójì diànhuà 명 국제전화
手机 shǒujī 명 휴대폰
号码 hàomǎ 명 번호

01 要

我要订房间。
Wǒ yào dìng fángjiān.

방 예약 좀 하려고요.

要는 '~하고 싶다, ~하려고 하다'라는 뜻을 가진 능원동사로 뒤에 오는 동사의 의미를 보충해주는 역할을 합니다.

你要住几天?	며칠 동안 머무르실 겁니까?
我要去中国。	나는 중국에 가려고 합니다.

이때 능원동사 要의 부정형은 不要가 아니리 不想입니다. 그러나 질문에 단독으로 대답할 경우에는 不要로 답할 수 있습니다. 不要는 단독으로 대답이 되는 경우를 제외하고는, 일반적으로 금지(= 别 bié)의 뜻을 나타냅니다.

A 你要喝茶吗?	차 마실래요?
B 不要。(단독 대답) / 我不想喝茶。	아니에요. / 마시고 싶지 않아요.
不要忘了你是个学生。(금지의 명령문)	네가 학생이란 걸 잊지 마라.
(= 别)	

잠깐! 要는 능원동사이기도 하지만, '원하다'라는 뜻의 동사로도 쓰입니다.

要单人间。	싱글룸으로 주세요.(원합니다)
您要的房间订好了。	요청하신(원하는) 방이 예약되었습니다.

단어
茶 chá 몡 차 | 忘 wàng 됭 잊다

한 걸음 더!
어법편 p.196 능원동사 참조
동사 앞에 위치하여 가능·원망·요구·의지 등을 나타내는 능원동사로는 能·可以·会·要·想 등이 있습니다.

02 从 A 到 B

我要从八月一号住到八月四号，四天三宿。
Wǒ yào cóng bā yuè yī hào zhùdào bā yuè sì hào, sì tiān sān xiǔ.

8월 1일부터 8월 4일까지 3박 4일 머루르려 합니다.

从 A 到 B는 'A부터 B까지'라는 뜻입니다. 从은 출발 지점·시간을 표시하므로, '从 A 到 B'는 출발점부터 도착점까지를 나타냅니다. A와 B에는 시간이나 장소를 나타내는 명사(구)나 대사를 써서 시간상, 공간상의 거리를 나타낼 수도 있고, 추상적인 범위를 나타내는 단어를 써서 발전이나 변화의 의미를 나타낼 수도 있습니다.

从北方到南方	북방에서 남방까지
从这儿到饭店很远。	여기에서 호텔까지는 멉니다.
从开始到现在	시작부터 지금까지

잠깐! 从을 사용하여 경유한 노선이나 장소를 표시할 수도 있습니다.

从窗户进来。	창문으로 들어오다.

단어
北方 běifāng 몡 북방 | 南方 nánfāng 몡 남방 | 窗户 chuānghu 몡 창문

한 걸음 더!
어법편 p.221 전치사 참조
从과 비슷하게 '~에서부터'라는 뜻을 가진 离는 (B)(주어) 离 A(기준점) 형식으로 쓰입니다.

주어　기준점
ex) 饭店 离这儿 很远。
　　주어 부사어 술어
　　　→ 离+기준점
호텔은 여기서 멉니다.

03 A 还是 B?

单人间还是双人间?
Dānrénjiān　háishi shuāngrénjiān?

1인실이요, 2인실이요?

还是는 둘 중에 하나를 선택해야 할 때 쓰는 접속사로 'A입니까 아니면 B입니까?'라는 의미의 의문문을 만들어줍니다. A, B에는 주로 같은 형식의 호응하는 단어나 구가 오는데 A, B에 들어가는 단어가 같을 경우 B 자리에는 생략할 수도 있습니다.

先有鸡还是先有蛋?	닭이 먼저냐 아니면 계란이 먼저냐?
你爱我还是(爱)他?	넌 날 사랑하는 거니 아니면 그를 사랑하는 거니?

04 可以

房间里可以打国际电话吗?
Fángjiān li　kěyǐ dǎ　guójì　diànhuà ma?

방에서 국제전화를 사용할 수 있나요?

可以는 능원동사로 '~할 수 있다'라는 가능성이나 '~해도 좋다'는 수용·허락의 뜻이 있습니다. 부정형 不可以는 금지의 뜻을 나타냅니다.

这里可以放两个。(가능성)	여기에 두 개는 놓을 수 있어.
汉语不难, 你可以学会。(가능성)	중국어는 어렵지 않아서, 네가 배울 수 있을 거야.
A 可以爱你吗?(허락)	당신을 사랑해도 될까요?
B 可以。	됩니다.
不可以。(금지)	안 됩니다.

05　동사 + 好(了)

您要的房间订好了。
Nín yào de fángjiān dìnghǎo le.
예약이 다 되었습니다.

'잘 / 다 했다'라는 표현은 동사 뒤에 결과보어 好(了)를 써서 동작이 잘 마무리되었거나 완성되었음을 나타냅니다.

您要的房间订好了。	(당신이 원하는) 방이 다 예약되었습니다.
那本书印好了吗?	그 책 프린트 다 했니?
说好了我们不分手。	우린 헤어지지 않기로 약속했어. (말을 다 해뒀어)

印 yìn 图 인쇄하다 | 分手 fēn shǒu 图 헤어지다

이법편 p.228 결과보어 참조
동사 뒤에서 동작의 완성이나 결과를 나타내는 보어가 결과보어입니다. 完·成·懂·见·着·到 등의 동사나 형용사가 주로 결과보어로 쓰입니다.

보너스 트랙　　회화에 이어지는 숨겨진 히든 스토리~　　　　🎧 Track03

삶의 목적은 첫째도 밥, 둘째도 밥인 주인공. 호텔 예약을 마칠 때쯤 불현듯 생각난 질문이 있었으니…

A 啊，麻烦您了。请问提供早餐吗?
A, máfan nín le. Qǐngwèn tígōng zǎocān ma?

B 对，是免费的。
Duì, shì miǎnfèi de.

A 谢谢。
Xièxie.

B 不客气。
Bú kèqì.

A 아, 죄송한데, 조식 제공입니까?
B 그렇습니다. 무료입니다.
A 고맙습니다.
B 별말씀을요.

麻烦 máfan 휑 번거롭다 | 提供 tígōng 图 제공하다 | 免费 miǎnfèi 图 무료로 하다

* 호텔 게시판에 붙은 공고문입니다. 본문에서 배운 표현들을 떠올리며 해석해보세요.

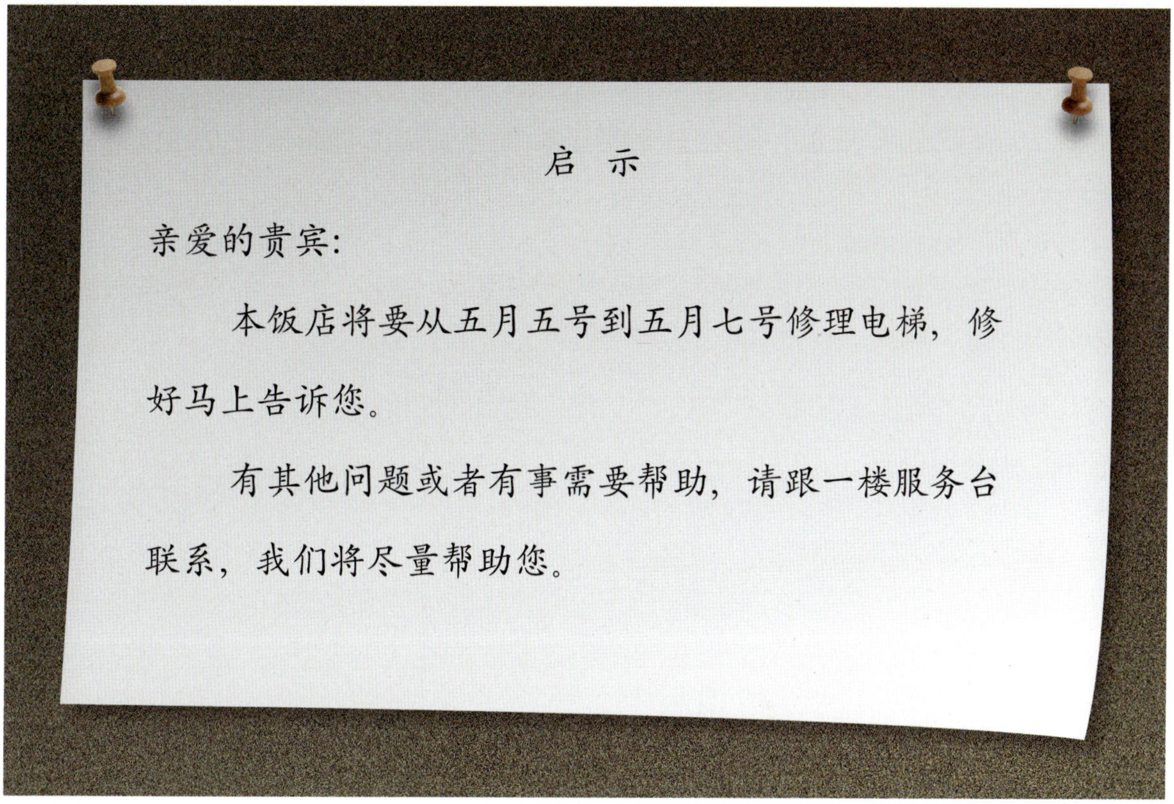

启　示

亲爱的贵宾:

　　本饭店将要从五月五号到五月七号修理电梯，修好马上告诉您。

　　有其他问题或者有事需要帮助，请跟一楼服务台联系，我们将尽量帮助您。

단어 & 구문

本 běn 몡 본(자기 쪽의)	告诉 gàosu 동 알리다	尽量 jǐnliàng 児 되도록, 힘 닿는 데까지
修理 xiūlǐ 동 수리하다	其他 qítā 몡 기타, 그 밖의	A 或者 B A huòzhě B A 또는 B이다(평서문 만들 때 사용)
电梯 diàntī 몡 엘리베이터	帮助 bāngzhù 동 돕다	A 跟 B 联系 A gēn B liánxì A와 B가 연락하다
马上 mǎshàng 児 곧, 바로	服务台 fúwùtái 몡 안내데스크	

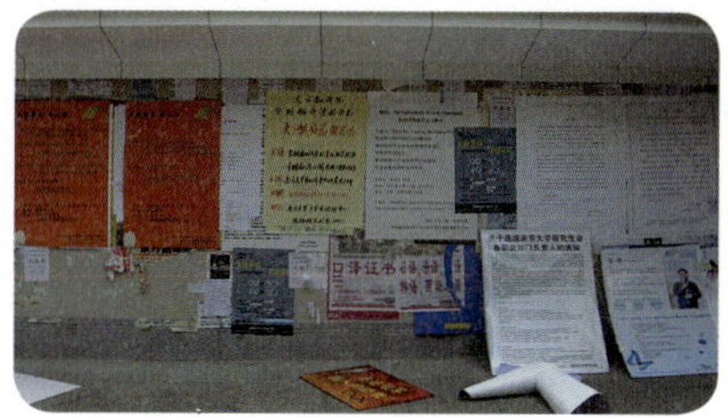

启示 란?

启示 qǐshì는 흔히 보는 각종 공고문을 가리킵니다. 기업의 채용 공고나 구인 공고 등도 여기에 속합니다. 특별히 정해진 형식은 없지만, 짧은 글 속에 목적이 확실히 드러나 있습니다. 사진은 어느 중국 대학 안의 게시판(布告牌 bùgàopái)입니다. 우리나라처럼 여러 게시물과 공고문, 대자보 등이 붙어 있죠.

* 본문에서 배운 표현들을 떠올리며 문장을 끊어서 해석해보세요.

亲爱的贵宾：

本饭店 / 将要从五月五号到五月七号 / 修理 电梯， / 修好马上告诉您。

有其他问题 / 或者 有事需要帮助，请跟一楼服务台联系，

我们将尽量帮助您。

친애하는 귀빈들께,
우리 호텔은 5월 5일부터 5월 7일까지 엘리베이터 수리를 하려고 합니다.
수리가 다 되면 즉시 알려드리겠습니다.
다른 문의나 도움이 필요하시면 프런트로 연락해주세요. 저희가 최선을 다해 도와드리겠습니다.

사진속숨은 단어찾기

중국 호텔의 가격 안내표입니다. 인민폐와 미국 달러가
함께 표시되어 있네요.

房价表	人民币	美元
标准房	688	90
商务房	738	95
行政房	830	105
豪华行政房	880	110
商务套房	1280	160
行政套房	2380	300
精品套房	9880	1250
加床	150	20

숙박비 표	房价表 fángjiàbiǎo
스탠다드룸	标准房 biāozhǔnfáng
비즈니스룸	商务房 shāngwùfáng
회의실	行政房 xíngzhèngfáng
VIP 회의실	豪华行政房 háohuà xíngzhèngfáng
비즈니스 스위트룸	商务套房 shāngwù tàofáng
특실	精品套房 jīngpǐn tàofáng
침대 추가	加床 jiā chuáng

1. 들려주는 내용을 듣고 다음 빈칸을 채워보세요.　　　　　　　Track **04**

A　喂！你好。我＿订房间。

B　您贵姓？＿住几天？

A　我姓白，叫然珠。

　　　我要＿八月一号住＿八月四号，四＿三＿。

B　您需要什么样的房间？单人间＿＿＿双人间？

A　要单人间，房间里＿＿＿打国际电话吗？

B　可以，请告诉我您的手机号码。

A　我的手机号码是82-10-3187-1111。

B　好的，您要的房间订＿＿＿。

2. 본문의 내용을 생각하면서 다음 질문에 대답해보세요.

1)　女的正在打电话干什么？

2)　女的要住几天？

3)　女的要单人间还是双人间？

4)　房间里可不可以打国际电话？

第一部分

※ 제시된 단어가 들어갈 알맞은 위치를 고르세요.

1. A 开学 B 还有 C 两天了，你必须好好 D 学习。

   离

2. A 你 B 喜欢韩国，C 喜欢 D 中国?

   还是

第二部分

※ 빈칸에 들어갈 알맞은 단어를 보기에서 고르세요.

1. 他很想去中国，今天订＿＿了机票。

   A. 到

   B. 光

   C. 好

   D. 着

제1부분

1. A 开学 B 还有 C 两天了，你必须好好 D 学习。

↑ 기준점

离 (전) ~로부터 …까지

离는 뒤에 기준점이 온다는 것을 기억하자.
离开学는 '(지금부터) 개학까지는~'이라는 뜻으로 개학(开学)
이 기준점이다.

정답 A

해석 개학까지는 아직 이틀 남았으니, 너는 반드시 공부를 열심히 해야 한다.

Tip 전치사구가 문장에서 부사어(서술어를 수식하는 말)로 쓰일 때
는 동사구 앞에!

주어 ＋ 전치사구 ＋ 동사구

(전치사 + 명사)　(동사 + 목적어 / 보어 + 기타 성분)

2.

대칭 구조

A 你 B 喜欢韩国，C 喜欢 D 中国?

↑ 还是

제시 단어는 还是이다. 이 문제의 喜欢韩国, 喜欢中国처럼
대칭 구조가 있을 때는 대부분 还是가 그 사이에서 선택 관계
접속사 역할을 하며, A 还是 B의 형태로 쓰인다.

정답 C

해석 너는 한국을 좋아하니, 아니면 중국을 좋아하니?

제2부분

1. 今天 订 好了 机票。

동사 결과보어 목적어

오늘　　예약했다　비행기표를

A, B, C, D에 쓰인 단어는 문장성분으로 쓰일 때 결과보어로
자주 쓰이는 것들로 보어는 동사 뒤에 온다. [주어 ＋ 동사 ＋
보어]
이 문제의 빈칸은 동사 订(예약하다) 뒤이므로 보어나 목적어
자리이다. 하지만 机票가 목적어로 나와 있으므로 빈칸은 보
어 자리임을 알 수 있다. 好를 써서 '비행기표를 잘 (다) 예약했
다'고 해야 문맥이 자연스럽다.

A. 到 : ~해냈다 – ① 목적달성 ex) 找到了 찾아냈다 ｜ ② …까
　　　지 ~했다 ex) 走到最后 끝까지 왔다

B. 光 : 깡그리 다 ~해버렸다 –동작 뒤에 아무것도 남지 않았음을
　　　표시 ex) 吃光了 다 먹어버렸다

D. 着 : A의 결과보어 到와 쓰임이 같으나 到의 ②번 용법은 없다.

정답 C

해석 그는 중국에 정말 가고 싶기에, 오늘 비행기표를 예약했다.

Tip 어법 2파트에서는 주어진 보기들간의 공통점을 찾아야 한다. 대
부분 보기들이 같은 품사이거나 유사한 의미의 단어들로 이루
어진 경우가 많다.

HSK 그것이 알고 싶다

중국어를 웬만큼 배운 사람들은 다 안다는 HSK!! 시험을 치러본 사람 중 그 고통을 아는 자는 heavy stress king의 약자로 느끼는 사람
도 많답니다. HSK는 汉语水平考试 Hànyǔ shuǐpíng kǎoshì의 약자로 중국어 능력시험을 뜻합니다. 초중급과 고급으로 나뉘는데, 초중급
은 3~8급, 고급은 9~11급으로 분류됩니다. 일반적으로 초중급의 3~5급을 초급으로 여기고 6~8급을 중급으로 칩니다. 숫자가 높을수록
점수가 좋은 것이니 헷갈리지 않도록! 본인이 8급 따고 싶다고 8급 시험을 신청하는 게 아니라 일단 초중급 시험을 보면 점수에 따라 급수
가 나누어지는 것입니다.

省际巴士
天津
To Tianjin
去北京饭店坐什么车最好呢?
我的北京朋友也让我坐机场巴士去。
TAXI
TAXI
机场巴士
Airport Shuttle Bus

교통수단 이용하기
去北京饭店坐什么车最好呢?

핵심 구문

참고 어법

（要在机场坐车）

A 请问，去北京饭店坐什么车最好呢？ ❶
Qǐngwèn,　qù　Běijīng fàndiàn zuò shénme chē zuìhǎo ne?

B 你要么坐机场巴士要么坐出租车。 ❷
Nǐ yàome zuò jīchǎng bāshì yàome zuò chūzūchē.

你最好坐机场巴士去，很方便。
Nǐ zuìhǎo zuò jīchǎng bāshì qù,　hěn fāngbiàn.

A 我的北京朋友也让我坐机场巴士去，❸
Wǒ de Běijīng péngyou yě ràng wǒ zuò jīchǎng bāshì qù,

下一趟车什么时候出发？
Xià yítàng chē shénme shíhou chūfā?

B 大概20分钟以后出发。
Dàgài èrshí fēnzhōng yǐhòu chūfā.

A 啊哟，太长了。我看天越来越阴。❹
Āyō,　tài cháng le.　Wǒ kàn tiān yuèláiyuè yīn.

B 对了，据天气预报说今天不是要下雪，就是要下雨。❺
Duì le,　jù tiānqì yùbào shuō jīntiān bú shì yào xià xuě,　jiùshì yào xià yǔ.

A 那么，我不能在这儿等了，得坐出租车去。❻
Nàme,　wǒ bù néng zài zhèr děng le,　Děi zuò chūzūchē qù.

(공항에서 차를 타려고 한다)

A 저기요, 베이징 호텔에 가려는데 무엇을 타고 가는 것이 가장 좋습니까?

B 공항 리무진을 타거나 아니면 택시를 타세요. 제일 좋기는 공항 리무진을 타는 거죠.
매우 편리하답니다.

A 제 베이징 친구도 저더러 공항 리무진을 타고 가라 하던데요. 다음 차는 언제 출발하나요?

B 약 20분 후에 출발할 겁니다.

A 아이고, 너무 길군요. 날씨가 점점 흐려지는 거 같은데.

B 맞아요. 일기예보에서 오늘 눈이나 비가 온다고 했어요.

A 그럼 여기서 더 이상 기다릴 수가 없겠네요. 택시를 타고 가야겠어요.

단어 &

🎧 Track **06**

最好 zuìhǎo (부) 제일 좋기는

要么 A 要么 B yàome A yàome B
(접) A하든지 B하든지

机场巴士 jīchǎng bāshì (명) 공항 리무진

出租车 chūzūchē (명) 택시

下 xià (명) 다음

趟 tàng (양) 차례, 횟수

出发 chūfā (동) 출발하다

大概 dàgài (부) 대략, 대강

啊哟 āyō (감) 아야, 어머나

越来越… yuèláiyuè 갈수록 ～하다, 점점 ～하다

阴 yīn (형) 흐리다

据 jù (전) ～에 따르면

不是 A 就是 B búshì A jiùshì B (접) A가 아니면 B이다

下雪 xià xuě (동) 눈이 내리다

下雨 xià yǔ (동) 비가 내리다

天气预报 tiānqì yùbào 일기예보

得 děi (동) ～해야 한다

01 最好

去北京饭店坐什么车**最好**呢?
Qù Běijīng fàndiàn zuò shénme chē zuìhǎo ne?

베이징 호텔에는 뭘 타고 가는 게 가장 좋을까요?

최상급을 표시하는 最好는 서술어(가장 좋다), 관형어(가장 좋은), 부사(제일 좋기는)의 용법으로 쓰입니다. 관형어로 쓰일 때는 뒤에 的가 붙으며, 부사로 쓰일 때는 최선책을 나타냅니다.

去北京饭店坐什么**最好**呢? (서술어)　베이징 호텔에 뭘 타고 가는 게 가장 좋을까요?
最好的时光 (관형어)　가장 좋은 시절
我也觉得您**最好**坐出租车去。(부사)　내 생각에도 제일 좋기는 당신이 택시를 타고 가는 겁니다.

[단어]
时光 shíguāng 몡 시절 | 觉得 juéde 동 ~라고 느끼다, 생각하다

02 要么 A , 要么 B

你**要么**坐机场巴士**要么**坐出租车。
Nǐ yàome zuò jīchǎng bāshi yàome zuò chūzūchē.

공항버스를 타든지, 택시를 타세요.

要么 A 要么 B는 'A하든지 B하든지'라는 뜻으로 두 가지 가능성을 나란히 제시하고, 이들 중 하나를 선택할 때 씁니다. 이때 A와 B 자리에는 술어나 절이 쓰이며, 명사(구)는 쓰일 수 없습니다.

要么进来**要么**出去。　들어오든가, 아니면 나가든가.
要么很帅**要么**有钱。　멋지든가, 돈이 많든가.

[잠깐!] 要么 뒤에는 명사(구)가 올 수 없으므로, 명사를 써야 할 때는 或者를 사용해서 그 의미를 나타냅니다.

要么小李要么小刘，都行。(×)
→ 或者小李或者小刘，都行。(○) 샤오 리나 샤오 리우 다 된다.

[단어]
进来 jìn lái 동 들어오다 | 出去 chū qù 동 나가다, 외출하다 | 帅 shuài 형 잘 생기다 | 钱 qián 몡 돈

[한 걸음 더!]
어법편 p.274 선택 관계 복문 참조

* 要不 A , 要不 B
要么 A , 要么 B와 같은 뜻으로 두 가지 중에서 하나를 선택할 때 씁니다.
ex) 要不唯一 要不第一。
유일하든가, 최고이든가.

03 让

我的北京朋友也让我坐机场巴士去。

Wǒ de Běijīng péngyou yě ràng wǒ zuò jīchǎng bāshì qù.

제 베이징 친구도 저더러 공항 리무진을 타고 가라고 하던데요.

让은 '주어가 …로 하여금 ~하게 하다'처럼 사역의 의미를 만드는 겸어동사입니다. 겸어동사의 목적어는 뒤에 이어지는 또 다른 동사의 주어 역할을 겸하게 됩니다. 겸어문을 부정할 때는 겸어동사(첫번째 동사) 앞에 不 / 没를 씁니다.

주어 + 겸어동사(동사 1) + 겸어 + 동사 2
　　　 不 / 没　　　　　　 동사1 + 목적어
　　　　　　　　　　　　　 주어 + 동사2

谁让我爱上你。
(부정문) 让你不走。(×) → 不让你走。(○)

누가 나에게 (나로 하여금) 널 사랑하게 했는지.
너 못 가게 할 거야.

단어
爱上 àishang 통 사랑하게 되다

한 걸음 더!
어법편 p.250 겸어문 참조
겸어문에 쓰이는 첫번째 동사의 종류에 따라 겸어문의 종류도 달라집니다. 겸어문의 종류 중 사역의 의미를 갖는 동사로는 让·叫·使·请 등을 쓸 수 있습니다.

04 越来越 B

我看天越来越阴。

Wǒ kàn tiān yuèláiyuè yīn.

보아하니 날씨가 점점 흐려지는 것 같아요.

越来越는 '점점, 갈수록 ~하다'라는 의미로 시간의 흐름에 따라 정도가 심화되는 것을 나타냅니다.

雨越来越大。
他越来越胖。

비가 점점 더 많이 온다.
그는 점점 뚱뚱해진다.

越来越 B는 越 A 越 B(A할수록 B해진다)의 형식에서 비롯되었습니다. A 자리에 来를 넣어 시간이 흐를수록 B해진다는 뜻이 된 것이죠. 越 A 越 B의 형식에서 A와 B의 주어는 같아도 되고 달라도 됩니다.

汉语越学越难。 (주어가 같을 때)
心理越急，速度越慢。 (주어가 다를 때)

중국어는 배울수록 어렵다.
마음이 급할수록, 속도는 느려진다.

단어
胖 pàng 형 뚱뚱하다 | 心理 xīnlǐ 명 마음 | 急 jí 형 급하다 | 速度 sùdù 명 속도

한 걸음 더!
* 愈 yù A 愈 yù B
越 A 越 B와 같은 의미지만 주로 서면어에 사용합니다.
ex) 愈难愈进，愈艰愈勇。
힘들수록 전진하고, 어려울수록 용감하다.

05 不是 A, 就是 B

据天气预报说今天不是要下雪，就是要下雨。
Jù tiānqi yùbào shuō jīntiān búshì yào xià xuě, jiùshì yào xià yǔ.

일기예보에서 오늘 오후에 눈이나 비가 온다고 했어요.

不是 A, 就是 B 는 'A 아니면 B이다'라는 뜻입니다. A · B 두 가지 중 하나라는 의미로, 둘 중 하나는 반드시 사실에 부합해야 합니다.

不是要下雪，就是要下雨。	눈이 오지 않으면 비가 올 것이다.
不是他，就是你。	그가 아니면 너다.
小明放学后不是看电视就是上网。	샤오 밍은 방과 후에 TV를 보지 않으면 인터넷을 한다.

단어
放学 fàng xué 동 학교가 파하다 | 上网 shàng wǎng 동 인터넷하다

한 걸음 더!
* 不是 A, 便是 B
不是 A, 就是 B와 같은 의미이나 주로 서면어에 사용합니다.
ex) 比赛不是输便是赢。
경기란 지지 않으면 이기는 것이다.

06 동사1 방식으로 동사2하다 [동사1 + 동사2]

得坐出租车去。
Děi zuò chūzūchē qù.

택시 타고 가야겠어요.

이 문장에서 동사는 坐와 去 두 개입니다. 이처럼 한 문장 안에 동사가 두 개 이상 쓰인 문장을 연동문이라 합니다. 연동문에는 몇 가지 종류가 있는데, 이 문장은 앞 동사가 뒤 동사의 방식이나 방법을 나타내는 경우로 '동사1의 방법으로 동사2를 한다'는 의미를 나타냅니다.

我得坐出租车去。	나는 택시 타고 가야겠다.
我自己开车来的。	내가 직접 운전해서 왔다.
用红笔写。	빨간 펜으로 쓰세요.

단어
开车 kāi chē 동 차를 운전하다 | 笔 bǐ 명 펜

한 걸음 더!
어법편 p.248 연동문 참조
연동문의 종류에는 동작의 목적이나 방식을 나타내는 것 이외에 목적 · 반대 · 순서 · 수식 관계 등이 있습니다.

보너스 토크 회화에 이어지는 숨겨진 히든 스토리~ 🎧 Track 07

일단 택시를 탔는데 헉! 생각보다 멀었다! 택시비 어쩌지~ 마중 나온 친구가 하는 말.
야! 넌 대체 무슨 생각으로 택시를 탄 거야?

A 在那儿等20分钟，恐怕会感冒。
Zài nàr děng èrshí fēnzhōng, kǒngpà huì gǎnmào.

而且他也说最好坐出租车去。
Érqiě tā yě shuō zuìhǎo zuò chūzūchē qù.

A 거기서 20분을 기다리면 감기에 걸릴 것 같은 거야.

게다가 그 사람도 택시를 타는 게 제일 나을 거라고 했다고.

恐怕 kǒngpà 부 아마 ~일 것이다 | 感冒 gǎnmào 명동 감기(에 걸리다)

* 여름철 보양식으로 유명한 어느 식당 광고글입니다. 본문에서 배운 표현들을 떠올리며 해석해보세요.

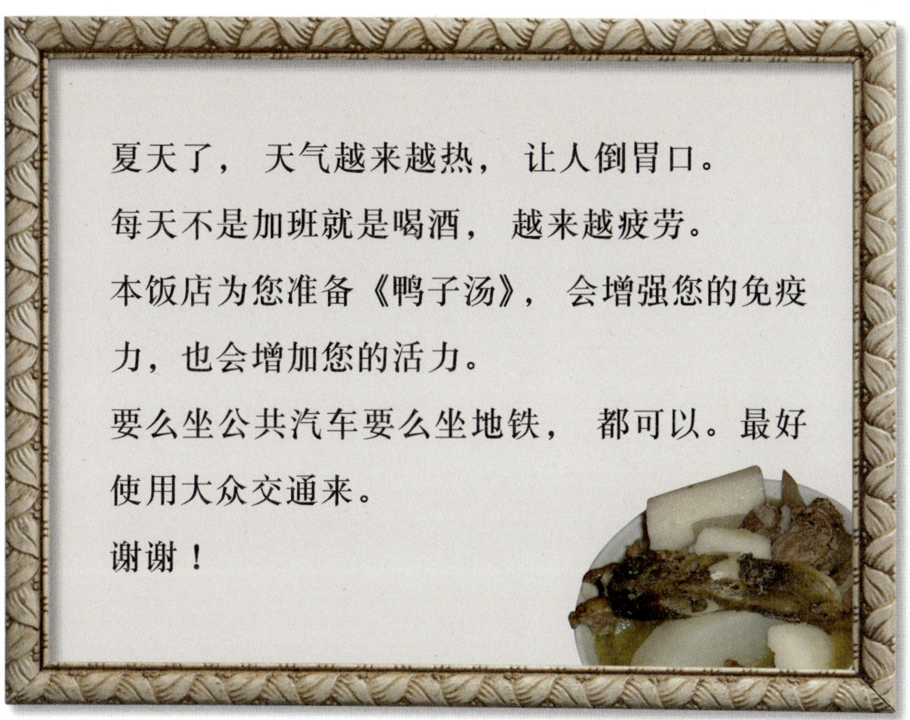

夏天 xiàtiān 몡 여름	本 běn 몡 자기 쪽의, 본	免疫力 miǎnyìlì 몡 면역력
热 rè 혱 덥다	为 wèi 쩐 ~를 위해	增加 zēngjiā 됭 증가하다
倒胃口 dǎo wèikou 식욕을 잃다, 입맛이 떨어지다	准备 zhǔnbèi 됭 준비하다	活力 huólì 몡 활력
加班 jiābān 됭 초과 근무하다, 잔업하다	鸭子 yāzi 몡 오리	使用 shǐyòng 됭 이용하다
疲劳 píláo 됭 지치다, 피로하다	增强 zēngqiáng 됭 증강하다, 강화하다	大众交通 dàzhòng jiāotōng 몡 대중교통

广告 란?

广告 guǎnggào는 우리가 일상생활에서 많이 접하는 '광고'를 뜻합니다. 지면 광고, TV 광고, 라디오 광고 등 그 종류도 다양하죠. 사진은 중국 지하철 역에 우리나라 휴대폰 광고가 걸린 모습입니다. 중국을 다니다 보면 곳곳에서 우리나라 제품 광고들을 발견할 수 있습니다.

* 본문에서 배운 표현들을 떠올리며 문장을 끊어서 해석해보세요.

人은 让의 목적어이자, 倒胃口의 주어

夏天了，天气越来越热，让人倒胃口。
　　　　　점점 ~하다　　　…가 ~하게 하다

每天不是加班就是喝酒，越来越疲劳。
　　　　　　　　　　　　　　갈수록
　…아니면 ~이다

本饭店 / 为您准备《鸭子汤》，会增强您的免疫力，也会增加您的活力。
우리 가게는　~을 위해　　　　　　　강화시키고　　　　　증가시킨다

要么坐公共汽车要么坐地铁，都可以。最好使用大众交通来。
　　　　　　　　　　　　　　　　　　가장 좋기는
　…하든지 ~하든지

谢谢！

여름이 되었습니다. 점점 더워지는 날씨가 입맛을 잃게 합니다.
매일 야근 아니면 술로, 갈수록 피로만 쌓입니다. 저희 당신을 위해 당신의 면역력을 강화시키고, 활력을 불어넣어줄
〈오리탕〉을 준비했습니다. 버스나 지하철 모두 가능하니 대중교통을 이용해 오시는 것이 가장 좋습니다. 감사합니다!

중국 장거리 버스표를 사는 곳입니다. 표 파는 곳이라고 크게 쓰여 있지요? 일부 사람들에게 우선권을 주네요.

매표구	售票口	shòupiàokǒu
군인	军人	jūnrén
노인	老年人	lǎoniánrén
VIP 여행객	重点旅客	zhòngdiǎn lǚkè
우선 판매	优先购票	yōuxiān gòupiào

표 값은 여기에서 바로 확인하세요.

票款请当面点清 piào kuǎn qǐng dāngmiàn diǎnqīng

1. 들려주는 내용을 듣고 다음 빈칸을 채워보세요.   🎧 Track **08**

A   请问，去北京饭店坐什么车______呢？

B   你______坐机场巴士______坐出租车。

　　 你最好坐机场巴士去，很方便。

A   我的北京朋友也___我坐机场巴士去，下一趟车什么时候出发？

B   大概20分钟以后出发。

A   啊哟，太长了。我看天______阴。

B   对了，据天气预报说今天______要下雪，______要下雨。

A   那么，我不能在这儿等了，得___出租车___。

2. 본문의 내용을 생각하면서 다음 질문에 대답해보세요.

1)   去北京饭店坐什么车最好？

2)   下一趟车大概什么时候出发？

3)   男的可能坐什么车去北京饭店？

4)   男的为什么要坐出租车？

第一部分

※ 제시된 단어가 들어갈 알맞은 위치를 고르세요.

1.　　A 我　B 写信(我) C 他放了假 D 回来看看。
　　　　　　　　让

第二部分

※ 빈칸에 들어갈 알맞은 단어를 보기에서 고르세요.

1.　　这里的风光＿＿＿我想起了家乡。

　　A．让　　　　　　　　　　　B．被

　　C．把　　　　　　　　　　　D．给

2.　　每个星期六，张明＿＿＿去喝酒，＿＿＿去游泳。

　　A．与其……不如　　　　　　B．不是……就是

　　C．是……还是　　　　　　　D．先……于是

3.　　我的朋友明天到上海，我＿＿＿＿＿＿＿＿＿。

　　A．去机场要接他　　　　　　B．要去机场接他

　　C．要机场去接他　　　　　　D．机场要去接她

제1부분

1. A 我 B 写 信(我) C 他 放了假 D 回来看看。

让의 주어 / 让의 목적어이자 放의 주어 / 让

제시 단어는 겸어동사 让이다. 겸어동사는 뒤에 꼭 목적어(명사)가 있어야 하므로 일단 정답 후보는 A와 C이다.

A : '나로 하여금 편지를 쓰게 하다'라고 해석할 수도 있겠지만, 이 자리에 넣으면 전체가 하나의 문장이 아니라, 他부터 시작되는 또 다른 문장이 생기므로 정답이 될 수 없다.

C : 앞의 我가 让의 주어가 되면서 '그로 하여금 방학한 후에 와서 좀 보라고 했다'로 해석할 수 있다. 이해가 잘 안 된다면 让 앞에 의미상의 주어 我를 넣어서 생각해보자.

정답 C

해석 나는 편지를 써서 그에게 방학하면 와서 좀 보라고 했다.

단어 放假 fàng jià 통 방학하다

제2부분

1. 这里的风光 让 我想起了家乡。

A, B, C, D의 단어는 HSK 문제에서 자주 보기로 함께 제시되는 것들이다. 먼저 문제에서 동사는 想起了이며 주어는 我이다. 빈칸 앞에 风光과의 관계를 생각해보면 '풍경이 나로 하여금 생각나게 했다'이므로 让을 정답으로 고를 수 있다.

A. 让 : ~하게 하다
B. 被 : ~에 의해 …당하다
C. 把 : ~를 …하다
D. 给 : 통 주다 / 전 ~에게(피동)

정답 A

해석 이곳의 풍경은 내게 고향을 떠올리게 했다.

단어 风光 fēngguāng 명 경치, 풍경 | 想起 xiǎngqǐ 통 상기하다, 생각해내다 | 家乡 jiāxiāng 명 고향

2. 每个星期六，张明 不是 去喝酒，就是 去游泳。

└ 빈칸 뒤가 같은 형식 ┘

A, B, C, D 보기들은 모두 선택 관계 복문을 만드는 표현들이다. 문제 역시 빈칸 뒤의 구문 형식이 같으므로 선택 관계 접속사를 고르는 문제임을 알 수 있다. 우선 보기에서 잘못된 조합을 가려내자. D와 같은 고정 형식은 없으므로 D부터 제거하자. 문제의 힌트는 每个星期六로 매주 토요일 장 밍이 무엇을 하는지 설명하고 있기 때문에 정답은 B이다.

A. 与其 A 不如 B yǔqí A bùrú B A할 바에는 차라리 B하겠다
B. 不是 A 就是 B búshì A jiùshì B A이거나 아니면 B이다
C. 是 A 还是 B shì A háishi B A인가 아니면 B인가
D. 先 xiān 부 먼저 于是 yúshì 접 그래서, 그리하여

정답 B

해석 매주 토요일에 장 밍은 술 마시러 가지 않으면 수영하러 간다.

> **Tip** 2부분 문제 중 빈칸 뒤의 구문이 같은 형식이면 대부분 선택 관계 접속사가 정답이다.

3. 我的朋友明天到上海，要 去 机场 接 他。

능원동사 동사1 동사2

연동문의 어순을 생각해서 바른 어순을 찾아야 한다. A, B, C, D 보기를 보면 接他를 제외한 나머지 성분들의 위치가 바뀌어 있다. 공항 가는 이유가 무엇인가? 마중하기 위해서이다. 바로 연동문의 종류 중 뒤 동사가 앞 동사의 이유나 목적이 되는 경우이다. 이렇게 두 개의 동사 중 목적이나 이유가 되는 동사를 뒤에 둔다. 연동문에서 능원동사 要는 항상 첫번째 동사 去 앞에 쓰여야 한다.

정답 B

해석 내 친구가 내일 상하이에 도착하므로, 공항에 그를 마중하러 가려 한다.

단어 接 jiē 통 맞이하다, 마중하다

HSK 그것이 알고 싶다

HSK 공부는 언제쯤 시작할까?

HSK를 보고 싶다고 해서 중국어 회화를 처음 배우는 학생이 무턱대고 시험을 본다면 그 결과는 안 봐도 뻔하겠죠? 보통 초급자들이 1년 정도 회화를 충분히 배운 후에 HSK를 준비합니다만, 꼭 1년이 아니더라도 기초 수준의 중국어 교본을 한 권 정도 충분히 익힌 상태라면, 지금부터 조금씩 HSK 문제 형식을 접하면서 실력을 쌓는 것이 좋습니다. 왜냐하면 회화에서 상용되는 중요한 단어, 어법, 표현들이 HSK 문제로 나오기 때문입니다. 문제를 풀면서 기본적인 문장의 구조와 중요 단어, 관용구, 다양한 표현 등을 더욱 단단히 다져서 회화와 HSK 두 마리의 토끼를 다 잡는다면 그야말로 금상첨화 아닐까요?

水乡川菜馆
五丰上食
川菜馆
华明 菜籃彩割割离店
我爱我家
515j
房产一线通 95105890
与学楼 街编租凭
最近就新盖的房子来说，里边的家具和家电都是新的。
我想住在北京大学附近。

Part 03

집 구하기
我想找房子。

（和房地产经理人对话）

A 你好，我想找房子。
Nǐ hǎo, wǒ xiǎng zhǎo fángzi.

B 您要哪一区的？要几室几厅的？
Nín yào nǎ yì qū de? Yào jǐ shì jǐ tīng de?

A 我想住在北京大学附近，❶ 要两室一厅的，
Wǒ xiǎng zhùzài Běijīng Dàxué fùjìn, yào liǎng shì yì tīng de,

还有最好里边的设备和家具都要新的。
háiyǒu zuìhǎo lǐbian de shèbèi hé jiājù dōu yào xīn de.

B 别担心，最近就新盖的房子来说，
Bié dān xīn, zuìjìn jiù xīngài de fángzi láishuō,

里边的家具和家电都是新的。❷
lǐbian de jiājù hé jiādiàn dōu shì xīn de.

A 里边儿都有什么呢？❸
Lǐbianr dōu yǒu shénme ne?

B 里边有床、衣柜、电视、空调等等，
Lǐbian yǒu chuáng、yīguì、 diànshì、 kāngtiáo děngděng,

什么家具和家电都有。❹ 对了，不管是中央
shénme jiājù hé jiādiàn dōu yǒu. Duì le, bùguǎn shì zhōngyāng

空调供暖还是个人供暖都没关系吗？❺
kōngtiáo gōngnuǎn háishi gèrén gōngnuǎn dōu méi guānxi ma?

A 没关系，有没有要出租的？我想先去看一看。
Méi guānxi, yǒu méiyǒu yào chūzū de? Wǒ xiǎng xiān qù kàn yi kàn.

B 正好有出租的，一起去看看吧。
Zhènghǎo yǒu chūzū de, yìqǐ qù kànkan ba.

(부동산 중개인과 대화)

A 안녕하세요, 방을 좀 구하려고 하는데요.

B 어느 지역, 방이 몇 개인 집을 원하세요?

A 베이징 대학 근처에 방 두 개인 집이요. 그리고 내부 시설과 가구가 새것이면 좋겠어요.

B 걱정 마세요. 요새 새로 지은 집들은 가구나 가전제품이 모두 새거예요.

A 안에 뭐가 있나요?

B 침대, 옷장, TV, 에어컨 등등 모든 가구와 가전제품들이 있습니다.
참, 중앙 난방이든 개별 난방이든 상관없나요?

A 상관없어요. 지금 세를 놓는 집이 있습니까? 있으면 구경을 좀 하고 싶은데요.

B 마침 세놓은 집이 있습니다. 같이 가서 좀 보시죠.

단어 &

房地产 fángdìchǎn 명 부동산	大概 dàgài 부 아마, 대개, 대략적으로
经理人 jīnglǐrén 명 중개자, 대리인	设备 shèbèi 명 설비, 시설
找 zhǎo 동 찾다	家具 jiājù 명 가구
房子 fángzi 명 집, 건물	不管 bùguǎn 접 ~에 관계없이, ~를 막론하고
区 qū 명 구역	中央空调供暖 zhōngyāng kōngtiáo gōngnuǎn 중앙 난방식
北京大学 Běijīng Dàxué 고유 베이징 대학	个人供暖 gèrén gōngnuǎn 개별 난방식
附近 fùjìn 형 부근의	就…来说 jiù…láishuō 고정 (동작의 대상 또는 화제의 범위)에 대해 말하자면
室 shì 실(室), 집	出租 chūzū 동 세주다, 세놓다
厅 tīng 명 큰방, 홀	正好 zhènghǎo 부 마침

01 住在 + 장소

我想住在北京大学附近。

Wǒ xiǎng zhùzài Běijīng Dàxué fùjìn.

베이징 대학 근처에 살고 싶어요.

'~에 살다'라는 표현은 반드시 [住在 + 장소]의 형태로 쓰입니다. 여기서 在는 '~에(서)'라는 뜻의 전치사로 동사 뒤, 행위나 동작이 이루어지는 장소 앞에 쓰입니다. '在 + 장소 + 住' 형식으로 쓰지 않는다는 걸 주의하세요.

我在首儿住。(×) → 我住在首尔。(○) 저는 서울에 삽니다.
他住在学校附近的一个公寓。 그는 학교 근처 아파트에 삽니다.

잠깐! [동사 + 在 + 장소]의 형태로 표현해야 하는 동사들은 주로 동작을 한 뒤, 상태가 고착되는 동사들입니다.

躺在床上 침대 위에 드러눕다 | 坐在椅子上 의자 위에 앉다 | 站在站台上 플랫폼에 서 있다
贴在门上 문 위에 붙이다 | 挂在墙上 벽에 걸다

단어
公寓 gōngyù 명 아파트 | 躺 tǎng 동 눕다 | 椅子 yǐzi 명 의자 | 站 zhàn 동 서다 | 站台 zhàntái 명 플랫폼 | 贴 tiē 동 붙이다 | 挂 guà 동 걸다 | 墙 qiáng 명 벽

한 걸음 더!
어법편 p.219 전치사 참조
중국어에서 전치사의 위치는 일반적으로 동사구 앞이지만 전치사가 동사 뒤에 바로 붙어 처소·시간·방식 등의 관계를 보충할 수도 있습니다. 이를 전치사보어라고 하는데 在, 自, 于, 给, 到, 向, 往 등이 있습니다.

02 就…来说

最近就新盖的房子来说，里边的家具和家电都是新的。

Zuìjìn jiù xīngài de fángzi láishuō, lǐbian de jiājù hé jiādiàn dōu shì xīn de.

요새 새로 지은 집들로 말하자면, 내부의 가구나 가전제품이 모두 새거예요.

就…来说는 '~에 대해 말하자면'이라는 뜻으로, 화제를 이끌어낼 때 사용하는 회화체 표현입니다. '…' 자리에는 반드시 명사나 명사구 등이 와야 합니다. 같은 의미의 서면체 표현으로는 就…而论(而讲)이 있습니다.

就VISTA来说，不太稳定。
(윈도우)VISTA에 대해 말하자면, 그다지 안정적이지 못해.
就中央空调供暖来说，管理费和暖气费都由房东来付。
중앙 난방식으로 말할 것 같으면, 관리비와 난방비는 집주인이 냅니다.
就如今社会而论，是勤勤恳恳地工作好还是学会"小聪明"好?
지금 사회로 말하자면, 성실히 일하는것이 좋은가, 아니면 '잔머리' 굴리는 것을 배우는 것이 좋은가?

잠깐! 就…来说와 비슷한 뜻의 또 다른 회화체 표현이 있습니다.

对你来说，我是什么? 너에게 난 뭐니?
拿学汉语来说，韩国人最会的。 중국어 배우는 걸로 말하자면 한국인이 제일 잘해.

단어
稳定 wěndìng 형 안정하다 | 管理费 guǎnlǐfèi 명 관리비 | 暖气费 nuǎnqìfèi 명 난방비 | 由 yóu 전 ~이(가), ~께서 (동사의 주체 강조) | 房东 fángdōng 명 집주인 | 付 fù 동 (돈을) 내다 | 勤恳 qínkěn 형 근면 성실하다 | 小聪明 xiǎocōngming 명 잔꾀, 잔재주 | 学会 xuéhuì 동 배워서 하다

03 장소 + (没)有 + 불특정 사람 / 사물

里边儿都有什么呢?
Lǐbianr dōu yǒu shénme ne?

안에는 무엇무엇이 있나요?

有를 사용한 존현문은 어떠한 장소에서 사람이나 사물의 유무를 나타냅니다. 항상 장소를 나타내는 단어가 맨 앞에 주어로 오며 有를 사용해서 존재를 나타낼 때에는 동사 뒤에 특정한 사람이나 사물은 쓰일 수 없습니다.

房间里没有人。　　　　　　　　방 안에 사람이 없다.
门口有一个人。　　　　　　　　입구에 한 사람이 서 있다.
桌上有他的书。(×) → 桌上有几本书。(○)　책상 위에 몇 권의 책이 있다.

한 걸음 더!
어법편 p.253 존현문 참조
존현문은 어느 장소에 어떤 사물이나 사물의 존재, 출현, 소실을 나타내는 문장을 가리킵니다.

04 什么(也)都 + 동사 / 형용사

里边有床、衣柜、电视、空调等等，什么家具和家电都有。
Lǐbian yǒu chuáng, yīguì, diànshì, kōngtiáo děngděng, shénme jiājù hé jiādiàn dōu yǒu.

안에는 침대, 옷장, TV, 에어컨 등등 모든 가구와 가전기구가 다 있습니다.

의문사 什么를 평서문에 사용해서 강조문을 만든 문장입니다. 什么 뒤에 都가 와서 '무엇이든지 다 ~하다'라는 의미를 나타내는데 부사 也를 都 앞에 함께 쓸 수도 있습니다. 한국어와 형식이 비슷하여 쉽게 익힐 수 있는 강조용법입니다.

什么 （也）都 …

무엇　도　다　~하다

他什么(也)都知道。　　　　　　그는 무엇이든 다 안다.
他什么也都没吃。　　　　　　　그는 아무것도 먹지 않았다.

한 걸음 더!
어법편 p.270 강조문형 참조
의문사를 이용한 강조용법
什么 이외에도 의문사 怎么 / 谁 / 哪儿 / 什么时候 등으로도 강조용법을 나타낼 수 있습니다.
ex) 怎么说也不明白。
　　어떻게 설명해도 이해가 안 돼.
　　谁都知道。
　　누구라도 다 알아.

05   不管 … 也 / 都~

不管是中央空调供暖还是个人供暖都没关系吗?
Bùguǎn shì zhōngyāng kōngtiáo gōngnuǎn háishi gèrén gōngnuǎn dōu méi guānxi ma?

중앙 난방이든 개별 난방이든 상관없나요?

不管은 '…에 관계없이(막론하고) 다 ~하다'라는 뜻입니다. 앞의 내용에 관계없이 결론이나 결과가 변하지 않음을 나타내며, 대부분 뒤에 也 / 都와 호응합니다. 이때 不管 뒤에는 본문에서처럼 (是)A 还是 B의 선택의문문을 써서 'A든지 B든지 다 관계없이 ~하다'의 뜻이 됩니다.

不管你去还是我去, 都要去做事。   네가 가든 내가 가든, 가서 일해야 해.
不管国内电影还是海外电影, 他都要看。 국내 영화든 해외 영화든, 그는 다 보길 원한다.

잠깐! 선택의문문 외에도 不管 뒤에 올 수 있는 형식으로는 의문사, 정반의문문, 단어 (구)열거 등이 있습니다.

1. 不管有什么困难, 我们都不要放弃。(의문사)
   어떠한 어려움이 있어도 우리는 포기하면 안 돼.
2. 不管多么贵, 我都要买。(多么 형용사) 얼만큼 비싸든 난 무조건 살 거야.
3. 不管天气热不热, 他都穿着那件衣服。(정반의문문)
   날씨가 덥든 안 덥든, 그는 그 옷을 입는다.
4. 不管黑猫白猫, 能抓老鼠的就是好猫!* (열거)
   검은 고양이든 흰 고양이든 쥐를 잘 잡는 것이 바로 좋은 고양이다.

단어

国内 guónèi 몡 국내 | 海外 hǎiwài 몡 해외 | 困难 kùnnan 휑 어렵다 | 放弃 fàngqì 통 포기하다 | 穿 chuān 통 입다 | 黑 hēi 휑 검다, 까맣다 | 猫 māo 몡 고양이 | 老鼠 lǎoshǔ 몡 쥐

* 흑묘백묘론: 고양이 빛깔이 어떻든 고양이는 쥐만 잘 잡으면 되듯이, 자본주의든 공산주의든 상관없이 중국 인민을 잘살게 하는 게 제일이라는 뜻으로 덩소평이 미국 방문 후 돌아와 주장하면서 유명해진 말이다.

보너스 트랙   회화에 이어지는 숨겨진 히든 스토리~   🎧 Track 11

중앙 난방이든 개별 난방이든 빵빵하게 잘 나오기만 하면 상관없지만 돈은 누가 내냐고! 이건 꼭 짚고 넘어가야지!

A 中央空调供暖和个人供暖有什么不一样呢?
Zhōngyāng kōngtiáo gōngnuǎn hé gèrén gōngnuǎn yǒu shénme bù yíyàng ne?

B 就中央空调供暖来说, 管理费和暖气费都
Jiù zhōngyāng kōngtiáo gōngnuǎn lái shuō, guǎnlǐfèi hé nuǎnqìfèi dōu

由房东来付, 就个人供暖来说, 管理费由
yóu fángdōng lái fù, jiù gèrén gōngnuǎn láishuō, guǎnlǐfèi yóu

房东来付, 个人暖气费由你自己来付。
fángdōng lái fù, gèrén nuǎnqìfèi yóu nǐ zìjǐ lái fù.

A 중앙 난방과 개별 난방은 뭐가 다르죠?

B 중앙 난방은 관리비와 난방비를 집주인이 내지만, 개별 난방은 관리비는 주인이 내고, 난방비는 당신이 내야 해요.

* 친구에게 보내는 편지글입니다. 배운 표현들을 떠올리며 해석해보세요.

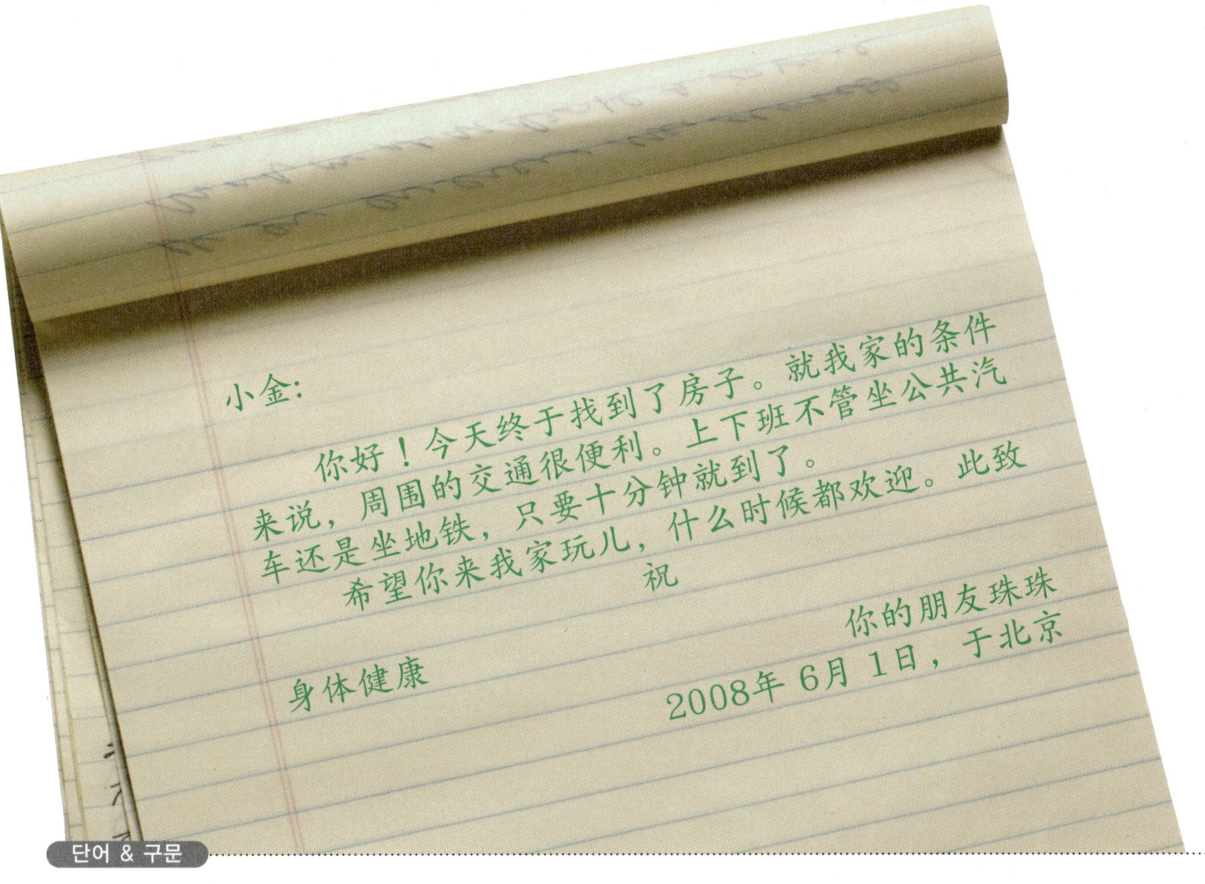

단어 & 구문

终于 zhōngyú 團 마침내, 드디어	便利 biànlì 園 편리하다	此致 cǐzhì 이에 ~에 보냅니다
找到 zhǎodào 찾아냈다	希望 xīwàng 園 바라다	只要…就~ zhǐyào…jiù …하기만 하면 ~하다
条件 tiáojiàn 園 조건	玩儿 wánr 園 놀다	
周围 zhōuwéi 園 주변	欢迎 huānyíng 園 환영하다	

【吉祥如意】

娜荣：
　新的一年又来到了，祝愿你在心的一年里春风洋溢你；家人关心你；
爱情滋润你；朋友忠于你；我这儿祝福你；幸运之星永远照着你。
哈哈，娜荣，我最最希望的是你在新的一年里能够找到一个爱你并
且你也爱的人，一定实现 啊！
祝福你全家新年快乐，身体健康，万事如意！

致
礼！
wuyan318

书信 이란?

书信 shūxìn은 편지·서신입니다. 보통 처음 시작할 때는 亲爱的(사랑하는), 尊敬的 zūnjìng de (존경하는) 같은 친밀감이나 존경을 나타내는 수식어와 함께 상대방 이름을 씁니다. 본론은 줄을 바꿔서 처음 두 칸을 띄고 시작하며 단락이 바뀔 때도 두 칸을 비워두고 시작해야 합니다. 마지막에 자주 쓰이는 축송어로는 身体健康 shēntǐ jiànkāng / 保重身体 bǎozhòng shēntǐ (건강하세요) 万事如意 wànshì rúyì (모든 일이 잘되시길) 등이 있습니다.

* 본문에서 배운 표현들을 떠올리며 문장을 끊어서 해석해보세요.

小金:

（드디어）
□□你好! 今天终于找到了房子。就我家的条件来说，周围的交通 / 很便利。
첫 시작은 두 칸 띄우기　　결과보어(찾아냈다)　～에 대해 말하자면

上下班不管坐公共汽车还是坐地铁，只要十分钟就到了。
…든 ~든 상관없이　　　　　　　　　　A　　　B
A면 바로 B하다

다음 단락 시작할 때도 두 칸 띄우기
□□希望 / 你来 我家 玩儿，什么时候都欢迎。 此致 → 끝맺음을 나타내는 말. 끝줄에 이어 뒤에
동사1(와서)　　동사2(놀다)　　의문사 + 都 + 동사 : 강조　　문장 부호 없이 쓰거나 줄을 바꿔 두 칸 비우고 쓴다.

祝 → 축송어의 전반부는 줄을 바꿔 중앙에

身体健康 → 축송어의 하반부는 줄을 바꿔 문두에

你的朋友珠珠
보내는 사람 이름은 오른쪽에

2008年 6月 1日，于北京

샤오 찐,
안녕! 오늘 드디어 집을 구했어. 집에 대해서 말하자면, 무엇보다도 교통이 정말 좋아.
버스를 타든, 지하철을 타든 10분이면 회사에 도착하지.
우리 집에 놀러 오길 바래, 언제든 환영이야. 여기까지 쓸게.
건강해.

너의 친구 珠珠가
2008년 6월 1일, 베이징에서

我爱我家 Wǒ ài wǒ jiā (나는 우리 집을 사랑해요) 중국 최대 부동산 체인 업체 중 하나입니다. 홈페이지 주소는 5i5j.com이네요. 중국어로 읽으면 업체 이름인 '워아이워찌아' 발음하고 비슷합니다. 중국에는 이렇게 숫자와 연관시켜 비슷한 발음으로 만든 회사 이름이나 상표가 많습니다.

방 매매	房屋买卖	fángwū mǎimai
임대	租赁	zūlìn
사무실 / 오피스텔	写字楼	xiězìlóu
점포 임대	商铺租赁	shāngpù zūlìn

1. 들려주는 내용을 듣고 다음 빈칸을 채워보세요.　　🎧 Track **12**

A　你好，我想找房子。

B　您要哪一区的？要几＿＿几＿＿的？

A　我想＿＿＿＿北京大学附近，要两室一厅的，
　　还有最好里边的设备和家具都要新的。

B　别担心，最近＿新盖的房子＿＿＿＿，里边的家具和家电都是新的。

A　里边儿都＿＿＿＿＿＿呢？

B　里边有床、衣柜、电视、空调等等，＿＿＿＿家具和家电＿＿有。对了，
　　＿＿＿＿是中央空调供暖＿＿＿个人供暖＿没关系吗？

A　没关系，有没有要出租的？我想先去看一看。

B　正好有出租的，一起去看看吧。

2. 본문의 내용을 생각하면서 다음 질문에 대답해보세요.

1)　男的要几室几厅的？

2)　就新盖的房子来说，房间里都有什么？

3)　男的要哪个供暖方式？

4)　现在有没有出租的房子？

第一部分

※ 제시된 단어가 들어갈 알맞은 위치를 고르세요.

1. 他 A 决定了 B 去北京以后 C 住 D 北京大学附近。

在

2. A 刚来时 B 我 C 都 D 不认识。

哪儿

第二部分

※ 빈칸에 들어갈 알맞은 단어를 보기에서 고르세요.

1. 桌上____________。

A. 有几本书   B. 几本书有

C. 有书几本   D. 书有几本

2. ______天气热不热，阿里______穿着那件衣服。

A. 不管……都   B. 假使……就

C. 由于……因此   D. 虽说……可是

제1부분

1. 他 A 决定了 B 去北京以后 C 住 D 北京大学附近。
　　　　　　　　　　　　　　　　　　在 (장소)

제시 단어 在는 크게 전치사 '~에서'라는 뜻과 부사 '마침'의 뜻으로 쓰인다. 문제에서는 住 뒤에 장소가 보이므로 바로 본문에서 배운 [住在 + 장소]의 쓰임임을 알 수 있다. 이때 在는 전치사로 쓰였으며, 동사 뒤에서 보어 역할을 하는 전치사보어 용법이다.

정답 D

해석 그는 베이징에 온 이후에 베이징 대학교 근처에 묵기로 했다.

단어 决定 juédìng 图 결정하다

> **Tip** 전치사구(전치사 + 명사)가 문장에서 보어로 쓰일 때는 동사 뒤에 쓰인다.

2. A 刚来时 B 我 C 都 D 不认识。
　　　　　　　　　哪儿 (동사)

哪儿 : 의문사와 都가 있는 강조용법 [의문사 + (也)都 + 동사]

제시 단어는 의문대사 哪儿이고, 문제에서 키워드는 都이다. 이럴 경우는 거의 '의문대사를 이용한 강조용법'을 묻는 문제이다.

정답 C

해석 막 왔을 때 나는 어느 지역도 다 알지 못했다.

단어 认识 rènshi 图 인식하다, 알다

제2부분

1. 桌上 有 几本书。
　　장소 동사 목적어

어순 찾기 문제이다. 보기에서 보이는 동사가 有이므로 바로 존현문 어순을 묻는 문제임을 알 수 있다. 동사(有) + 목적어(书)로 된 보기 A, C를 후보로 가려내고 그중 수량사(几本)가 명사 앞에 있는 것을 찾자.

정답 A

해석 책상에 몇 권의 책이 있다.

2. 不管 天气热不热，阿里 都 穿着那件衣服。
　　　　　　정반의문문

문장을 가장 자연스럽게 이어주는 말을 찾아야 한다. 힌트는 앞절에 쓰인 热 + 不热 형식의 정반의문문이다. 이런 경우는 거의 '~에 관계없이 / ~를 막론하고'의 표현을 찾는 문제이다.

A. 不管 A 都 B 　bùguǎn A dōu B A에 관계없이 다 B이다
B. 假使 A 就 B 　jiǎshǐ A jiù B 만약 A라면 B이다
C. 由于 A 因此 B yóuyú A yīncǐ B A이기 때문에 따라서 B이다
D. 虽说 A 可是 B suīshuō A kěshì B 비록 A이지만 그러나 B이다

정답 A

해석 날씨가 덥든지 안 덥든지 관계없이, 아리는 항상 그 옷을 입는다.

HSK 그것이 알고 싶다

도대체 HSK 성적으로 뭘 할 수 있지?

HSK는 본래 중국 대학교에서 유학생들을 평가하는 기준이었으나, 중국의 급속한 발전과 함께 중국으로 가는 유학생들이 많아지면서, 외국인 학생들의 중국 학교 입학 및 졸업의 기준이 되었습니다. 중국 교육부는 중국의 대학 입학 기준을 문과대학은 HSK 6급, 이공대학은 HSK 3급으로 규정하고 있습니다. 또 우리나라 각 회사에서 사원들의 중국어 실력을 객관적으로 평가하는 도구로 HSK 성적을 사용하고 있습니다. 게다가 최근에 중국과 무역 범위가 점점 넓어지면서 사내 강의를 듣거나 또는 개인적으로 공부하여 시험에 응시하는 직장인들도 많습니다. 물론 급수가 높을수록 좋겠지만, 5~6급 정도면 가장 기본적인 의사소통은 가능하다고 할 수 있습니다.

今年春天我们就要大学毕业了，不再是大学生了。
北京大学
没有自由的时间了。
其实我想毕了业就去外国旅行，可是现实是现实。

大学国际合作部
International Relations Peking University
你怎么现在才告诉我?
天气真暖和,快要到春天了。

A 天气真暖和，快要到春天了。❶
Tiānqì zhēn nuǎnhuo, kuàiyào dào chūntiān le.

B 是，今年春天我们就要大学毕业了，不再是大学生了。❷
Shì, jīnnián chūntiān wǒmen jiù yào dàxué bì yè le, bú zài shì dàxuésheng le.

A 对了，没有自由的时间了。❷ 你毕业以后打算干什么？
Duì le, méiyǒu zìyóu de shíjiān le. Nǐ bì yè yǐhòu dǎsuan gàn shénme?

B 当然做工作呀。其实我想毕了业就去外国旅行，
Dāngrán zuò gōngzuò ya. Qíshí wǒ xiǎng bì le yè jiù qù wàiguó lǚxíng,

可是现实是现实。❸
kěshì xiànshí shì xiànshí.

A 听说小李已经找到工作了，是一家贸易公司。
Tīngshuō Xiǎo Lǐ yǐjing zhǎodào gōngzuò le, shì yì jiā màoyì gōngsī.

B 他每天吃了饭就去图书馆学习，果然先找到工作了。
Tā měitiān chī le fàn jiù qù túshūguǎn xuéxí, guǒrán xiān zhǎodào gōngzuò le.

A 对，他每天晚上十一点才回家。❹
Duì, tā měitiān wǎnshang shí yī diǎn cái huí jiā.

真是个扎扎实实的人。❺ 你找到工作了吗？
Zhēn shì ge zhāzhashíshí de rén. Nǐ zhǎodào gōngzuò le ma?

B 没有，正在找呢，明天就要去一家公司面试了。
Méiyǒu, zhèngzài zhǎo ne, míngtiān jiù yào qù yì jiā gōngsī miànshì le.

A 真的？你怎么现在才告诉我？❻ 祝你好运！
Zhēn de? Nǐ zěnme xiànzài cái gàosu wǒ? Zhù nǐ hǎoyùn!

Part 04

A 날씨가 정말 따뜻해, 곧 봄이 오겠어.

B 그래, 올봄에 우리가 대학교를 졸업하잖아, 더 이상 대학생이 아니라고.

A 맞아, 더 이상 자유시간이 없어지는 거지. 넌 졸업한 후에 뭘 할 계획이야?

B 당연히 일해야지. 사실은 난 졸업하면 외국으로 여행을 가고 싶어, 하지만 현실은 현실이잖아.

A 듣자하니 샤오리는 이미 일자리를 찾았다던데, 어떤 무역회사래.

B 매일 밥 먹자마자 바로 도서관 가서 공부하더니, 과연 먼저 일자리를 찾았구나.

A 맞아, 걔는 매일 저녁 11시나 되어서야 집에 간다고. 정말 부지런한 애야. 넌 취직했니?

B 아니, 지금 찾는 중이야, 내일 어떤 회사 가서 면접 볼 거야.

A 정말? 왜 지금에야 알려주는 거야? 행운을 빌어!

단어 &

Track **14**

暖和 nuǎnhuo 형 따뜻하다

毕业 bìyè 명동 졸업, 졸업하다

自由 zìyóu 명형 자유, 자유롭다

打算 dǎsuan 동 ～하려고 하다

干 gàn 동 (일을) 하다

其实 qíshí 부 사실은, 실제는

旅行 lǚxíng 명동 여행(하다)

现实 xiànshí 명 현실

贸易 màoyì 명 무역

果然 guǒrán 부 과연, 생각한 대로

才 cái 부 ～에야, 비로소

扎实 zhāshi 형 착실하다

正在 zhèngzài 부 마침 ～하고 있는 중이다

面试 miànshì 명동 면접시험 (보다)

家 jiā 양 가게나 기업 등을 세는 단위

祝 zhù 동 빌다, 축복하다

好运 hǎoyùn 명 행운

01 快要…了

天气真暖和, 快要到春天了。
Tiānqi zhēn nuǎnhuo, kuàiyào dào chūntiān le.
날씨가 정말 따뜻하다, 곧 봄이 올 거야.

快要는 '곧 머지않아 ~하다'라는 뜻으로 가까운 미래를 나타냅니다. 같은 뜻으로 快…了 / 就(要)…了 / 要…了가 있습니다.

快要到春天了。   곧 봄이 될 거야.
今年春天我们就要大学毕业了。   올봄에 우린 곧 졸업할 거야.
明天就要去一家公司面试了。   내일 어떤 회사에 면접시험 보러 갈 거야.

잠깐! 快要 앞에는 시간을 나타내는 부사어가 올 수 없다는 것을 주의해야 합니다.

明天快要考试了 。(×) → 明天就要考试了。(○) 내일이 시험이야.

<한 걸음 더!>
어법편 p.191 동사의 종류 참조

毕业는 '졸업하다'라는 뜻의 동사로 '~를 졸업하다'라는 의미를 나타내려면 반드시 毕业 앞에 목적어를 써야 합니다.
ex) 毕业北京大学了 (×)
→ 北京大学毕业了 (○)
베이징대학을 졸업했다

02 어기조사 了

今年春天我们就要大学毕业了, 不再是大学生了。
Jīnnián chūntiān wǒmen jiù yào dàxué bì yè le,   bú zài shì dàxuéshēng le.
올봄에 우리는 대학교를 졸업하잖아, 더 이상 대학생이 아니야.

어기조사 了는 문장 끝에 위치하여 어떠한 상태의 변화나 상황의 출현을 나타내는데, '~하게 되었다(변했다)'로 해석할 수 있습니다. 특히 不나 没와 함께 쓰이면 '더 이상 ~하지 않게 되었다, ~ 없어지게 되었다'라는 의미가 됩니다.

他已经找到工作了。   그는 이미 일자리를 찾았어. (찾게 되었다)
不再是大学生了。   더 이상 대학생이 아니야. (아니게 되었다)
没有自由的时间了。   자유 시간이 없어졌어. (없어지게 되었다)

<한 걸음 더!>
어법편 p.188 어기조사 참조

어기조사는 문장 끝에서 문장의 어투를 나타내는 조사로 吗, 吧, 呢 등이 있습니다.

03 동사1 + 了 + (목적어) + (就) + 동사2

其实我想毕了业就去外国旅行，可是现实是现实。
Qíshí wǒ xiǎng bì le yè jiù qù wàiguó lǚxíng, kěshì xiànshí shì xiànshí.

사실 나는 졸업하고 해외여행을 가고 싶어, 하지만 현실은 현실이잖아.

동사1을 하고 나서 동사2를 한다는 동작의 순서를 나타내는 연동문입니다. 동작이 발생한 순서에 따라 동사를 나열하면 됩니다. 이때 了는 반드시 동사1 바로 뒤에 찰싹 붙여야 합니다

他每天吃了饭就去图书馆学习。 그는 매일 밥을 먹고 난 후 도서관에 공부하러 간다.
他喝了酒就走了。 그는 술을 마신 후 가버렸다.
想毕业了就去外国旅行。(×)
→ 想毕了业就去外国旅行。(○) 졸업한 후에 해외 여행을 가고 싶다.

<한 걸음 더!>
어법편 p.249 연동문 참조
연동문에 관해서는 part 2(방법을 나타내는 연동문)에서 설명했습니다.

04 A 才 B

他每天晚上十一点才回家。
Tā měitiān wǎnshang shí yī diǎn cái huí jiā.

그는 매일 저녁 11시가 되어서야 집에 돌아와.

부사 才는 '겨우, 가까스로'의 뜻입니다. '…하고 나서야 (겨우) ~하다'라는 의미로 사용되어 일이나 동작이 늦음을 나타냅니다.

你怎么现在才告诉我。 너 어째서 지금에서야 내게 알려주는 거니.
他八点才开始学习。 그는 8시가 되어서야 공부하기 시작했다.
我说了半天，他才明白。 내가 한참을 말하고 나서야 그가 이해했다.

<잠깐!> **[才 + 수량사]의 형식으로 쓰일 때는 수량이나 정도가 적음을 나타냅니다.**

你怎么才四点下班? 넌 어째서 네 시밖에 안 됐는데 퇴근하니?
他今年才五岁。 걔는 올해 겨우 다섯 살이야.

<단어>
半天 bàntiān 몡 한나절, 한참 | 明白 míngbai 톙 분명하다 | 下班 xià bān 동 퇴근하다 | 岁 suì 양 세, 살

<한 걸음 더!>
才는 용법이 다양하기 때문에 才의 성질을 이용해 문장을 파악해야 합니다. 문장에서 才를 중심으로 요령은 '才 앞의 것을 해서 겨우 / 가까스로 才 뒤의 것을 했다'라고 해석합니다.

05 AABB 형용사 중첩

真是个扎扎实实的人。

Zhēn shì ge zhāzhashíshí de rén.

정말 성실한 사람이야.

모든 형용사는 중첩하면 의미의 정도나 상황의 묘사, 심리 상태가 더욱 강조됩니다. 1음절 형용사는 AA로, 2음절 형용사는 AABB 형태로 중첩할 수 있습니다. 2음절 동사(AB) 중첩 시에 적용되는 ABAB 형태와 헷갈리지 않도록 주의해야 합니다.

请慢慢儿吃。(1음절 형용사 : AA)　　　　천천히 드세요.

漂漂亮亮的老师。(2음절 형용사 : AABB)　　너무 아름다우신 선생님

잠깐! 중첩된 형용사에는 정도부사(很 / 比较 / 特别 / 非常)와 부정형을 함께 쓸 수 없습니다.

她很漂漂亮亮。(×)　　他不太漂漂亮亮。(×)

한 걸음 더!

어법편 p.203 형용사 중첩 참조

형용사 중첩에서 형용사 자체에 정도의 의미가 있는 형용사는 ABAB 형식으로 중첩합니다.

ex) 雪白雪白 xuěbáixuěbái 아주 희다

通红通红 tōnghóngtōnghóng 아주 빨갛다

06 怎么

你怎么现在才告诉我?

Nǐ zěnme xiànzài cái gàosu wǒ?

너 어째서 이제서야 내게 알려주는 거야?

怎么는 의문대사로 '어떻게'라는 뜻의 방법을 나타내는 의문대사이지만, 반어문 형식으로 쓰이면 为什么(어째서 왜)의 뜻이 되어 질책의 의미로 사용됩니다. 이때 문장 끝에 어기조사 呢를 쓸 수도 있습니다.

你怎么还不明白?　　　너 어째서 아직도 이해를 못하니?

你怎么没买?　　　　　년 어째서 안 샀니?

你怎么不相信我的话呢?　년 어째서 내 말을 안 믿는 거지?

단어

相信 xiāngxìn 图 믿다

보너스 트랙 회화에 이어지는 숨겨진 히든 스토리~　　　　🎧 Track 15

친구의 면접시험 소식에 웃으며 축하는 했지만 내가 웃는 게 웃는 게 아니다. 어떤 회사지? 정보 좀 얻고 싶은데 이 녀석 도통 입을 안 연다.

A　是哪家公司? 履历书怎么写的?

Shì nǎ jiā gōngsī? Lǚlìshū zěnme xiě de?

B　那是秘密!

Nà shì mìmì!

A　어느 회사니? 이력서는 어떻게 썼어?

B　그건 비밀이야!

履历书 lǚlìshū 图 이력서 | 秘密 mìmì 图 비밀

* 이력서 내용으로 구성한 글입니다. 배운 표현들을 떠올리며 읽어보세요.

姓 名	吕博	性别	男	民族	汉
出生年月	1982. 07. 14	学历	大学本科	籍贯	辽宁省鞍
毕业院校	鞍山师范学院	专业	艺术设计		

本人性格	我是大学四年级的学生，今年冬天就要毕业了。 每时每刻都要认认真真地做人，踏踏实实地工作。 我希望毕了业就当贵公司的职员，发挥我的力量。

단어 & 구문

民族 mínzú 명 민족

汉 Hàn 명 한족

大学本科 dàxué běnkè 명 대학 본과

籍贯 jíguàn 명 본적, 출생지

辽宁 Liáoníng 명 요령성(동북 3성 중 하나)

省 shěng 명 성(중국 지방 행정 단위)

鞍山 Ānshān 고유 안산(지명)

毕业院校 bìyè yuànxiào 명 졸업한 학교

师范 shīfàn 명 사범(사범학교)

专业 zuānyè 명 전공

艺术 yìshù 명 예술

设计 shèjì 명동 디자인(하다)

本人 běnrén 명 본인

性格 xìnggé 명 성격

每时每刻 měishí měikè 항상

认真 rènzhēn 형 진지하다, 성실하다

做人 zuòrén 동 행동하다, 처세하다

踏实 tàshí 성실히

希望 xīwàng 동 희망(하다)

当 dāng ～되다

贵公司 guì gōngsī 귀사

职员 zhíyuán 명 직원

发挥 fāhuī 동 발휘하다

力量 lìliàng 명 역량, 능력

每…都～ měi…dōu …가 모두 ～하다

履历表(书) 란?

履历表 lǚlìbiǎo는 이력서로 형식은 우리와 거의 비슷한데, 주로 특기, 지원분야(求职意向), 경력(工作经历), 학력(学历), 전공(专业) 등을 서술합니다. 또 정치성향(政治面目) 등을 써서 공산당원인지 아닌지 등을 표기하거나, 다민족 국가여서 민족(民族)을 쓰기도 합니다.

* 본문에서 배운 표현들을 떠올리며 문장을 끊어서 해석해보세요.

我是大学四年级的学生，今年冬天就要毕业了。

4학년 학생   곧 ~하려고 하다

AABB 형용사 중첩

每时每刻都要认认真真地做人，踏踏实实地工作。

항상   진지한 자세로 처세하고,   성실하게 일한다

구조조사地(동사 앞에서 심리 상태나 동작을 수식할 때 쓰임)

我希望 / 毕 了 业 就 当贵公司的职员，发挥我的力量。

동작의 순서   ~이 되다

동사1 + 了 + (목적어) + (就) + 동사2

졸업하고 귀사의 직원이 되어

저는 올 겨울 곧 졸업하는 대학 4학년 학생으로
항상 진지한 자세로, 성실하게 일합니다.
저는 졸업한 후에 귀사의 직원이 되어, 제 능력을 발휘하고 싶습니다.

사진속 숨은 단어 찾기

학기 시작이 3월인 한국은 매년 2월이 졸업 시즌이지만, 중국은 9월에 학기가 시작되므로 매년 7월이 졸업 시즌입니다.

졸업식	毕业典礼 bì yè diǎnlǐ
졸업식을 하다	举行毕业典礼 jǔxíng bì yè diǎnlǐ
졸업장	毕业证书 bì yè zhèngshū
학사모	学士帽 xuéshìmào
대학교 졸업	大学毕业 dàxué bì yè

1. 들려주는 내용을 듣고 다음 빈칸을 채워보세요.　　　🎧 Track **16**

A　天气真暖和，______到春天___。

B　是，今年春天我们______大学毕业___，______是大学生___。

A　对了，______自由的时间___。 你毕业以后打算干什么?

B　当然做工作呀。其实我想毕___业___去外国旅行，可是现实___现实。

A　听说小李______找到工作___，是一家贸易公司。

B　他每天吃___饭___去图书馆学习，果然先找到工作了。

A　对，他每天晚上十一点___回家。真是个__________的人 。
　　你找到工作了吗?

B　没有，正在找呢， 明天______去一家公司面试___。

A　真的? 你______现在才告诉我? 祝你好运！

2. 본문의 내용을 생각하면서 다음 질문에 대답해보세요.

1)　他们什么时候毕业?

2)　其实毕业以后女的想干什么?

3)　小李是什么样的人?

4)　女的明天有什么事儿?

第一部分

※ 제시된 단어가 들어갈 알맞은 위치를 고르세요.

1. 我想 A 吃 B 饭 C 去 D 看电影。

   了

2. 天就要下 A 雨 B，带上 C 雨伞走 D 吧。

   了

第二部分

※ 빈칸에 들어갈 알맞은 단어를 보기에서 고르세요.

1. 我说了好几次，他＿＿＿打扫了一下儿。

   A. 才　　　　　　　　　　　B. 也

   C. 就　　　　　　　　　　　D. 仅

2. 每天我和朋友在大门外玩的时候，王大爷也＿＿＿＿＿＿＿。

   A.　回来洗了脸休息

   B.　回来洗脸了休息

   C.　回来休息洗了脸

   D.　回来了洗脸休息

제1부분

1. 我 想 A 吃 B 饭 C / 去 D 看电影。

능원동사　동사1　목적어　　동사2
了 첫 번째 동사 뒤에

제시 단어 了의 위치는 술어와 관계가 깊기 때문에 문장에서 술어가 되는 동사부터 찾아야 한다.　A는 능원동사 뒤이므로 정답이 될 수 없다. 吃와 去가 술어인데, 시간 순서의 연동문은 첫번째 동사 뒤에 了를 써야 하므로 B가 정답이 된다.

정답 B
해석 나는 밥 먹고 영화 보러 가고 싶다.

2. 天就要下 A 雨 了, 带上 C 雨伞走 D 吧。

곧 비가 오려고 하다

제시 단어는 了이고, 문장에 就要가 있기 때문에 就要…了의 구문을 떠올려 문장 끝에 了를 써서 '곧 ~하려고 하다'라는 의미를 만든다.

정답 B
해석 하늘이 곧 비가 오려고 하니, 우산을 가지고 가라.
단어 带上 dàishang 동 (몸에) 지니다 | 雨伞 yǔsǎn 명 우산

제2부분

1. 我说了好几次, 他 才 打扫了一下儿.

여러 번

보기들은 모두 부사이다. 의미상 여러 번(好几次) 말하고 나서야 청소를 했다는 뜻이므로 才를 써야 한다.

정답 A
해석 내가 여러 번을 말하자, 그는 그제서야 한 번 청소했다.
단어 打扫 dǎ sǎo 동 청소하다 | 仅 jǐn 부 다만, 오로지

2. ……, 王大爷也回来洗 了 脸休息。

동사 + 목적어 → 이합사
了는 동사 뒤에 찰싹 붙이기

문제 푸는 요령 하나! 이러한 절이 2개인 어순 문제는 빈칸이 없는 쪽의 절은 굳이 해석해보지 않아도 풀 수 있다. 요령 둘! 回来는 움직이지 않고 있으므로 나머지 부분의 순서만 고려해 보자. 동사 休息와 동사 洗脸이 함께 있고 了도 있다. 了가 문장 끝에 오지 않았으므로 이 了는 동사 뒤 찰싹 붙는 동태조사이다. 了가 동사 뒤에 찰싹 붙은 보기는 A, C이다. 만약 B를 정답으로 골랐다면 洗脸은 [동사 + 목적어] 구조로 된 이합사임을 놓친 것이다. 따라서 동사 洗 뒤에 了를 찰싹 붙여야 하고, 그 다음 休息와 洗脸 중 상식적으로 어느 것을 먼저 하는지 생각해보면 정답을 찾을 수 있다.

정답 A
해석 매일 나와 내 친구들이 대문 밖에서 놀고 있을 때, 왕씨 아저씨도 돌아와서 세수한 후 쉬신다.
단어 大门外 dàmén wài 대문 밖 | 玩 wán 동 놀다 | 大爷 dàye 명 아저씨 | 洗脸 xǐ liǎn 동 세수하다

> **Tip** 두 개의 절이 있는 어순 문제를 풀 때는 빈칸이 없는 쪽의 절은 굳이 해석하지 않아도 풀 수 있다.

HSK 그것이 알고 싶다

HSK 일정과 응시 방법?

HSK(기초 · 초중등 · 고등)는 해마다 조금씩 다르긴 하지만, 국내에서는 거의 매 6회(3, 5, 6, 9, 10, 12월) 실시되며 회마다 지역별로 실시 여부가 다르므로 실시 지역을 확인하고 응시해야 합니다. 중국에서는 초중등 시험이 매년 4, 6, 11월 정도에 실시되고, 고등 시험은 매년 4월과 10월쯤 치러집니다. 국내외 모두 해마다 시험일정과 전형기간이 조금씩 다르고, 또 시험 응시 후 성적표 발부까지는 한 달 정도 소요되므로 모든 일정을 감안해서 응시해야 합니다. 시험은 방문, 우편, 인터넷 접수가 가능합니다. 기타 상세한 정보들은 한국 HSK사무국 홈페이지(www.hsk.or.kr)를 참조하세요.

我在报告书上把对方公司的名字写错了。
写错了再改改，不就行了吗?
那家公司是最近跟我公司新建立的贸易关系。
难怪你这么心事重重的，原来想升职了。

Part 05

직장 생활
今天我的上级骂了我一顿。

A 亲爱的，你怎么了？看样子今天你有什么不高兴的事儿吧。
Qīn'ài de, nǐ zěnme le? Kàn yàngzi jīntiān nǐ yǒu shénme bù gāoxìng de shìr ba.

我一看你的脸就看得出来你有什么事儿。 ❶
Wǒ yí kàn nǐ de liǎn jiù kàn de chūlai nǐ yǒu shénme shìr.

B 说得没错，今天我的上级骂了我一顿。
Shuō de méi cuò, jīntiān wǒ de shàngjí mà le wǒ yí dùn.

A 怎么了，你工作搞错了吧？
Zěnme le, nǐ gōngzuò gǎocuò le ba?

B 是，我在报告书上把对方公司的名字写错了， ❷
Shì, wǒ zài bàogàoshūshang bǎ duìfāng gōngsī de míngzi xiěcuò le,

那家公司是最近跟我公司新建立的贸易关系。 ❸
nà jiā gōngsī shì zuìjìn gēn wǒ gōngsī xīn jiànlì de màoyì guānxi.

A 写错了再改改，不就行了吗？ ❹ 为什么这么担心？
Xiěcuò le zài gǎigai, bú jiù xíng le ma? Wèi shénme zhème dān xīn?

B 因为下个月有升职发表。 ❺ 小张他跟我同岁，
Yīnwèi xià ge yuè yǒu shēng zhí fābiǎo. Xiǎo Zhāng tā gēn wǒ tóngsuì,

可已经当主任了。
kě yǐjing dāng zhǔrèn le.

A 难怪你这么心事重重的，原来想升职了。 ❻
Nánguài nǐ zhème xīnshì chóngchóng de, yuánlái xiǎng shēng zhí le.

我看，你的上级如果有眼光，就一定会推荐你，别担心。
Wǒ kàn, nǐ de shàngjí rúguǒ yǒu yǎnguāng, jiù yídìng huì tuījiàn nǐ, bié dān xīn.

A 자기야, 왜 그래? 보아하니 오늘 무슨 기분 안 좋은 일 있는 것 같은데.
난 네 얼굴만 봐도 너에게 무슨 일이 있는지 다 알아차릴 수 있다고.

B 맞아. 오늘 상사한테 꾸중 좀 들었어.

A 뭐, 일할 때 실수했어?

B 응. 내가 보고서에 상대방 회사의 이름을 잘못 썼어. 그 회사는 최근에 우리 회사와 새로
무역 관계를 맺었거든.

A 잘못 썼으면 다시 좀 고치면 되는 것 아니야? 왜 이렇게 걱정하는데?

B 왜냐하면 다음 달에 승진발표가 있거든. 샤오 장 걔는 나랑 동갑인데 벌써 주임이라고.

A 어쩐지 네가 이렇게 심각해하는 게 승진하고 싶어서였구나. 내가 볼 땐 말이야, 네 상사
가 안목이 있다면 반드시 널 추천할 거야. 걱정하지 마.

Track 18

亲爱的 qīn'ài de 친애하는, 자기야(속어)

怎么了 zěnme le 무슨 일이야?(어찌된 일이야)

看样子 kàn yàngzi 보기에, 보아하니

脸 liǎn 몡 얼굴

看得出来 kàn de chūlai
분간해낼 수 있다, 보고 알아낼 수 있다

上级 shàngjí 몡 상사, 상급기관

骂 mà 통 욕하다

顿 dùn 양 번, 차례, 끼니

搞错 gǎocuò 통 잘못하다, 실수하다

报告书 bàogàoshū 몡 보고서

对方 duìfāng 몡 상대방, 상대

建立 jiànlì 통 설립하다, 세우다

贸易 màoyì 몡 무역

交易 jiāoyì 통 거래하다, 교역하다

改 gǎi 통 고치다, 수정하다

担心 dān xīn 통 걱정하다

升职 shēng zhí 통 (등급·계급·학년 등이) 올라가다,
업그레이드하다

发表 fābiǎo 통 발표하다

同岁 tóngsuì 통 동갑이다

主任 zhǔrèn 몡 주임

难怪 nánguài 뷔 어쩐지

心事重重 xīnshì chóngchóng 근심거리가 쌓여 있다

原来 yuánlái 몡 원래

眼光 yǎnguāng 몡 시선, 안목

推荐 tuījiàn 통 추천하다

01 一 A 就 B

我一看你的脸就看得出来你有什么事儿。
Wǒ yí kàn nǐ de liǎn jiù kàn de chūlai nǐ yǒu shénme shìr.

나는 네 얼굴만 봐도 너에게 무슨 일이 생겼는지 알 수 있어.

一 A 就 B는 'A하기만 하면 B하다'라는 의미로, 앞에서 조건을 나타내고 뒤에서는 결과를 나타냅니다. 또 'A하자마자 B하다'라는 의미를 나타내어 앞의 동작에 이어 다른 동작이 연이어 일어남을 표현합니다. A와 B 자리에는 행동이나 상황이 모두 올 수 있습니다.

他很聪明，一听就明白。　　그는 매우 똑똑해서, 듣기만 하면 다 이해해.
她一喝就醉了。　　그녀는 마시자마자 취했다.

잠깐! A와 B의 주어가 다를 경우 [주어1 + 一 + 술어1, 주어2 + 就 + 술어2] 형식으로, 一, 就 는 주어 앞이 아닌 술어 앞에 쓰여야 합니다.

我一说，他的脸就变红了。　　내가 말하자마자, 그의 얼굴이 빨갛게 변했다.

단어

醉 zuì 통 취하다

02 把 + 목적어 + 동사

我在报告书上把对方公司的名字写错了。
Wǒ zài bàogàoshūshang bǎ duìfāng gōngsī de míngzi xiěcuò le.

상대방 회사 이름을 잘못 써버렸어.

把자는 동사의 처치 대상을 강조하기 위해 동사 앞으로 이끌어낼 때 사용합니다. 把자문은 ① 단순한 형태의 동사는 올 수 없고 동사 뒤에 목적어나 보어, 了, 着를 동반하거나 동사가 중첩 되어야 합니다. ② 把 뒤 목적어로는 명사(구)가 오는데 반드시 화자와 청자가 이미 알고 있는 것이어야 합니다. ③ 부정부사(不/没), 능원동사, 부사는 把자 앞에 씁니다.

把门关。(✕) ① → 把门关上。(○) (동사 뒤에 결과보어가 옴) 문을 닫아라.
你把一个苹果给我。(✕) ②
→ 你把那个苹果给我。(○) (목적어는 특정한 사물)
　　그 사과 나에게 줘.
他把那本小说没看完。(✕) ③
→ 他没把那本小说看完。(○) (부정부사는 把 앞에)
　　그는 그 소설을 다 읽지 않았다.

단어

关 guān 통 닫다 | 小说 xiǎoshuō 명 소설

한 걸음 더! 

어법편 p.255 把자문 참조
把자문은 기본적으로 [주어 + 把 + 목적어 + 동사 + 다른 성분]의 형식으로 쓰입니다.

03 是…的 강조

那家公司**是**最近跟我公司新建立**的**贸易关系。
Nà jiā gōngsī shì zuìjìn gēn wǒ gōngsī xīn jiànlì de màoyì guānxi.

그 회사는 최근에 우리 회사와 새로 무역 관계를 맺은 **회사야**.

是…的 구문은 이미 발생된 동작의 구체적인 시간·장소·방식·상황 등을 강조합니다. 是와 的 사이에 강조하려는 말을 넣는데 대부분 是를 강조할 말 앞에 두고 的는 문장 끝에 씁니다. 본문에서처럼 목적어를 강조하면 的가 목적어 앞에 올 수도 있습니다. 是는 생략할 수 있어도 的는 생략할 수 없습니다.

我**是**前天回来**的**。 (시간 강조)
他**是**从韩国来**的**。 (장소 강조)
他**是**喝**的**咖啡，我**是**喝**的**可乐。 (목적어 강조)

나는 그저께 돌아왔다.
그는 한국에서 왔다.
그는 커피를 마셨고, 나는 콜라를 마셨다.

잠깐! 是…的 강조용법의 부정형은 不是…的입니다.

黑板**不是**张三擦**的**，**是**我擦**的**。

칠판은 장 싼이 지운 것이 아니라 내가 지운 거야.

단어

前天 qiántiān 명 그저께 | 咖啡 kāfēi 명 커피 | 黑板 hēibǎn 명 칠판 | 擦 cā 통 닦다

한 걸음 더!

어법편 p.264 是…的 강조구문 참조

是…的 구문은 누가, 언제, 어디서, 어떻게, 무엇을, 왜 했는지를 강조할 때 사용합니다.

04 不就行了吗?

写错了再改改，**不就行了吗?**
Xiěcuò le zài gǎigai, bú jiù xíng le ma?

틀리게 썼으면 다시 좀 고치면 되지 않아?

行에는 형용사로 '괜찮다, 충분하다, 훌륭하다, OK' 등의 의미가 있습니다. …不就行了吗? 는 '~면 되지 않아?(= ~면 된다)'라는 뜻을 가진 반어문 형식의 문장으로 대수롭지 않다는 걸 의미합니다. 이때 不를 쓰지 않아도 의미는 같습니다.

我给你钱，**不就行了吗?**
你不用买新的，用保修**不就行了吗?**
넌 새것을 살 필요가 없어, AS 수리받으면 되잖아.

내가 (네게) 돈 주면 되잖아.

단어

保修 bǎoxiū 통 AS 수리하다

05   因为 A

因为下个月有升职发表。
Yīnwèi   xià ge yuè   yǒu shēng zhí fābiǎo.

왜냐하면 다음 달에 승진 발표가 있기 **때문이야**.

因为는 접속사로 '왜냐하면 ~이기 때문이다'라는 뜻입니다. 因为가 단독으로 쓰일 때도 있지만, 주로 뒤에 所以와 함께 쓰여 원인과 결과를 함께 나타내는 복문을 형성합니다.

因为我爱你，**所以**没关系。   왜냐하면 내가 널 사랑하니까 (그래서) 괜찮아.
因为他还不懂事。   아직 그 사람이 철이 덜 들었기 때문이야.
因为我在报告书上把对方公司的名字写错了。
내가 보고서에 상대방 회사 이름을 잘못 썼거든.

> **단어**
> 懂事 dǒng shì 철이 들다

> **한 걸음 더!**
> 因为 뒤에는 구나 절뿐만 아니라, 명사(구)가 와서 전치사 역할을 할 수도 있습니다.
> ex) 因为你，我考胡了。
> 너 때문에 난 시험을 망쳤어.

06   难怪 A, 原来 B

难怪你这么心事重重的，**原来**想升职了。
Nánguài nǐ   zhème   xīnshì chóngchóng de,   yuánlái xiǎng shēng zhí le.

어쩐지 네가 이렇게 심각해하는 게, (원래는) 승진하고 싶어서였구나.

부사 难怪는 '어쩐지, 과연'의 뜻으로 怪不得 guàibude와 같은 의미입니다. 뒤에 原来와 함께 [难怪 + A(결과), 原来 + B(원인)]의 형식으로 쓰여 '어쩐지 A하더라, 알고 보니 B였어'라는 의미를 나타냅니다. 앞뒷절의 순서가 바뀌어도 되지만 难怪는 반드시 절의 앞에 와야 하고, 原来는 생략할 수 있지만 难怪는 생략할 수 없습니다.

难怪她最近那么高高兴兴的，**原来**炒股赚钱了。
어쩐지 그녀가 최근에 그렇게 기뻐하더라, 원래 주식으로 돈을 벌었던 거구나.
原来她找到一个比我能干的！**难怪**要甩我。
알고 보니 그녀가 나보다 훨씬 능력 있는 사람을 찾았던 거군! 어쩐지 날 차버리더라고.

> **단어**
> 炒股 chǎogǔ 图 주식투자하다 | 能干 nénggàn 图 유능하다 | 甩 shuǎi 图 뿌리치다, 차버리다

    회화에 이어지는 숨겨진 히든 스토리~   🎧 Track 19

여자친구의 격려로 용기백배! 자신감 만땅! 그래, 나 같은 인재를 저버리면 회사만 손해지!

B 你不愧是我的女朋友。我这样的精英人士
    Nǐ bú kuì shì wǒ de nǚ péngyǒu.   Wǒ zhèyàng de jīngyīng rénshì

难道会被炒鱿鱼吗？
nándào huì bèi chǎo yóuyú ma?

B 넌 역시 내 여자친구야. 나같이 이런 출중한 인재가 설마 해고라도 당하겠어?

不愧 búkuì 图 ~답다, 손색이 없다 | **精英人士** jīngyīng rénshì 뛰어난 인재 | **炒鱿鱼** chǎo yóuyú 해고하다

* 일기 형식의 글입니다. 새내기 직장인이 어떤 실수를 했는지 본문에서 배운 구문을 떠올리며 해석해보세요.

2008年6月25日。 星期三。 天气晴。

　　今天在公司搞错了一件事儿， 所以现在心情糟糕透了。
　　因为我听错了上司的发音， 弄错了资料。
　　他说"珠珠， 你快把第十号文件复印一下给我。"
　　而我把'十'听成'四'了， 把第四号文件给了他。
　　并且那份资料不是我上司自己要的， 是我公司的董事长要的，
　　我真笨！

단어 & 구문

晴 qíng 〔형〕 맑다	文件 wénjiàn 〔명〕 서류, 문건	资料 zīliào 〔명〕 자료
件 jiàn 〔양〕 일 · 사건 등을 세는 단위	复印 fùyìn 〔동〕 복사하다	董事长 dǒngshìzhǎng 〔명〕 사장
心情 xīnqíng 〔명〕 심정, 기분	而 ér 〔접〕 그런데, 그러나	笨 bèn 〔형〕 어리석다, 멍청하다
糟糕 zāogāo 〔동〕 엉망이다, 망치다	并且 bìngqiě 〔접〕 또한, 게다가	
透了 tòu le 너무, 몹시(정도가 심함을 강조)	份 fèn 〔양〕 신문 · 문건을 세는 단위	

日记 란?

우리말과 같이 일기를 의미합니다. 특별히 정해진 형식은 없지만 보통 우리처럼 왼쪽 상단에 날짜(연 / 월 / 일 / 요일)를 쓰고, 날씨를 쓴 후 그 아랫줄부터 자신의 하루를 씁니다. 그림일기는 图画日记 túhuàrìjì라고 합니다.

* 본문에서 배운 표현들을 떠올리며 문장을 끊어서 해석해보세요.

今天 / 在公司搞错了一件事儿， 所以现在心情糟糕透了。
　　　　동사 + 결과보어(틀리게 했다)　　　그래서　　　영망이다　형용사 + 透了 : 매우 ～하다

因为 我 听错了上司的发音，弄错了资料。
왜냐하면　　동사 + 결과보어(틀리게 들었다)　　동사 + 결과보어(틀리게 했다)

他说 "珠珠，你快 把第十号文件 复印一下给我。"
　　　　　　　　부사　把 + 명사(구)(10번 문서를)　동사1　동사2

而我把 '十' / 听成 '四' 了， 把第四号文件 / 给了他。
접 그런데　　　　동사 + 결과보어(～로 들었다)　　4번 문서를

并且那份资料 / 不是我上级自己要的, 是我公司的董事长要的，我真笨！
접 게다가　　　　　　是…的 강조용법의 부정형　　　　是…的 강조용법

오늘 회사에서 일 하나를 잘못해서, 지금 기분이 매우 안 좋다.
내가 상사의 발음을 잘못 들어서 자료를 잘못 처리해버렸기 때문이다.
그는 "쭈쭈, 제10번 문서 복사해서 빨리 줘."라고 했는데, 나는 10을 4로 알아들어 제4번 문서를 드렸다.
게다가 그 자료는 내 상사가 필요했던 것이 아니라, 우리 회사 사장님이 원했던 것이었다. 난 정말 바보다!

사진 속 숨은 단어 찾기

일반적으로 사무실을 办公室라고 합니다. 어디든 컴퓨터와 서류들은 기본으로 놓여 있죠.

폴더	文具架 wénjùjià
명함	名片 míngpiàn
노트북	笔记本 bǐjìběn
모니터	屏风 píngfēng
fax	传真 chuánzhēn
프린터	打印机 dǎyìnjī

본문 회화에서 배운 내용을 다시 한 번 들으면서 확인하세요.

---

1. 들려주는 내용을 듣고 다음 빈칸을 채워보세요.　　　　Track **20**

A　亲爱的，你＿＿＿＿？看样子今天你有什么不高兴的事儿吧。

　　我＿看你的脸＿看得出来你有什么事儿。

B　说得没错，今天我的上级骂了我一顿。

A　怎么了，你工作搞错了吧？

B　是，我在报告书上＿对方公司的名字写错了，那家公司＿最近跟我公司新建立＿贸易关系。

A　写错了再改改，＿＿＿＿＿＿？为什么这么担心？

B　＿＿＿＿下个月有升职发表。小张他跟我同岁，可已经当主任了。

B　＿＿＿＿你这么心事重重的，＿＿＿＿想升职了。我看，你的上级如果有眼光，就一定会推荐你，别担心。

---

2. 본문의 내용을 생각하면서 다음 질문에 대답해보세요.

1)　他们俩是什么关系？

2)　今天男的犯了什么错误？

3)　男的心情怎么样？

4)　男的为什么担心？

第一部分

※ 제시된 단어가 들어갈 알맞은 위치를 고르세요.

1. 我姐姐昨天来这儿的时候，A 让 B 我 C 给他的同屋送去 D。

    把书

2. A 放 B 在这里了，C 我 D 到处找都没找到。

    难怪

第二部分

※ 빈칸에 들어갈 알맞은 단어를 보기에서 고르세요.

1. 是张三帮他＿＿＿＿＿＿＿。

    A．找到的他女儿家

    B．找到他女儿家

    C．找到他女儿家的

    D．他女儿家找到的

2. ＿＿＿＿＿他信誉不好，＿＿＿＿＿没人要跟他们交流。

    A．要么……要么

    B．不是……是

    C．因为……所以

    D．既……又

제1부분

1. 我姐姐昨天来这儿的时候，
　　주어
A 让 B 我 C 给他的同屋 送去 D 。
겸어동사 겸어↑　전치사구　동사2
　　　把书

제시어는 [把 + 목적어] 형식인 把书로 '책을'이라는 뜻이다. 把자구는 동사(구) 앞에 위치해야 하므로 일단 把자문이 나오면 문제에서 동사부터 찾자. 문제에서 동사는 送이다. 送의 앞에 두려니 이미 전치사구 给他的同屋가 와 있으므로 한 자리 더 밀려 전치사구 앞에 두어야 한다.

정답 C

해석 어제 우리 언니가 여기 왔을 때, 나더러 (그) 책을 자기 룸메이트에게 갖다 주라고 했다.

단어 同屋 tóngwū 몡 룸메이트 | 送 sòng 통 보내다

2. A 放 B 在这里了, / C 我 D 到处找都没找到 。
　　원인　　　　　　　　　결과
　　　　难怪

제시 단어는 难怪이다. 难怪가 나오면 두 가지를 기억하자. 첫째, 위치는 항상 절의 맨 앞이다. 둘째, 难怪 뒤에는 결과가 와야 한다. 그렇다면 보기의 B, D는 탈락한다. 다음 어느 절이 결과절인지 봐야 하는데 앞절은 '여기에다 두다', 뒷절은 '도처에서 다 찾을 수 없었다'란 뜻이므로, 뒷절이 결과를 나타낸다.

정답 C

해석 여기에 뒀었구나, 어쩐지 도처에서 찾아봐도 찾을 수 없더라.

단어 到处 dàochù 몡 도처에 | 找到 zhǎodào 찾아내다

제2부분

是…的 강조구문
1. 是张三帮他找到他女儿家的。

어순을 찾는 문제로 A, B, C, D 보기에서 的가 움직이고 있다. 문제에서 주어 앞에 是를 두었으므로, 주어를 강조하는 是…的 강조구문임을 알 수 있다. 목적어를 강조하는 경우가 아니므로 的는 문장 끝에 두어야 한다.

정답 C

해석 장 싼이 그를 도와 그의 딸네 집을 찾도록 도운 것이다.

단어 帮 bāng 통 돕다 | 女儿 nǚ'ér 몡 딸

앞뒤 문맥 관계를 살피자
2. 因为他信誉不好，所以没人要跟他交流。
　　원인 (신임이 안 좋아서)　결과 (그와 사귀려는 사람이 없다)

A, B, C, D 보기는 모두 복문을 만드는 단어들이다. 이런 문제에서는 먼저 보기에서 잘못 짝지어진 것을 가려낸 후, 문제에서 앞뒷절의 문맥상 관계를 파악해야 한다. 이 문제의 보기는 모두 알맞은 조합이므로 문맥에서 답을 고르자. 신뢰가 안 간다고 했고(앞절), 그와 교류하는 사람이 없다고 했으므로(뒷절) 인과 관계를 나타내는 형식을 정답으로 고를 수 있다.

A. 要么 A 要么 B　yàome A yàome B
　　A하든지 아니면 B하든지 : 선택 관계
B. 不是 A 就是 B　búshì A jiùshì B
　　A아니면 B이다 : 선택 관계
C. 因为 A 所以 B　yīnwèi A suǒyǐ B
　　(왜냐하면) A이기 때문에, 그래서 B이다 : 인과 관계
D. 既 A 又 B　jì A yòu B
　　A하기도 하고 또 B하기도 하다 : 병렬 관계

정답 C

해석 그는 신임이 별로 좋지 않으므로, 그와 사귀려는 사람이 없다.

단어 信誉 xìnyù 몡 신망, 명예

HSK 그것이 알고 싶다

HSK 시험 시간은?
HSK 초중등과 고등은 시험 날짜는 같고 시간은 다릅니다. 그래서 간혹 욕심 많은 분들이 하루에 초중등과 고등 시험을 다 보기도 하지만 하루 종일 시험을 보는 게 보통 일이 아니죠. 초중등은 9시 20분에 시작해서 145여분 동안 시험을 치릅니다. 하지만 중간에 쉬는 시간은 없습니다. 고등은 2시 20분에 입실을 완료해서 180여분 동안 시험을 봅니다. 쉬는 시간? 당연히 있지만 필기시험 후, 단 10분입니다. 시험 진행 중에는 시험장을 떠날 수도, 시험을 빨리 끝냈다고 먼저 나올 수도 없죠. 또 해당 영역 시간에 다른 영역의 문제를 풀 수 없도록 엄격히 통제합니다. 답안지 작성 역시 별도의 작성 시간이 없으니, 그야말로 HSK는 시간 싸움입니다. 그래서 어느 정도 실력이 되면 시험 시간을 재가면서 예행연습을 하는 게 정말 중요합니다

coffee
周杰伦他长得
特别帅。
你喜欢花花公子
似的男的？
你们俩到底怎
么认识的？

Part 06

이상형
我对她一见钟情。

 Track **21**

A 你看，周杰伦他长得特别帅。①
Nǐ kàn, Zhōu Jiélún tā zhǎng de tèbié shuài.

B 没想到，你喜欢花花公子似的男的？②
Méi xiǎngdào, nǐ xǐhuan huāhuāgōngzǐ shìde nán de?

从电视上看，他才显得那么壮。
Cóng diànshìshang kàn, tā cái xiǎn de nàme zhuàng.

A 算了，你别管我了！
Suàn le, nǐ bié guǎn wǒ le!

对了，听说你最近向丽丽表白了，成功了吗？
Duì le, tīngshuō nǐ zuìjìn xiàng Lìlì biǎobái le, chénggōng le ma?

B 那还用说，成功了。
Nà hái yòng shuō, chénggōng le.

A 你们俩到底怎么认识的？③
Nǐmen liǎ dàodǐ zěnme rènshi de?

B 我上次去清华大学的时候，我们在路上碰到的。
Wǒ shàngcì qù Qīnghuá Dàxué de shíhou, wǒmen zài lùshang pèngdào de.

我对她一见钟情。我们俩就来电了。不过，
Wǒ duì tā yíjiàn zhōngqíng. Wǒmen liǎ jiù lái diàn le. Búguò,

我有点儿担心，因为她明年要去韩国读硕士。④
wǒ yǒudiǎnr dān xīn, yīnwèi tā míngnián yào qù Hánguó dú shuòshì.

A 久别情疏！她走之前你得好好儿地对待她才行。⑤
Jiǔbié qíng shū! Tā zǒu zhīqián nǐ děi hǎohāor de duìdài tā cái xíng.

B 你说得没错，我宁愿死，也不愿意跟她分开。⑥
Nǐ shuō de méi cuò, wǒ nìngyuàn sǐ, yě bú yuànyì gēn tā fēnkāi.

A 봐봐, 쩌우 지에룬 진짜 멋져.

B 뜻밖이네, 너 플레이보이 같은 남자를 좋아해? 텔레비전으로 보니까 저렇게 몸이 좋아 보이는 거야.

A 됐어, 넌 상관하지마! 아, 맞다, 너 최근에 리리한테 고백했다며, 성공했어?

B 말할 필요도 없지, 성공했지.

A 너희 둘은 도대체 어떻게 알게 된 거야?

B 내가 저번에 칭화 대학에 갔을 때, 길에서 우연히 마주쳤어. 난 그녀한테 첫눈에 반했지.
　우리들은 서로 느낌이 통한 거야. 그런데 좀 걱정돼. 왜냐하면 그녀가 내년에 한국으로 석사 공부하러 가거든.

A 몸이 멀어지면 마음도 멀어지는데! 그녀가 떠나기 전에 넌 진짜 잘 대해줘야만 해.

B 네 말이 맞아, 난 죽을지언정 그녀와 헤어지고 싶지 않아.

Track 22

周杰伦 Zhōu Jiélún 고유 쩌우 지에룬(대만 연예인)	碰 pèng 동 우연히 만나다
长 zhǎng 동 생기다, 자라다	一见钟情 yíjiàn zhōngqíng 첫눈에 반하다
帅 shuài 형 멋있다	来电了 lái diàn le 느낌이 오다
没想到 méi xiǎngdào 미처 생각도 못하다	有点儿 yǒudiǎnr 부 조금
花花公子 huāhuāgōngzǐ 바람둥이	担心 dān xīn 동 걱정하다
…似的 shìde ~와 같은	读 dú 동 읽다, 학교 가다
显得… xiǎnde ~로 보이다	硕士 shuòshì 명 석사
壮 zhuàng 형 건장한	久别情疏 jiǔbié qíngshū 눈이 멀어지면 마음도 멀어진다
管 guǎn 동 관리하다, 간섭하다	之前 zhīqián ~ 전에
向 xiàng 전 ~에게, 향하여	得…才行 děi…cái xíng 해야만 한다
表白 biǎobái 동 고백하다	好好儿 hǎohāor 부 잘
俩 liǎ 양 2개, 둘	对待 duìdài 동 대하다
到底 dàodǐ 부 도대체, 결국	没错 méi cuò 맞다(동의 표시)
清华大学 Qīnghuá Dàxué 고유 칭화 대학교	分开 fēnkāi 동 헤어지다, 분리되다

01 정태보어 得

周杰伦他长得特别帅。

Zhōu Jiélún tā zhǎng de tèbié shuài.

쩌우 지에룬 진짜 잘생겼다.

정태보어는 동사나 형용사 뒤에서 어떠한 상태나 정도를 설명해주는 보어입니다. 주로 得 를 써서 표현하는데 '…할 정도로 ~하다' 또는 '…한 것이 ~하다'로 해석할 수 있습니다. 부 정문을 만들 때는 得 뒤에 부정부사 不 / 没를 쓰며, 정태보어가 있는 문장에 목적어가 함 께 올 때는 반드시 동사를 목적어 뒤에 반복해서 써야 하지만 목적어 앞의 동사는 생략할 수도 있습니다. [(동사) + 목적어 + 동사 + 得]

她打扮得也很时髦。	그녀는 치장하는 게 세련되었다.
他长得不太帅。	그는 생긴 게 별로다.
唱歌儿得特别好。(×) (목적어 歌儿이 있음)	
→ 唱歌儿唱得特别好。(○)	노래를 정말 잘한다.
歌儿唱得特别好。(○)	

단어
打扮 dǎban 통 단장하다, 꾸미다 | 时髦 shímáo 형 세련되다

한 걸음 더!
어법편 p.235 정태보어 참조
정도보어의 일종으로 형 용사나 심리동사 뒤에서 정도를 나타내는 것을 정 태보어라고 합니다. 하 지만 일반적으로 정태보어 와 정도보어는 함께 혼용 하여 사용합니다.
ex) 他饿得慌。
　　그는 너무 배고프다.

02 …似的

你喜欢花花公子似的男的?

Nǐ xǐhuan huāhuāgōngzǐ shìde nán de?

너 플레이보이 같은 남자를 좋아하는 거야?

似的 앞에는 명사, 대사, 동사 등이 쓰여 '(마치) ~처럼, 같이'라는 의미로 비유를 나타냅니 다. 이때 비유하는 말 앞에 같은 뜻의 像 / 好像 hǎoxiàng / 仿佛 fǎngfú를 넣을 수 있고, 似的 대신에 一样을 쓸 수도 있습니다.

小白一阵风似的跑过来。	샤오 바이가 바람처럼 달려왔다.
他仿佛喝醉了似的说了。	그는 마치 술 취한 것 같이 말했다.

잠깐! 비유하는 대상이 대명사일 때는 앞에 반드시 像을 씁니다.

他也像我似的常开夜车。	그 역시 나처럼 자주 밤을 샌다.

단어
一阵 yízhèn 양 한바탕, 한 번 | 喝醉 hēzuì 통 술 을 마셔 취하다 | 开夜车 kāi yè chē 밤을 지새우다

03 到底

你们俩到底怎么认识的?

Nǐmen liǎ dàodǐ zěnme rènshi de?

너희 둘은 도대체 어떻게 알게 된 거야?

부사 到底는 정반의문문이나 의문대사를 사용한 의문문에서 술어나 주어 앞에 쓰여 '도대체'의 의미를 나타냅니다.

到底你看上她的哪一点?	도대체 너는 그녀의 어떤 점이 마음에 들었던 거야?
你到底来不来?	너 도대체 올 거야 말 거야?

잠깐! 到底는 吗와 함께 사용할 수 없습니다. HSK에 잘 나오는 부사이므로 꼭 알아둡시다.

你到底来吗?(✕) → 你到底来不来?(○) 너 도대체 올 거야 말 거야?

단어
看上 kànshàng 图 반하다, 마음에 들다

한 걸음 더!
到底가 동빈이합사로 쓰일 때는 '끝에 이르다'라는 뜻입니다.
ex) 我们都要努力到底。
우리는 끝까지 노력해야 한다.

04 有点儿

我有点儿担心，因为她明年要去韩国读硕士。

Wǒ yǒudiǎnr dān xīn, yīnwèi tā míngnián yào qù Hánguó dú shuòshì.

그런데 좀 걱정돼. 왜냐하면 그녀가 내년에 한국으로 석사 공부하러 가거든.

부사 有点儿 뒤에는 형용사나 동사가 쓰이며 부정이나 불만을 나타냅니다. 有点儿 과 一点儿은 모두 '조금'이라는 뜻이지만 쓰임에는 차이가 있습니다.

단어
胖 pàng 图 뚱뚱하다

*有点儿과 一点儿의 비교

	有点儿	一点儿
품사	부 사	수량사
위치	有点儿 + 형용사 / 동사	형용사 / 동사 + 一点儿 + (명사)
의미	(부정, 불만)의 약간 ☹	특별히 좋고 나쁨의 의미 없음 ☺

他有点儿胖。	그는 조금 뚱뚱하다.(뚱뚱해서 보기 흉하다)
他胖一点儿。	(객관적으로 조금 뚱뚱하다)

今天他不高兴一点儿。(✕) → 今天有点儿不高兴。(○) 오늘 기분이 좀 별로다.

잠깐! 부사 有点儿은 상태가 '조금 ～하다'라고 표현할 때 사용하며 양의 개념에는 사용하지 않습니다.

05 (非)得 A 才 B

她走之前你得好好儿地对待她才行。

Tā zǒu zhīqián nǐ děi hǎohāor de duìdài tā cái xíng.

그녀가 떠나기 전에 넌 진짜 잘 대해줘야만 해.

이 문형은 반드시 특수한 조건 'A 하에서만 B된다'라는 유일한 조건을 나타내는데, 非는 생략할 수 있습니다. 여기서 得는 능원동사로 쓰였으므로 děi로 읽습니다. 이 형식에서 得 대신 要를 쓸 수도 있고 非나 得 둘 중 하나만 써도 됩니다.

非得发火才听话。 화를 내야지만 말을 듣는구나.

为什么非要等到失去才懂得珍惜? 왜 잃어버리고 나서야 소중함을 아는 것일까?

단어

发火 fā huǒ 통 화내다 | 失去 shīqù 통 잃다, 잃어버리다 | 懂得 dǒngde 통 알다. 이해하다 | 珍惜 zhēnxī 통 소중히 여기다

한 걸음 더!

* 유일한 조건을 나타내는 다른 형식
非得…不可(不成 / 不行) ～여야만 된다
ex) 非得考虑不可.
    고려를 해봐야만 한다.

06 宁愿(宁肯) A 也不 B

我宁愿死，也不愿意跟她分开。

Wǒ nìngyuàn sǐ, yě bú yuànyì gēn tā fēnkāi.

난 죽을지언정 그녀와는 헤어지고 싶지 않아.

'차라리 A할지언정 B하지 않는다'라는 뜻으로 뒷절(B)을 하느니 차라리 앞절(A)을 선택하겠다는 의미입니다. 宁愿은 宁肯과 바꿔 쓸 수 있습니다.

宁肯贷款买房也不愿租房。 차라리 대출을 받아 집을 사지, 세들어 살지는 않겠어.

为什么他们宁愿相信谎言，也不相信我呢?

왜 그들은 차라리 거짓말을 믿을지언정 나를 믿지 않을까?

단어

贷款 dàikuǎn 통 대출하다 | 谎言 huǎngyán 명 거짓말

한 걸음 더!

* 뒷절을 선택하는 형식
与其 A (倒 / 还) 不如 B : A할 바에는 차라리 B 하겠다(B를 선택)

 회화에 이어지는 숨겨진 히든 스토리~   Track 23

사랑에 푹 빠진 녀석, 대체 그 여자 어디가 좋은 거야?

B 她呀，唱歌儿唱得特别好，长得也非常可爱，

Tā ya, chàng gēr chàng de tèbié hǎo, zhǎng de yě fēicháng kě'ài,

打扮得也很时髦，最重要的是她心地也善良。

dǎban de yě hěn shímáo, zuì zhòngyào de shì tā xīndì yě shànliáng.

A 简直是情人眼里出西施。

Jiǎnzhí shì qíngrén yǎnlǐ chū Xīshī.

B 그녀는 말이야, 노래도 정말 잘 부르고, 생긴 것도 정말 귀엽고, 잘 꾸미고, 제일 중요한 것은 마음씨도 곱다는 거지.

A 정말 눈에 콩깍지가 씌었구나.

可爱 kě'ài 형 귀엽다 | 善良 shànliáng 형 착하다 | 简直 jiǎnzhí 부 그야말로 | 情人眼里出西施 qíngrén yǎnlǐ chū Xīshī 사랑하는 사람 눈에는 서시처럼 보인다(눈에 콩깍지가 씌다)

* 영화 〈첨밀밀(甜蜜蜜)〉의 주제곡입니다. 이번 과의 주제와 표현들을 생각하며 읽어보세요.

甜蜜蜜 你笑得多甜蜜 好象花儿开在春风里

开在春风里

*在哪里 在哪里见过你

你的笑容这样熟悉 我一时想不起啊 在梦里*

梦里 梦里见过你甜蜜 笑得多甜蜜

是你! 是你! 梦见的就是你

단어 & 구문

甜蜜蜜 tiánmìmì 혱 달다, 다정 · 친근하다

笑 xiào 혱 웃다

春风 chūnfēng 명 봄바람

笑容 xiàoróng 명 웃는 얼굴, 표정

熟悉 shúxi 동 익히 알다, 친밀하다

一时 yìshí 명 잠시, 한때

梦 mèng 명 꿈

想不起 xiǎngbuqǐ 생각나지 않다

歌词 란?

歌词 gēcí는 노래 가사입니다. 중국어에는 성조가 있는데 노래를 어떻게 부를 수 있을지 궁금해하시는 분들 꽤 계시죠? 당연히 노래할 때는 성조를 정확하게 지킬 수 없으니 그냥 노래 전체 분위기나 내용으로 뜻을 파악해야 합니다. 또 가사집에는 쉼표, 마침표 등 문장 부호가 없기 때문에 처음 보면 어디서부터 어떻게 끊어 읽어야 할지 감이 안 옵니다. 하지만 내공이 쌓이고 익숙해지게 되면 저절로 흥얼거리며 가사를 음미할 수 있게 되죠.

* 본문에서 배운 표현들을 떠올리며 문장을 끊어서 해석해보세요.

甜蜜蜜 / 你笑**得多甜蜜** / **好象**花儿开在春风里 / 开在春风里 /
　　　　　동사 + 정도보어　　　　　마치 ~와 같다　　　　　　　동사 + 결과보어(전치사)
　　　　　웃는 게 다정하다　　　　　▶ (= 像花儿开在春风里似的)

* 후렴 在哪里 / 在哪里见过你
　　　　　동태조사 : ~한 적이 있다 (널 본 적이 있다)

你的笑容这样熟悉 / 我一时想不起 / 啊 / 在梦里* /
　　　익숙하다　　　　　가능보어 : 떠오르지 않는다　　　~ 안에서 : 꿈 속에서

梦里 / 梦里见过你 / 甜蜜 / 笑**得多甜蜜** /
　　　　　　　　　　　　　　　동사 + 정도보어

是你 / 是你 / 梦见的就是你
　　　　　　　　동사(구) + 的 = 꿈에서 본 사람(것)

* (후렴 반복)

다정하여라, 당신의 미소가(웃는 정도가) 얼마나 다정하던지, 마치 꽃이 봄바람 속에 피는 것 같아요. 봄바람 속에서.
* 어디선가 어디에선가 당신을 본 적이 있어요.
당신의 미소가 이렇게 익숙한데 잠시 떠오르지 않아요. 아, 꿈에서였군요,
꿈에서, 꿈에서 당신을 본적이 있어요. 다정하여라, 당신의 미소가(웃는 정도가) 얼마나 다정한지.
당신이었어요, 당신이었어요. 꿈에서 본 사람은 바로 당신이었어요.

사진 속 숨은 단어 찾기

중국에서는 발렌타인데이를 情人节 qíngrénjié라고 합니다. 어른들은 무슨 날인지도 잘 모르는 경우가 많고, 칠월 칠석을 중국의 칭런지에(情人节)로 생각하는 경우도 많습니다. 서로의 사랑을 확인하고 고백하면서 자유롭게 선물을 주고 받는데, 주로 장미꽃을 많이 선물하고 초콜릿이나 향수 등도 많이 주고 받습니다.

求婚	qiúhūn 프러포즈하다
玫瑰	méigui 장미꽃
香水	xiāngshuǐ 향수
巧克力	qiǎokèlì 초콜릿

1. 들려주는 내용을 듣고 다음 빈칸을 채워보세요.   Track **24**

A 你看，周杰伦他长＿＿特别帅。

B 没想到，你喜欢花花公子＿＿＿＿＿男的？从电视上看，他才显得那么壮。

A 算了，你别管我了！对了，听说你最近向丽丽表白了，成功了吗？

B 那还用说，成功了。

A 你们俩＿＿＿＿＿怎么认识的？

B 我上次去清华大学的时候，我们在路上碰到的。

　　我对她一见钟情。我们俩就来电了。

　　不过，我＿＿＿＿＿＿担心，因为她明年要去韩国读硕士。

A 久别情疏！她走之前你＿＿好好儿地对待她＿＿＿＿＿。

B 你说得没错，我＿＿＿＿死，＿＿＿＿愿意跟她分开。

2. 본문의 내용을 생각하면서 다음 질문에 대답해보세요.

1) 女的喜欢哪个影星？

2) 男的表白结果怎么样？

3) 男的和他的女朋友是怎么认识的？

4) 男的为什么担心？

第一部分

1.　A 那本书 B 你 C 翻译 D 怎么样了？

　　　　　　得

2.　A 不是我 B 愿意去，是他 C 让 D 我去不可。

　　　　　　非

第二部分

1.　我＿＿＿看他们的脸色，＿＿＿去求别人。

　　A．　不是……就是

　　B．　与其……不如

　　C．　虽然……可是

　　D．　如果……那么

2.　我一直想这句话＿＿＿是什么意思？

　　A．　结果

　　B．　终于

　　C．　到底

　　D．　毕竟

제1부분

1. A 那本书 B 你 C 翻译 *得* 怎么样了?

명사 (의미상 목적어)   명사 (진짜 주어)   동사한 상태를 물음 (→ 번역하는 걸 어떻게 했니?)

得가 주어지면 일단 품사부터 파악해야 한다. 得에는 동사(얻다), 능원동사(해야 한다), 구조조사(보어)의 쓰임이 있는데 HSK에서는 구조조사의 쓰임을 묻는 경우가 가장 많다. 이 문제도 정태보어 得의 위치를 찾는 문제이다. 보어의 존재 이유는 술어 때문이다. 술어가 되는 동사를 찾자. 동사는 翻译이며 뒤에 상태를 묻는 怎么样이 나오므로 정답 D를 고를 수 있다. 문장 앞부분에 연이어 나오는 명사(구) 사이는 기타 성분이 삽입될 수 없으므로 A, B는 정답이 될 수 없고, C는 동사 앞이므로 능원동사 자리이다. 따라서 정답이 될 수 없다.

(정답) D

(해석) 너 그 책 번역한 거 어떻게 되었어?(그 책은 네가 번역한 정도가 어떻니?)

(단어) 翻译 fānyì 동 번역하다

> **Tip** 得의 위치
>
> 본동사 dé 얻다 / 획득하다   得 + 명사(구)
> 능원동사 děi 해야 한다   得 + (전치사구) + 동사(구)
> 구조조사 de 보어를 만들 때   동사 / 형용사 + 得 + …

2. A 不是我 B 愿意去, 是他 非 让 D 我去不可。

A가 아니라 B이다   ~하지 않으면 안 된다

이런 유형은 HSK 시험에서 점수를 주려고 내는 문제나 마찬가지이다. 非…不可는 '~해야 한다'라는 뜻으로 非와 不可사이에 조건이 되는 구를 넣는다.

(정답) C

(해석) 내가 원해서 가는 게 아니라, 그가 나에게 꼭 가도록 한 것이다.

제2부분

…하느니 차라리 ~하겠다(뒷절을 선택)

1. 我与其看他们的脸色, / 不如去求别人。

그들의 얼굴색을 보다(= 눈치를 보다), 다른 이들에게 (도움을) 구하다

A, B, C, D 보기를 보면 모두 복문을 구성하는 단어들의 조합이다. 먼저 조합의 구성이 맞는지를 확인하고 문맥을 통해 가장 자연스러운 조합을 찾으면 된다. 그의 얼굴을 보느니, 다른 사람을 구하겠다는 내용이므로 B를 고를 수 있다.

A. 不是 A 就是 B búshì A jiùshì B : A 아니면 B이다
B. 与其 A 不如 B yǔqí A bùrú B : A하느니 차라리 B한다
C. 虽然 A 可是 B suīrán A kěshì B : 비록 A이지만 B이다
D. 如果 A 那么 B rúguǒ A nàme B : 만약 A라면, 그러면 B이다

(정답) B

(해석) 난 그들의 눈치를 보느니 다른 사람에게 도움을 구하겠어.

(단어) 脸色 liǎnsè 명 얼굴색 | 求 qiú 명 (도움을) 구하다

2. 我一直想 / 这句话到底是什么意思?

계속 생각했다   도대체 무슨 뜻인지

보기 가운데 품사가 다른 하나가 있다면 그 보기는 오답일 경우가 많지만, 이 문제의 보기들은 모두 부사이다. 이 문제에서 힌트는 빈칸 뒤의 의문사 什么이므로 의문사가 있는 문장에 자주 보이는 부사를 골라야 한다.

A. 结果 jiéguǒ 결과적으로
B. 终于 zhōngyú 마침내
C. 到底 dàodǐ 도대체
D. 毕竟 bìjìng 필경

(정답) C

(해석) 나는 줄곧 이 말이 도대체 무슨 의미인지를 생각했다.

HSK 듣기 공부 방법

HSK 모든 영역이 마찬가지지만, 듣기는 특히 요령이 중요합니다. 듣기를 잘하기 위한 첫 단계는 귀를 중국어에 많이 노출시키는 것입니다. 그러기 위해서는 매일 20분씩이라도 꾸준히 듣고 따라 해보는 것이 중요합니다. 두 번째 단계는 받아쓰기입니다. 소리에 익숙해졌다면, 처음에는 들리는 대로 병음을 적다가 점점 중국어로 적는 훈련을 합니다. 처음에는 전체적인 의미를 추측하며 멈추지 말고 끝까지 듣고, 두 번째 들을 때 받아 적습니다. 그 다음, 의미를 모르는 단어는 사전을 찾아 확인하고, 발음조차 못 들은 부분은 발음을 구분할 수 있을 때까지 반복해서 듣습니다. 요령도 반복과 훈련을 거쳐서 생긴다는 거 명심하세요!

一开始的时候油温稍微高一点。
等快好的时候，又要开大火。
我最拿手的菜就是春卷。

Part 07

요리하기

我最拿手的菜就是春卷。

 Track **25**

（电视里有一位厨师正在讲春卷的包法）

各位朋友们，你们好，我最拿手的菜就是春卷，❶
Gèwèi péngyoumen, nǐmen hǎo, wǒ zuì náshǒu de cài jiù shì chūn juǎn,

我今天给你们讲春卷包法。
wǒ jīntiān gěi nǐmen jiǎng chūnjuǎn bāofǎ.

首先说说春卷的馅儿，馅儿是没有固定的，自己喜欢吃
Shǒuxiān shuōshuō chūnjuǎn de xiànr, xiànr shì méiyǒu gùdìng de, zìjǐ xǐhuan chī

什么就放什么。❷
shénme jiù fàng shénme.

先把馅儿炒好后，再放凉，准备好春卷皮。❸
Xiān bǎ xiànr chǎohǎo hòu, zài fàng liáng, zhǔnbèi hǎo chūnjuǎnpí.

放一点馅儿在皮的下半部。从下面的角开始向上卷。
Fàng yìdiǎn xiànr zài pí de xiàbànbù. Cóng xiàmian de jiǎo kāishǐ xiàng shàng juǎn.

然后两边卷过来，对齐继续向上卷。❹
Ránhòu liǎngbiān juǎn guòlai, duìqí jìxù xiàng shàng juǎn.

卷到上边的时候，留一点边，在边缘抹上糨糊。
Juǎndào shàngbian de shíhou, liú yì diǎn biān, zài biānyuán mǒshàng jiànghú.

最后把抹好糨糊的皮卷过来，就好了。❸
Zuìhòu bǎ mǒhǎo jiànghú de pí juǎn guòlai, jiù hǎo le.

炸的时候要快，油要干净。一开始的时候油温稍微高一点儿，❺
Zhá de shíhou yào kuài, yóu yào gānjìng. Yì kāishǐ de shíhou yóu wēn shāowēi gāo yìdiǎnr,

等把春卷放进去之后，就变小火，❻
děng bǎ chūnjuǎn fàng jìnqu zhī hòu, jiù biàn xiǎohuǒ,

等快好的时候，又要开大火，这样才能外焦里熟。
děng kuài hǎo de shíhou, yòu yào kāi dàhuǒ, zhè yàng cái néng wài jiāo lǐ shú.

(TV에서 한 요리사가 춘권 만드는 방법을 이야기하고 있다)

여러분, 안녕하세요. 제가 가장 잘하는 요리가 바로 춘권인데, 오늘 제가 여러분에게 춘권 만드는 법을 설명해 드리겠습니다.
우선 춘권 소를 얘기해볼까요. 소는 정해진 것이 아니라, 각자 좋아하는 것으로 넣으면 되죠.
먼저 소를 잘 볶아서 식혀놓고, 춘권피를 준비합니다.
약간의 소를 피의 밑부분에 두고 아랫부분 끝에서 시작해서 위로 말아 올립니다.
그 다음에는 양쪽 끝을 말아서, 나란히 계속 위로 말아 올립니다.
위쪽까지 말아 올렸을 때, 한쪽을 조금 남겨두고 가장자리에 밀가루 풀을 조금 발라 주세요.
마지막으로 풀이 잘 발린 피를 말면 됩니다.
튀길 때는 빨리 튀기고 기름은 깨끗해야 합니다. 처음에는 기름 온도를 조금 높게 하고, 춘권을 집어넣은 후에는 약한 불로, 다 되어갈 때쯤 또 센 불로 해야 하죠. 이렇게 해야지 겉은 바삭바삭하고 속은 충분히 익습니다.

단어 &

🎧 Track **26**

厨师 chúshī 몡 요리사

春卷(儿) chūnjuǎn(r) 몡 춘권

包 bāo 통 빚다

拿手 náshǒu 혱 잘하는, 자신 있는

菜 cài 몡 요리

首先 shǒuxiān 틧 우선

馅儿 xiànr 몡 (만두) 소

固定 gùdìng 혱 고정적인

炒 chǎo 통 볶다

放凉 fàngliáng 식히다

准备 zhǔnbèi 몡툉 준비(하다)

皮 pí 몡 (만두)피, 껍질

下半部 xiàbànbù 몡 하반부

角 jiǎo 몡 모서리

向 xiàng 젠 ~를 향하여

然后 ránhòu 젭 그 후에

边 biān 몡 쪽

对齐 duìqí 나란히

继续 jìxù 틧 계속적으로

留 liú 통 남기다

边缘 biānyuán 몡 가, 가장자리

抹 mǒ 통 바르다, 문지르다

糨糊 jiànghú 몡 풀

油温 yóuwēn 몡 기름 온도

稍微 shāowēi 틧 약간

等 děng 통 기다리다

小火 xiǎohuǒ 몡 약한 불

开 kāi 통 열다, (불을) 켜다

外焦里熟 wàijiāo lǐshú 바깥은 바삭하고 안은 잘 익다

01 拿手

我最拿手的菜就是春卷。
Wǒ zuì náshǒu de cài jiù shì chūnjuǎn.

제 18번 요리가 춘권이에요.

拿手는 형용사로 쓰여 '(어떤 일을) 제일 잘한다, 자신 있다, 18번이다'라는 뜻을 나타냅니다. 명사로도 쓰이는데, 이때는 '장기, 재주'의 뜻을 나타냅니다.

这就是我的拿手歌。	이것이 내 18번 노래야.
他自己做饭很拿手。	그는 혼자서도 밥 잘해.
请给我们看你的拿手。	당신의 장기를 보여주세요.

02 A 什么 B 什么

自己喜欢吃什么就放什么。
Zìjǐ xǐhuan chī shénme jiù fàng shénme.

자기가 좋아하는 것으로 넣으면 됩니다.

什么를 앞뒤로 두 번 써서 'A하는 대로 B하다'라는 의미를 나타냅니다. 이렇게 문장에서 같은 문장 성분의 자리에 동일한 의문사를 넣어 반복해주면 앞의 내용에 따라 뒤의 내용이 결정된다는 의미를 나타냅니다. 중국어에서 아주 재미있는 표현이죠.

你想吃什么就吃什么。	먹고 싶은 대로 먹어.
你要说什么就说什么。	너 말하고 싶은 대로 말해라.

잠깐! 앞뒷절의 주어가 다를 수 있는데, 이때는 앞의 주어가 하는 대로 뒤의 주어도 한다는 뜻입니다.

你去哪儿，我就去哪儿。	네가 가는 대로 나도 간다.
你吃什么，我就吃什么。	네가 먹는 대로 나도 먹을게.

03 (首)先 A, 然后(接着 / 再) B, 最后 C

先把馅儿炒好后… 然后两边… 最后把抹好糨糊的皮…
Xiān bǎ xiànr chǎohǎo hòu… Ránhòu liǎngbiān… Zuìhòu bǎ mǒhǎo jiànghú de pí…

먼저 소를 잘 볶아… **그러고 난 후** 양쪽 끝을… **마지막으로** 풀이 잘 발린…

'먼저 A하고, 다음에 B하고, 끝으로 C하다'라는 뜻으로 어떤 동작 · 상황 · 진행이 이어서 일어나는 선후 관계를 표시할 때 씁니다.

首先说说春卷的馅儿。
우선 춘권의 소에 관해 말해볼게.

首先去北京，然后去上海，最后去香港。
먼저 베이징에 간 후 상하이에 가고 마지막으로 홍콩을 간다.

首先要想全体，然后要想对方，最后要想自己。
먼저 전체를, 다음에는 상대방을, 마지막엔 자신을 생각해야 해.

단어
全体 quántǐ 몡 전체 |
对方 duìfāng 몡 상대방

04 방향보어

然后两边卷过来，对齐继续向上卷。
Ránhòu liǎngbiān juǎn guòlai, duìqí jìxù xiàng shàng juǎn.

그 다음 양쪽을 말아와서, 나란히 계속 위로 맙니다.

방향보어는 단순방향보어(1음절)와 복합방향보어(2음절)로 나뉩니다.

＋	上	下	进	出	回	过	起
来	上来	下来	进来	出来	回来	过来	起来
去	上去	下去	进去	出去	回去	过去	×

단순방향보어

복합방향보어

방향보어의 어순은 목적어에 따라 달라집니다. 목적어가 장소명사이면 반드시 来 / 去 앞에 두어야 하며, 그 외 일반명사일 경우에는 来 / 去 앞뒤에 모두 가능합니다.

(목적어가 장소명사) 他买回来了上海。(×)
　　　　　　　→ 他买回上海来了。(○)　　　그는 사서 상하이로 돌아왔다.
(목적어가 일반명사) 我买回来一本书。(○)　　나는 책 한 권을 사왔다.
　　　　　　　　我买回一本书来。(○)

한 걸음 더!
어법편 p.231 방향보어 참조

* 방향보어와 이합사의 결합
이합사(동사 + 목적어)의
목적어 부분은 반드시 来
/ 去 앞에 두어야 합니다.
ex) 唱歌 + 起来
↓
唱起歌来 (○)
唱歌起来 (×)

05　稍微 + 동사 / 형용사 + 一点儿(一些)

一开始的时候油温稍微高一点儿。
Yì kāishǐ de shíhou yóuwēn shāowēi gāo yìdiǎnr.

처음에는 기름 온도를 조금 높게 합니다.

부사 稍微는 단독으로 동사나 형용사를 수식하기보다는 일반적으로 一点儿이나 一些와 함께 써서 분량이나 시간 등이 '조금 ~하다'라는 뜻을 나타냅니다.

他比我稍微胖一点儿。　　　　그는 나보다 조금 뚱뚱하다.
我的心情稍微平静了一些。　　내 마음은 조금씩 안정되었다.

単어
平静 píngjìng 평온하다, 조용하다

한 걸음 더!
어법편 p.200 동사중첩 참조
* 稍微와 함께 자주 쓰이는 형식
① 稍微 + 동사중첩
ex) 请你稍微等一等。
　　잠시만 기다리세요.
② 稍微 + 有点儿 + 동사 / 형용사
ex) 稍微有点儿疲倦。
　　좀 피곤한걸.

06　等 A 就(才 / 又) B

等把春卷放进去之后，就变小火。
Děng bǎ chūnjuǎn fàng jìnqu zhīhòu, jiù biàn xiǎohuǒ.

춘권을 집어넣은 후에는 약한 불로 바꿉니다.

等이 앞절 처음에 쓰이면 뒷절의 就 / 才 / 又와 호응하여 'A한 후에 B하다'처럼 동작이 일어나는 순서를 나타냅니다. 이때 就 / 才 / 又는 모두 부사이므로 주어 뒤에 둡니다.

等快好的时候，又要开大火。　　다 되어갈 때, 또 불을 세게 해야 합니다.
等我说完他就做起来了。　　　　내 말이 다 끝나자 그는 (일)하기 시작했다.

単어
起来 qǐlai 동작이 위로 향함을 표시하는 방향보어

보너스 트랙　　회화에 이어지는 숨겨진 히든 스토리~　　　🎧 Track 27

요리의 과정을 지켜본 후 춘권을 맛본 순간! 반짝이는 사업 아이템이 떠올랐다!

A　噢，我要回韩国后开家春卷店。
　　Ō, wǒ yào huí Hánguó hòu kāi jiā chūnjuǎndiàn.

B　咳，你真是'到井边要开水，操之过急'。
　　Hāi, nǐ zhēn shì 'dào jǐng biān yào kāi shuǐ, cāo zhī guò jí'.

A　아, 난 한국으로 돌아간 후에 춘권 가게를 하나 내야겠어.

B　아이고, '너 정말 우물가에서 숭늉 찾는 격'이야.

噢 ō 이해함을 나타냄 | 家 jiā 가정·기업·가게 등을 셀 때 쓰임 | 开店 kāi diàn 가게를 열다 | 到井边要开水，操之过急
dào jǐng biān yào kāi shuǐ, cāo zhī guò jí 우물에 가서 숭늉 찾다(성격이 급함을 나타내는 말)

* 중국 음식에 관한 설명입니다. 본문에서 배운 표현을 떠올리며 읽어보세요.

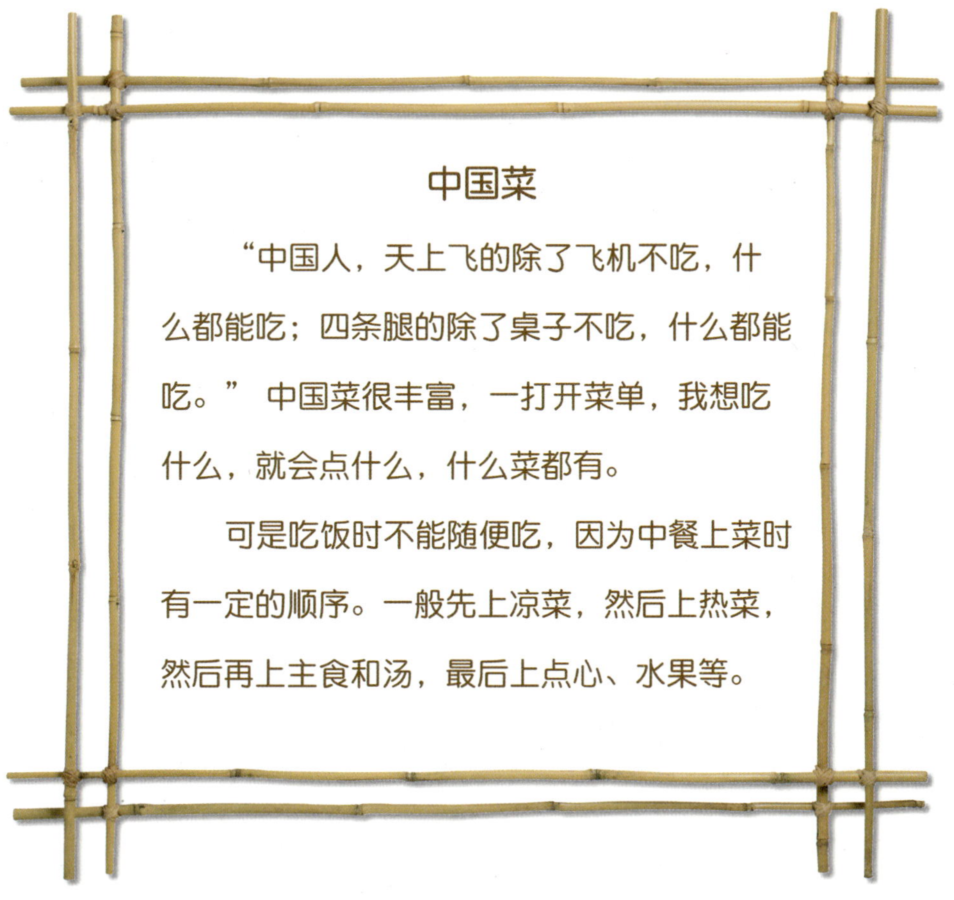

단어 & 구문

除了 chúle 젭 ～을 제외하고

条 tiáo 양 가늘고 긴 물건 따위를 세는 단위

腿 tuǐ 명 다리

丰富 fēngfù 형 많다, 풍부하다

打开 dǎkāi 동 열다, 펼치다

菜单 càidān 명 메뉴

点 diǎn 동 지정하다, 주문하다

随便 suíbiàn 부 마음대로, 함부로

中餐 zhōngcān 명 중국 음식

上菜 shàng cài 동 요리를 내다

一定 yídìng 형 일정하다

顺序 shùnxù 명 순서

凉菜 liángcài 명 차가운 요리

热菜 rècài 명 따뜻한 요리

主食 zhǔshí 명 주식

。	句号 jùhào	마침표	
，	逗号 dòuhào	쉼표, 문장 내에서나, 절 사이에 쓰임	
、	顿号 dùnhào	병렬된 단어나 구를 구분	
；	分号 fēnhào	병렬된 절 사이를 구분	
：	冒号 màohào	등호(=), 앞문장이나 단어가 뒷문장을 이끌어냄	

닮은 듯 다른 중국어의 문장 부호

중국어의 문장 부호는 한국어와 역할이 조금씩 다릅니다. 독해할 때 문장 부호의 역할만 잘 파악해도 문장 구조가 쉽게 눈에 들어올 수 있으니, 주요 문장 부호들을 숙지해 둡시다.

* 본문에서 배운 표현들을 떠올리며 문장을 끊어서 해석해보세요.

除了 A 什么都 B : A를 제외하고는 무엇이든 다 B이다

"中国人，天上飞的除了飞机不吃，什么都能吃；四条腿的除了桌子不吃，
　　　　　　　　　　　　　　　　　　　　　　　　分号

什么都能吃。" 中国菜很丰富，一打开菜单，我想吃什么，就会点什么，
　　　　　　　　　　　　　　　　　　一＋동사　　　　　　앞뒤 의문사 반복 구문
　　　　　　　　　　　　　　　　　한번 ～하기만하면　　　A하는 대로 B하다

什么菜都有。
　　　　　　　　먹고 싶은 대로 주문할 수 있다.
의문사 ＋ 都 : ～에 관계없이 모두 …하다

可是吃饭时 / 不能随便吃，因为中餐上菜时 / 有一定的顺序。一般先上
접 그러나　　　　　　　　　　　　　접 왜냐하면　　　　　　　　　　　　　　　　먼저

凉菜，然后上热菜，然后再上主食和汤，最后上点心、水果等。
　　　　다음　　　　　　그 다음　　　　　　　　　마지막으로　　　頓号

先 A ,然后 B ,(然后 C), 最后 D : 순서관계
먼저 A하고, 다음에 B하고 그 다음에 (다시) C하고, 마지막으로 D하다

"중국인은 하늘을 나는 것 중에서 비행기 빼고 다 먹을 수 있고, 다리가 4개인 것 중에서 책상 빼고는 다 먹을 수 있다." 중국의 음식은 아주 다양해서, 메뉴판을 펼치기만 하면 먹고 싶은 대로 주문할 수 있을 정도로 모든 음식이 다 있다.
그러나 음식을 먹을 때 아무렇게나 먹어서는 안 된다. 왜냐하면 중국 음식은 상에 오르는 정해진 순서가 있기 때문이다. 보통 먼저 차가운 야채 요리가 나오고 그 다음 따뜻한 야채, 주식이나 탕이 나오고, 마지막으로는 간식이나 과일 등이 나온다.

중국 식당에 가면 메뉴판을 볼 수 있죠. 메뉴판은 보통 菜单 càidān이라고 합니다.

가격표　　　　价目表 jiàmùbiǎo
면 류　　　　　面食类 miànshílèi 중국에는 쇠고기가 들어간 牛肉面 niúròumiàn 이 유명합니다.
볶음밥 류　　　炒饭类 chǎofànlèi 볶음밥이나 덮밥 같은 요리들입니다.
볶음 요리 류　炒菜类 chǎocàilèi 야채나 고기를 볶는 요리들입니다.
야채 요리 류　素菜类 sùcàilèi 야채 요리들입니다.

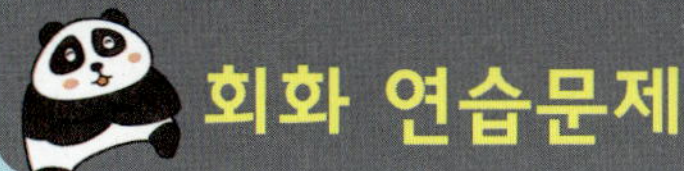

1. 들려주는 내용을 듣고 다음 빈칸을 채워보세요.　　🎧Track**28**

　　各位朋友们，你们好，我最＿＿＿的菜就是春卷，我今天给你们讲春卷包法。

　　＿＿＿说说春卷的馅儿，馅儿是没有固定的，自己喜欢吃＿＿＿就放＿＿＿。

＿把馅儿炒好后，再放凉，准备好春卷皮。

放一点馅儿在皮的下半部。从下面的角开始向上卷。

＿＿＿两边＿＿＿＿，对齐继续向上卷。

卷到上边的时候，留一点边，在边缘抹上糨糊。

＿＿＿把抹好糨糊的皮＿＿＿＿，就好了。

　　炸的时候要快，油要干净。一开始的时候油温＿＿＿高＿＿＿＿，＿把春卷放进去之后，＿变小火。＿快好的时候，＿要开大火，这样才能外焦里熟。

2. 본문의 내용을 생각하면서 다음 질문에 대답해보세요.

1)　　男的最拿手的菜是什么？

2)　　春卷的馅儿有没有固定的？

3)　　一开始的时候油温该怎么样？

4)　　怎样做春卷才能外焦里熟？

第一部分

※ 제시된 단어가 들어갈 알맞은 위치를 고르세요.

1.　他 A 已经 B 回 C 上海 D 了。

　　　　　　　去

2.　A 等妈妈 B 回家，C 他 D 出去玩儿了。

　　　　　　　　就

第二部分

※ 빈칸에 들어갈 알맞은 단어를 보기에서 고르세요.

1.　下雨了，咱们＿＿＿＿＿＿＿。

　　A．进去教室　　　　　　　B．进教室去

　　C．进来教室　　　　　　　D．进教室来

2.　今天你的生日，你想做＿＿＿＿，我们就做＿＿＿＿。

　　A．谁　　　　　　　　　　B．什么时候

　　C．哪儿　　　　　　　　　D．什么

제1부분

1. 他 A 已经 B 回 C 上海 去 了。

(回 = 돌아가다 / 上海 = 장소)

去가 제시 단어로 나오면 연동문이거나 방향보어가 쓰인 문장이 대부분이다. 이 문제에는 回가 있으므로 방향보어와 관련된 문제임을 눈치 채야 한다. 또 장소목적어 上海도 보이므로 목적어가 장소명사일 경우 去나 来 앞에 온다는 걸 떠올리자.

정답 D

해석 그는 이미 상하이로 돌아갔다.

> **Tip** 단순방향보어든 복합방향보어든 来 / 去가 있는 보어에서 장소목적어는 来 또는 去 바로 앞에 와야 한다.
> 동사 + 장소목적어 + 来 / 去
> ex) 上二楼来 2층으로 올라오다
> 동사 + 방향보어1 + 장소목적어 + 来 / 去
> ex) 跑上二楼来 2층으로 뛰어 올라오다

2. A 等妈妈 B 回家，C 他 就 出去玩儿了。

(就 = 주어 앞이므로 일반부사는 올 수 없다.)

제시 단어 就는 부사와 전치사의 쓰임이 모두 있다는 것을 유의하자. 문장 맨 앞에 等이 있을 경우는 거의 'A한 후에 B하다'의 구문을 묻는 문제이다. 따라서 이 문제에서는 부사로 쓰였으므로 뒷절의 주어 뒤에 就를 써야 맞는 문장이 된다. 이런 문제는 점수를 주기 위한 문제이니 형식을 꼭 기억하자.

정답 D

해석 어머니께서 돌아오신 후에 그는 놀러 나갔다.

제2부분

1. 下雨了，咱们进 去。

(进 = 장소)
(下雨了 = 비가 온다 / 进去 = 교실(장소)로 들어가다)

장소목적어는 방향보어 来나 去의 앞에 와야 하니 A와 C는 탈락이다. 나머지 보기에는 进去도 있고 进来도 보이므로 주어가 '들어가는 것'인지 '들어오는 것'인지 의미를 파악해서 정답을 골라야 한다. D는 '들어오다'라는 뜻이므로 정답이 될 수 없다.

정답 B

해석 비가 오네. 우리 교실로 들어가자.

2. 今天你的生日，你想做什么，我们就做什么。

(네가 무엇을 하고 싶으면, 우리가 무엇을 하겠다)

A, B, C, D의 보기들은 모두 의문사이다. 빈칸은 동사의 목적어 자리이므로 보기에서 목적어로 쓰일 수 없는 것을 제외하면 B가 탈락된다. 그 다음 앞뒤 문맥을 보면 동사가 做(하다)이므로 '무엇'에 해당하는 D가 정답이 된다.

정답 D

해석 오늘은 너의 생일이니 우리는 네가 하고 싶은 대로 할게.

HSK 그것이 알고 싶다

HSK 영역 중에서 주어진 시간이 가장 짧고 배점이 가장 높은 영역은?
그건 바로 어법 1부분입니다. 총 10문제로 문제당 배점이 4점입니다. 1, 2부분 합쳐서 20분 안에 풀어야 하므로 한 문제를 30초 안에 풀어내야 하죠. 이때 모든 문제를 해석해서 풀려고 하지 마세요. 일단 제시 단어에 눈길 한번 주고 A, B, C, D 앞뒤에서 제시 단어가 들어갈 수 없는 자리를 먼저 제외시킨 다음 정답을 찾아야 합니다. 어법1은 부사＞전치사＞접속사 순으로 자주 출제되니, 각 품사의 특성과 상용 어휘들을 중심으로 공부하고, 6급 이상의 실력자들은 오답노트를 만드는 것이 중요합니다.

运动有利于减肥，再说为了身体健康也得去做。
不但可以身体健康、防止疾病，而且人也变漂亮了。
你明天六点起得来起不来？
从来没做过什么运动呢。
50kg

운동하기
从来没做过什么运动呢。

Track 29

A 你明天六点起得来起不来？ ❶
Nǐ míngtiān liù diǎn qǐ de lái qǐ bu lái?

B 我肯定起不来，为什么？
Wǒ kěndìng qǐ bu lái, wèishénme?

A 你早点儿起床，一起去练瑜伽吧。 我看你平时不做运动。
Nǐ zǎodiǎnr qǐ chuáng, yìqǐ qù liàn yújiā ba. Wǒ kàn nǐ píngshí bú zuò yùndòng.

B 我这个人啊，从来没做过什么运动呢。 ❷
Wǒ zhège rén a, cónglái méi zuòguo shénme yùndòng ne.

A 你这样可不行。 运动有利于减肥，再说为了身体健康也得
Nǐ zhèyàng kě bù xíng. Yùndòng yǒulì yú jiǎn féi, zàishuō wèile shēntǐ jiànkāng yě děi

去做。 ❸
qù zuò.

B 我这样的人也学得会吗？
Wǒ zhèyàng de rén yě xué de huì ma?

A 当然学得会， 连我这个胖子都会瑜伽， 何况你呢？ ❹
Dāngrán xué de huì, lián wǒ zhège pàngzi dōu huì yújiā, hékuàng nǐ ne?

B 噢，你真行！你自己觉得学习瑜伽后感觉怎么样？
Ō, nǐ zhēn xíng! Nǐ zìjǐ juéde xuéxí yújiā hòu gǎnjué zěnmeyàng?

A 练习瑜伽不但可以身体健康、防止疾病，而且人也变漂亮了。 ❺
Liànxí yújiā búdàn kěyǐ shēntǐ jiànkāng, fángzhǐ jíbìng, érqiě rén yě biàn piàoliang le.

B 好的，你带我一起去吧。
Hǎo de, nǐ dài wǒ yìqǐ qù ba.

A 我每周一三五去练，明天正好星期五，顺便带你去吧。 ❻
Wǒ měi zhōu yī sān wǔ qù liàn, míngtiān zhènghǎo xīngqīwǔ, shùnbiàn dài nǐ qù ba.

A 너 내일 6시에 일어날 수 있어 없어?

B 난 분명히 못 일어날 거 같은데, 왜?

A 너 좀 일찍 일어나서 같이 요가하러 가자. 내가 볼 때 넌 평소에 운동을 안 해.

B 나란 사람은 말이지, 여태껏 무슨 운동이라고는 해본 적이 없어.

A 이러면 안 돼. 운동은 다이어트에 도움이 되고, 게다가 건강을 위해서라도 해야지.

B 나 같은 사람도 배워서 할 수 있을까?

A 당연히 할 수 있지. 심지어 나 같은 이런 뚱보도 요가를 하는데 하물며 네가?

B 오, 너 정말 대단한걸! 넌 요가를 배운후 느낌이 어때?

A 요가를 하면 몸도 건강해지고, 질병을 예방할 수 있고, 게다가 사람도 아름답게 변하지.

B 좋아, 네가 날 데리고 가.

A 난 매주 월, 수, 금 하는데 마침 내일이 딱 금요일이네, 가는 김에 데려갈게.

단어 &

Track **30**

起来 qǐlái 동 일어나다

肯定 kěndìng 부 꼭, 확실히

练 liàn 동 연습하다, 훈련하다

瑜伽 yújiā 명 요가

从来 cónglái 부 지금까지, 여태껏

这样 zhèyàng 대 이렇게, 이와 같다

可 kě 부 강조를 나타냄

有利于… yǒulì yú ~에 유익하다

减肥 jiǎn féi 동 다이어트하다

再说 zàishuō 접 게다가

健康 jiànkāng 형 건강하다

学会 xuéhuì 동 습득하다, 배워서 할 수 있다

连 A 都 B lián A dōu B A조차도 다 B하다

胖子 pàngzi 명 뚱뚱보

何况 hékuàng 접 하물며

噢 ō 감 아! 오!

真行 zhēn xíng 대단하다, 훌륭하다

觉得 juéde 동 ~라고 느끼다, 여기다

感觉 gǎnjué 명동 느낌, 여기다

不但 A 而且 B búdàn A érqiě B A할 뿐만 아니라 B하다

防止 fángzhǐ 동 방지하다

疾病 jíbìng 명 질병

变 biàn 동 변하다

带 dài 동 지나다, 휴대하다

每周 měi zhōu 매주

正好 zhènghǎo 부 마침

顺便 shùnbiàn 부 ~하는 김에

01 가능보어 : A(동 / 형용사) 得 / 不 B(결과 · 방향보어)

你明天六点起得来起不来?
Nǐ　míngtiān liù diǎn　qǐ de lái　　qǐ bu lái?

너 내일 6시에 일어날 수 있어?

동사 · 형용사와 결과보어 · 방향보어 사이에 得를 쓰면 '~할 수 있다'라는 동작의 실현 가능 여부를 설명하는 가능보어 형태가 됩니다. 부정형은 동사나 형용사 뒤에 得 대신 不를 써서 '~할 수 없다'라는 뜻을 나타냅니다.

* 긍정형

동 / 형용사 + 得 + 결과 · 방향보어

回　得　来 → 돌아올 수 있다
　　방향보어

我肯定起不来。
我这样的人也学得会吗?
怪不得最近看不到你呢。

* 부정형

동 / 형용사 不 + 결과 · 방향보어

回　不　来 → 돌아올 수 없다
　　방향보어

난 분명 못 일어날 거야.
나 같은 사람도 배워서 할 수 있어?
어쩐지 최근에 네가 안 보이더라(볼 수가 없더라).

단어
怪不得 guài bu de 囝 어쩐지

한 걸음 더!
어법편 p.237 가능보어 참조

* 가능보어의 종류에 따라 의미가 달라질 수 있습니다.
① [동사 + 得 / 不 + 了 (liǎo)] : (능력 · 시간 때문에) ~할 수 있다 / 없다
ex) 吃不了 (많아서) 다 먹을 수 없다.
② [동사 + 得 / 不 + 起] : (경제적인 문제로) ~할 수 있다 / 없다
ex) 这件衣服我买不起。 이 옷은 (돈이 없어) 못 사.

02 从来

从来没做过什么运动呢。
Cónglái　méi zuòguo shénme　yùndòng ne.

여태껏 무슨 운동이라고는 해본 적이 없어.

부사 从来는 '여태껏, 지금까지'의 뜻으로 주로 부정문에서 [从来 + 不 / 没(有) + 동 / 형용사 + (过)]의 형식으로 쓰입니다. HSK 어법 문제에서 쉽게 접할 수 있는 단어이므로 꼭 알아두세요.

我从来没有这样开心。
从来也没有见过明星。
我国足球队从来没有放弃比赛。

이제껏 난 이렇게 즐거운 적이 없다.
여태껏 스타를 본 적이 없다.
우리나라 축구팀은 여태껏 경기를 포기해본 적이 없다.

단어
开心 kāi xīn 동 즐겁다 | 明星 míngxīng 명 인기 배우, 스타 | 放弃 fàngqì 동 버리다, 포기하다 | 比赛 bǐsài 명동 시합(하다)

한 걸음 더!
어법편 p.212 부사 참조

* 비슷한 표현의 向来 xiànglái는 주로 긍정문에 사용합니다.
ex) 白老师向来很老实。 백 선생님은 줄곧 성실하다.

03 再说

运动有利于减肥，再说为了身体健康也得去做。
Yùndòng yǒulì yú jiǎnféi, zàishuō wèile shēntǐ jiànkāng yě děi qù zuò.

운동은 다이어트에도 도움이 되고, 게다가 건강을 위해서라도 해야 해.

'…한 데다가, 게다가 ~하다'라는 표현은 뒷절 앞에 접속사 再说를 써서 표현합니다. 이때
는 '다시 말하다'라는 뜻이 아닌 앞절에 이어지는 점층의 의미를 나타냅니다.

> 这件对你有点儿大，再说也不便宜，还是别买了。
> 이 옷은 너한테 좀 크고 무엇보다 싸지도 않아. 안 사는 게 좋겠어.
>
> 其实我不想去了，再说天还下着雨呢。
> 사실 나는 가고 싶지 않아졌어, 게다가 비가 오고 있잖아.

* 再说가 '다시 말하다'라
는 뜻으로 쓰이는 경우
ex) 我听不懂，请再说一
遍。
잘못 알아들었습니다.
다시 한 번 말해주세요.

04 连 A 也 / 都 B, 何况 C 呢?

连我这个胖子都会瑜伽，何况你呢?
Lián wǒ zhège pàngzi dōu huì yújiā, hékuàng nǐ ne?

심지어 나 같은 이런 뚱보도 요가를 하는데 하물며 네가(못하겠니)?

전치사 连과 부사 也 / 都를 이용하여 'A조차도 B하다'라는 강조의 의미를 나타냅니다. 이
때 뒤에 접속사 何况이 오면 '심지어 A도 다 B한데, 하물며 C는?'이라는 반어적 의미를 나
타내어, 뒷부분의 C도 당연히 B하다는 것을 강조합니다.

了解 liǎojiě 통 알다, 이해
하다

> 你怎么连话都说不清楚?　　　넌 어째서 말조차 확실하게 못하니?
>
> 对金喜善来说，连女人都觉得很美，何况男人呢?
> 김희선에 대해 말할 것 같으면, 여자들도 다 예쁘다고 생각하는데, 하물며 남자는? (당연히 예쁘다
> 고 여긴다)
>
> 我最近连我自己都不了解自己，何况别人呢?
> 요즘 나조차도 내 자신이 이해가 안 되는데, 하물며 다른 사람들은 (이해하겠어)?

05　不但 A, 而且 B

不但可以身体健康、防止疾病，**而且**人也变漂亮了。
Búdàn　kěyǐ　shēntǐ jiànkāng、fángzhǐ jíbìng,　érqiě　rén yě biàn piàoliang le.

몸도 건강해지고, 질병도 예방할 수 있을 뿐만 아니라, 사람도 아름답게 변한다.

不但 A 而且 B는 뒷절이 앞절보다 심화된 점층 관계 접속사로 'A할 뿐만 아니라 B하기까지 하다'라는 의미를 나타냅니다. 뒷절에는 而且 대신 부사 也나 还를 쓸 수 있습니다.

不但价钱很便宜，质量**也**不错。　　　가격이 쌀 뿐 아니라, 품질도 좋다.
不但要吃得饱，**而且**要吃得好。
배부르게 먹어야 할 뿐 아니라 잘 먹어야 한다.
这台冰箱**不但**可以省电**而且**可以保护环境。
이 냉장고는 전기를 절약할 수 있을 뿐 아니라, 환경도 보호할 수 있다.

단어
不错 búcuò 형 맞다, 좋다, 괜찮다 | 饱 bǎo 형 배부르다 | 台 tái 양 기기를 세는 단위 | 冰箱 bīngxiāng 명 냉장고 | 省 shěng 동 아끼다, 절약하다 | 保护 bǎohù 동 보호하다 | 环境 huánjìng 명 환경

한 걸음 더!
어법편 p.276 복문 참조

* [不但 / 不没 A 反而 B]
상황이 점점 악화됨을 나타낼 때에는 [不但不 / 没 A 反而 B] 형식을 씁니다.

06　顺便

明天正好星期五，**顺便**带你去吧。
Míngtiān zhènghǎo xīngqīwǔ,　shùnbiàn dài nǐ qù ba.

내일이 마침 금요일이니, 가는 김에 데려갈게.

顺便은 부사로 '~하는 김에'라는 뜻을 나타냅니다. 중심이 되는 뒷절에 써야 하며 주어의 앞뒤에 모두 위치할 수 있습니다.

我**顺便**问一下。　　　　　　　(물은 김에) 더 물어볼게요.
在这附近我有事儿，**顺便**过来看看你。
이 근처에 내가 일이 있어 (오는 김에) 널 좀 보러 왔지.

친구 따라 강남, 아니 요가학원 다닌 지도 어언 3주~ 나도 빨리 옥주현처럼, 쭉 빠진 몸매가 되고 싶은데 아직 갈 길이 멀다. 이제 그만할까?!

A　练瑜伽好像没有效果呢。
　　Liàn yújiā hǎoxiàng méiyǒu xiàoguǒ ne.

B　你得注意，一旦停下来不练就又恢复原样了。
　　Nǐ děi zhùyì,　yídàn tíng xiàlai bú liàn jiù yòu huīfù yuányàng le.

A　요가가 효과가 없는 것 같아.

B　너 조심해. 일단 멈춰버리면 또 원래 모습으로 돌아간다고.

一旦 yídàn 명 일단 | 停 tíng 동 멈추다 | 恢复 huīfù 동 회복하다 | 原样 yuányàng 명 원래 양식(모양)

* 남성 수강생을 모집하는 요가 수업 초청장입니다.
  본문에서 배운 구문과 내용을 떠올리며 읽어보세요

男式瑜伽沙龙

男人也能练瑜伽吗？
就本店的瑜伽来说，很多动作男性能够轻松完成，而女性却不可能完成，因此从来没做过什么运动的男性也可以练。如果您在本月之内报名，可以享受五折优惠。练我们的瑜伽练一个月之后，您将亲眼看到您富有男人魅力的身材。
请参加免费公开课，试一试吧。

时间：7月1日 上午 8：00 开始
地点：北京东洋大厦15层

费用：免费
服装：自备
电话：02-111-2222

단어 & 구문

沙龙 shālóng 명 살롱

能够 nénggòu 동 ～할 수 있다

轻松 qīngsōng 형 수월하다

不可能 bù kěnéng 불가능하다

因此 yīncǐ 접 그래서

报名 bào míng 동 신청하다, 등록하다

享受 xiǎngshòu 동 누리다

五折 wǔzhé 명 반값

优惠 yōuhuì 형 특혜

亲眼 qīnyǎn 부 (눈으로) 직접

看到 kàndao 동 보이다, 보다

富有 fùyǒu 동 강하다, 풍부하다

魅力 mèilì 명 매력

身材 shēncái 명 체격, 몸매

公开课 gōngkāikè 공개수업

大厦 dàshà 명 빌딩, 건물

自备 zìbèi 동 스스로 준비하다

请 帖 란?

请帖 qǐngtiě는 초대장, 청첩장으로 请柬 qǐngjiǎn이라고도 합니다. 중국의 청첩장은 보통 붉은 색입니다. 결혼 날짜, 결혼하는 사람 이름, 초청하는 사람, 장소, 시간 등이 기록되어 있습니다. 중국 결혼식에는 주례도 없고 특별히 정해진 형식이 있는 게 아니어서 신랑 신부와 주위사람들이 함께 축하하고 즐기는 데에 의미를 둔다고 할 수 있습니다.

* 본문에서 배운 표현들을 떠올리며 문장을 끊어서 해석해보세요.

男式瑜伽沙龙

男人也能练瑜伽吗?

就本店的瑜伽来说，很多动作男性能够轻松完成，而女性却不可能完成，

因此 (从来没做过什么运动的)男性也可以练。

如果您在本月之内报名，可以享受五折优惠。

练我们的瑜伽练一个月之后，您将亲眼 看到 您富有男人魅力的身材。

请参加免费公开课，试一试吧。

남성 요가 살롱
남자도 요가를 할 수 있을까?
우리 학원의 요가로 말할 것 같으면, 많은 동작들이 남성들은 충분히 가볍게 완성할 수 있으나, 여성들은 오히려 해낼 수 없기 때문에 지금껏 어떤 운동도 하지 않았던 남성분들도 할 수 있습니다.
만약 이번 달 안으로 등록하신다면, 반값 할인의 혜택을 받을 수 있습니다.
우리 학원의 요가를 수강한 한 달 후에, 당신은 직접 자신의 남성미 넘치는 몸매를 볼 수 있을 겁니다. 무료 공개강좌에 참여하셔서 한번 해보세요.

사진 속 숨은 단어찾기

중국에도 다이어트 때문에 운동을 하는 사람들이 많습니다. 헬스장은 健身房 jiànshēnfáng이라고 합니다.

운동 기구	健身器材	jiànshēn qìcái
덤벨(아령)	哑铃	yǎlíng
바벨	杠铃	gànglíng
러닝 머신	跑步机	pǎobùjī

---

1. 들려주는 내용을 듣고 다음 빈칸을 채워보세요. Track**32**

A 　你明天六点＿＿＿＿＿＿＿＿？

B 　我肯定＿＿＿＿，为什么？

A 　你早点儿起床，一起去练瑜伽吧。我看你平时不做运动。

B 　我这个人啊，＿＿＿＿没做过什么运动呢。

A 　你这样可不行。运动有利于减肥，＿＿＿＿为了身体健康也得去做。

B 　我这样的人也＿＿＿＿＿吗？

A 　当然学得会，＿＿＿我这个胖子＿＿会瑜伽，＿＿＿＿你＿＿？

B 　噢，你真行！你自己觉得学习瑜伽后感觉怎么样？

A 　练习瑜伽＿＿＿＿可以身体健康、防止疾病，＿＿＿＿人也变漂亮了。

B 　好的，你带我一起去吧。

A 　我每周一三五去练，明天正好星期五，＿＿＿＿带你去吧。

---

2. 본문의 내용을 생각하면서 다음 질문에 대답해보세요.

1)　男的为什么让女的起早？

2)　运动有什么好处？

3)　女的经常做运动吗？

4)　男的什么时候去练瑜伽？

第一部分

※ 제시된 단어가 들어갈 알맞은 위치를 고르세요.

1.　A 我从来 B 去 C 看 D 过足球比赛。

        没

2.　不要说 A 北京话，B 就 C 上海话 D 也听得懂。

        连

第二部分

※ 빈칸에 들어갈 알맞은 단어를 보기에서 고르세요.

1.　连北方都这么热，________南方呢?

    A．而且　　　　　　　　B．还是

    C．何况　　　　　　　　D．或者

2.　你这样做________不能解决问题，________会没有人帮助。

    A．虽然……但是　　　　B．不但……反而

    C．不但……可是　　　　D．因为……所以

제1부분

1. 我 A 从来没去 C 看 D 过　足球比赛。

동사1　동사2 동태조사　목적어

반드시 붙여서 써야 함!

제시 단어는 부정부사 没이다. 문장에서 从来가 있으니 '从来没' 형식을 떠올리면 쉽게 답을 찾을 수 있다.

[정답] B

[해석] 나는 여태까지 축구경기를 가서 본 적이 없다.

심지어 ~조차도

2. 不要说 A　北京话，B 就 连 上海话 D 也听得懂。

~은 말할 것도 없고　베이징 말　　상하이 말

'심지어 …도 ~하다'의 구문이다. 제시어로 连이 나오면 뒤에 호응할 수 있는 也나 都가 있는지 찾자.

[정답] C

[해석] 베이징 말은 말할 것도 없고, 상하이 말도 다 알아들을 수 있다.

제2부분

A조차 B한데 하물며 C는?

1. 连 北方 都 这么热，何况 南方 呢?

　　 A　　　 B　　　 　　C

A, B, C, D 보기들은 모두 접속사로 쓰일 수 있다. 앞절에 连…都가 있고 뒷절 마지막에 어기조사 呢?가 있으므로 何况을 넣어 뒤의 내용을 강조해주어야 한다.

A. 而且 érqiě [접] 게다가

B. 还是 háishi [접] 또는, 아니면

D. 或者 huòzhě [접] …거나 ~거나

[정답] C

[해석] 심지어 북방도 이렇게 더운데 하물며 남방은?

[단어] 热 rè [형] 덥다

A할 뿐만 아니라 오히려 B하다 → 부정 의미의 심화

2. 你这样做不但不能解决问题，反而会没有人帮助你。

　　　　　　　　　문제를 해결할 수 없다　　너를 도와줄 사람이 없을 것이다.

A, B, C, D에서 먼저 잘못된 조합을 가려보면 C부터 제거할 수 있다. 문장에서 상황이 앞절보다 뒷절이 더 악화된다. 또 앞절에 부정부사 不가 있기 때문에 부정적 의미의 점층을 나타내는 不但…反而을 써야 한다.

A. 虽然 A 但是 B suīrán A dànshì B 비록 A이지만 B이다

C. 不但 A 可是 B 잘못된 조합

D. 因为 A 所以 B yīnwèi A suǒyǐ B 왜냐하면 A이므로 따라서 B이다

[정답] B

[해석] 네가 이렇게 하면 문제를 해결하기는 커녕, 오히려 너를 도와줄 사람이 없을 것이다.

HSK 그것이 알고 싶다

한국 학생들이 가장 잘하는 HSK 영역은?

바로 어법 부분입니다. 만점자가 가장 많이 나오는 영역이기도 하죠. 1부분은 지난 과에서 얘기했으니 2부분을 볼까요? 4개의 보기에서 정답을 고르는 유형인데, 총 20문제로 배점이 3점씩입니다. 어법 2부분은 먼저 제시된 보기들을 보고 공통점과 차이점을 파악해서, 성질이 다른 하나를 빨리 캐치해야 합니다. 대부분 보기 2개는 한눈에 답이 아님을 알 수 있으며, 나머지 2개는 미묘한 차이가 있어 헷갈리게 합니다. 먼저 잘못된 것들을 가려낸 후 문제에서 빈칸의 앞뒤를 보고 알맞은 품사와 의미를 대입해서 정답을 고릅니다. 절대! 절대! 해석에만 의지해서 풀지 마세요.

我也会打太极拳的话，该多么好啊！
这不是小陈吗？

중국 문화

我去给我学生辅导太极拳。

핵심구문

01 不是…吗?
02 동사 + 시간을 나타내는 말(시량보어)
03 虽然 A 但是 B
04 该(有)多么…(啊)!
05 어기조사 呢
06 어기조사 吧

참고어법

01 시량보어
02 어기조사

A 哟，<u>这不是小陈吗？</u>❶ 你去哪儿？
Yō, zhè bú shì Xiǎo Chén ma? Nǐ qù nǎr?

B 我去给我学生辅导太极拳。
Wǒ qù gěi wǒ xuésheng fǔdǎo tàijíquán.

A 没想到，你会打太极拳，你还不知道我最近想学打太
Méi xiǎngdào, nǐ huì dǎ tàijíquán, nǐ hái bù zhīdao wǒ zuìjìn xiǎng xué dǎ tài

极拳吗？<u>你打了几年了？</u>❷
jíquán ma? Nǐ dǎ le jǐnián le?

B 我从小开始跟我爷爷学打太极拳。<u>虽然我打了十几年了，</u>
Wǒ cóngxiǎo kāishǐ gēn wǒ yéye xué dǎ tàijíquán. Suīrán wǒ dǎ le shí jǐnián le,

<u>但是打得还不太好。</u>❸
dànshì dǎ de hái bútài hǎo.

A 我也会打太极拳的话，<u>该多么好啊！</u>❹ 以后有机会，请教教我，
Wǒ yě huì dǎ tàijíquán de huà, gāi duōme hǎo a! Yǐhòu yǒu jīhuì, qǐng jiāojiāo wǒ,

好吗？
hǎo ma?

B 好的，没问题。<u>那你呢？</u>❺ 你要去哪儿？
Hǎo de, méi wèntí. Nà nǐ ne? Nǐ yào qù nǎr?

A 我要去图书馆还书，到期了。
Wǒ yào qù túshūguǎn huán shū, dào qī le.

B 哎，这不是鲁迅的《阿Q正传》吗？
Āi zhè bú shì Lǔ Xùn de 《ĀQiūzhèngzhuàn》 ma?

A 是的，这本书尽管是本中国名书，不过对我来说太难了。
Shì de, zhè běn shū jǐnguǎn shì běn Zhōngguó míngshū, búguò duì wǒ láishuō tài nán le.

B 对，<u>我建议你看一些短篇小说，或者报纸上的小小说吧。</u>❻
Duì, wǒ jiànyì nǐ kàn yìxiē duǎnpiān xiǎoshuō, huòzhě bàozhǐshang de xiǎoxiǎo shuō ba.

A 어, 샤오 천 아니야? 너 어디가?

B 나 우리 학생한테 태극권 과외해주러 가.

A 생각도 못했어, 네가 태극권을 할 줄 안다니. 넌 내가 요즘에 태극권 배우고 싶어하는 거 아직 몰랐어? 태극권한 지는 얼마나 된 거야?

B 난 어릴 때부터 우리 할아버지한테 태극권을 배웠지. 비록 십여 년을 했지만, 그다지 잘 하지 않아.

A 나도 태극권을 할 줄 안다면 얼마나 좋을까! 나중에 기회있으면, 좀 가르쳐줘, 알았지?

B 좋아. 문제없어. 그런데 너는? 넌 어디 가는 길이니?

A 난 도서관에 책 반납하러 가, 기한이 다 되어서.

B 어, 이건 루쉰의 《아큐정전》 아니야?

A 응. 이 책이 비록 중국 명서이긴 하지만, 나한테는 너무 어려워.

B 맞아. 난 네가 단편소설을 보던가 아니면 신문의 짧은 소설들을 보라고 권하겠어.

단어 &

Track **34**

辅导 fǔdǎo 명동 과외(하다)

太极拳 tàijíquán 명 태극권

没想到 méi xiǎngdào 미처 생각도 못했다

从小 cóngxiǎo 부 어릴 때부터

虽然 suīrán 접 비록 ~이지만

但是 dànshì 접 그러나

还 huán 동 돌려주다

到期 dào qī 동 기한이 되다

鲁迅 Lǔ Xùn 고유 루쉰(중국 작가)

《阿Q正传》 Ā Qiū(Kiū)zhèngzhuàn 고유 아큐정전(루쉰(鲁迅)의 소설)

小说 xiǎoshuō 명 소설

本 běn 양 권

尽管 jǐnguǎn 접 ~에도 불구하고

名书 míngshū 형 명서

不过 búguò 접 하지만

对…来说 duì…láishuō 고정구 ~에 대해 말하자면

建议 jiànyì 명동 건의(하다), 충고(하다)

短篇小说 duǎnpiān xiǎoshuō 명 단편소설

或者 huòzhě 접 ~거나, ~든지

小小说 xiǎoxiǎoshuō 명 짧은 소설, 콩트

01 不是…吗?

这不是小陈吗?
Zhè bú shì Xiǎo Chén ma?

샤오 천 아니야?

'~ 아니야? ~한 거 아니었어?'라는 뜻입니다. 한국어의 반어문처럼 不是(不 + 동사)나 没(有) 등 부정의 의미를 나타내는 단어를 써서 긍정의 의미를 강조합니다.

这不是鲁迅的《阿Q正传》吗?   이건 루쉰의 《아큐정전》 아니야?
你还不知道我最近想学打太极拳吗?
너 아직 몰라? 내가 요즘에 태극권을 배우고 싶어했는데.
你没看出来吗? 他喜欢你。   너 눈치 못 챘어? 걔가 너 좋아하잖아.

단어
看出来 kàn chūlai 알아차리다, 간파하다

02 동사 + 시간을 나타내는 말 (시량보어)

你打了几年了?
Nǐ dǎ le jǐnián le?

(태극권)한 지 얼마나 됐어?

동사 뒤에서 동작이나 상태가 지속되는 시간이나 기간을 나타내는 말을 시량보어라고 합니다. 시량보어에 쓰이는 동사들은 반드시 어떤 동작을 반복적으로 지속할 수 있는 동사여야 합니다. 시량보어 어순의 포인트는 목적어입니다. 목적어가 일반명사일 경우 시량보어를 목적어 앞에 두는데, 이때 목적어 앞에 的를 넣을 수도 있습니다.

> **동사 + 시량보어 + (的) + 목적어(일반명사)**

他每天看一个小时(的)电视。   그는 매일 TV를 한 시간 본다.

하지만, 목적어가 대명사일 때는 시량보어를 목적어 뒤에 씁니다

> **동사 + 목적어(대명사) + 시량보어**

我等他一个小时了。   나는 그를 한 시간 기다렸다.

만약 동사가 반복적으로 지속할 수 없는 동사이고, 목적어가 지명이라면 이때도 목적어를 시량보어 앞에 두어야 합니다.

> **동사(비지속성) + 목적어(지명) + 시량보어**

我来北京一年了。   나는 베이징에 온 지 1년이 되었다.

이러한 시량보어와 목적어가 함께 있는 문장은 동사를 반복하여 쓸 수도 있습니다.

> **동사 + 목적어 + 동사 + 시량보어**

他每天看电视看一个小时。   그는 매일 TV를 한 시간 본다.
我等他等了一个小时了。   나는 그를 한 시간 동안 기다렸다.

한 걸음 더!
어법편 p.242 시량보어 참조
* '태어나다, 죽다'도 시량보어를 써서 표현할 수 있습니다. 이들은 반복적으로 지속할 수 없는 동사이지만 뒤에 시량보어가 쓰이면, 동작이 발생한 후 말하는 시점까지의 경과된 시간을 의미합니다.
ex) 爷爷已经去世多年了。
할아버지가 돌아가신 지 이미 여러 해가 되었다.

03 虽然(尽管) A, 但是(可是 / 不过) B。

虽然我打了十几年了，**但是**打得还不太好。

Suīrán wǒ dǎ le shí jǐnián le, dànshì dǎ de hái bútài hǎo.

비록 십여 년을 했**지만**, 아직 그다지 잘하지 않아.

'비록 A이나 그러나 B이다'라는 의미로 전환 관계를 나타냅니다. 뒷절에는 '그러나'에 해당하는 접속사 但是 / 可是 / 不过나 '오히려'라는 뜻의 부사 却가 쓰여 앞절과 다른 내용이 옵니다.

这本书**尽管**是本中国名书，**不过**对我来说太难了。
이 책은 비록 중국의 명서이지만, 나에게는 너무 어려워.

我知道他**虽然**说可以，**可是**心里有数。
그가 괜찮다고 말은 했지만, 마음속엔 다른 속셈이 있다는 걸 난 알아.

虽然她原谅我了，**可是**我不能原谅我自己。
비록 그녀는 나를 용서했어도, 내 자신은 나를 용서 못하겠다.

心里有数 xīnli yǒushù 마음속에 계산이 있다 | 原谅 yuánliàng 图 용서하다

* 접속사와 주어의 위치
접속사는 일반적으로 앞뒷절의 주어 앞에 위치합니다. 그러나 앞뒷절의 주어가 같을 경우에는 주어가 문장의 맨 앞, 즉 접속사의 앞에 올 수도 있으며, 이때 뒷절에서 주어를 생략할 수 있습니다.

04 该(有)多么…(啊) !

该多么好**啊**!

Gāi duōme hǎo a!

얼마나 좋을까!

[该 + (有) + 多么 + 형용사 + (啊)]의 형식으로 감탄문에 사용하여 '얼마나, 정말로 ~하느냐'라는 뜻을 나타냅니다. 여기서 多么는 '얼마나, 참으로'의 의미로 정도가 심한 것을 나타냅니다.

我们的老师**该多么**漂亮**啊**！　　우리 선생님이 얼마나 예쁜지!

没有幸福感的人生，**该有多么**可怕！　　행복감이 없는 인생은 얼마나 무서우냐!

永远能这样**该有多么**好！　　영원히 이럴 수 있다면 얼마나 좋겠어!

幸福感 xìngfúgǎn 图 행복감 | 人生 rénshēng 图 인생 | 可怕 kěpà 图 두렵다 | 永远 yǒngyuǎn 图 영원히

05   어기조사 呢

那你呢?
Nà nǐ ne?

그럼 너는?

한국어의 '~는?'이라는 뜻으로 吗가 없이도 의문문을 만들 수 있으며, 상대에게 방금했던 같은 질문을 할 때 사용합니다. 주로 사람이나 사물의 상태나, 위치한 장소를 묻는데 怎么样(怎么办), 在哪儿과 같은 의미로 사용되면 생략할 수 없습니다.

我明天去上海，你呢?(= 你怎么样?)   난 내일 상하이 가는데, 너는?
你们都回来了，小李呢?(= 小李在哪儿?)   너희들은 다 돌아왔는데, 샤오 리는?

단어

到底 dàodǐ 뮈 마침내, 도대체

한 걸음 더!

어법편 p.188 어기조사 참조

어기조사는 문장의 끝에서 문장의 어조, 내용, 의미를 좀더 강조해주는 역할을 합니다. 吗, 吧, 呢, 了, 啊, 呀, 呗 등이 있습니다.

06   어기조사 吧

我建议你看一些短篇小说，或者报纸上的小小说吧。
Wǒ jiànyì nǐ kàn yìxiē duǎnpiān xiǎoshuō, huòzhě bàozhǐshang de xiǎoxiǎoshuō ba.

난 너에게 단편소설을 보던가 아니면 신문의 짧은 소설들을 보라고 권하겠어.

어기조사 吧는 문장 끝에 쓰여 명령이나 권유, 부탁, 재촉, 추측, 가정 등을 나타냅니다.

我们学习汉语吧。(권유)   우리 중국어 배우자.
请帮帮我吧。(부탁)   저 좀 도와주세요.
我不去，你来吧。(명령)   난 안 가, 네가 와.
你是高中生吧?(추측)   너 고등학생이지?
吃吧，会胖的，不吃吧，饿死了。怎么办！(가정)
먹자니, 살 찌겠고, 안 먹자니 배고파 죽겠네, 어떡해!

단어

高中生 gāozhōngshēng 몡 고등학생 | 饿死 èsǐ 굶어 죽다

보너스 트랙   회화에 이어지는 숨겨진 히든 스토리~   🎧 Track 35

장문을 읽기엔 실력이 부족하다고? 하지만 안 되는 게 어딨나! 비록 시간은 오래 걸렸지만 해냈다!

A 我终于看完了一本中国小说了。
Wǒ zhōngyú kànwán le yì běn Zhōngguó xiǎoshuō le.

B 真的? 看样子你的汉语水平提高了吧。
Zhēn de? Kàn yàngzi nǐ de Hànyǔ shuǐpíng tígāo le ba.

A 哪里哪里，还差得远呢。
Nǎli nǎli, hái chà de yuǎn ne.

A 나 드디어 중국 소설 한 권 다 읽었어.

B 정말이야? 네 중국어 실력이 많이 좋아졌나 보네.

A 아니야, 아직 멀었지 뭐.

水平 shuǐpíng 몡 수준 | 提高 tígāo 동 향상시키다, 높이다 | 哪里哪里 nǎli nǎli 아닙니다(겸손의 표현) | 还差得远呢 hái chà de yuǎn ne 아직 멀었다(겸손의 표현)

* 루쉰의 단편 소설 《광인일기》를 읽고 난 후 쓴 독후감 형식의 글입니다. 본문에서 배운 구문과 내용을 떠올리며 읽어보세요.

《狂人日记》读后感

    《狂人日记》是鲁迅于１９１８年发表的第一篇白话短篇小说。虽然我早就听说过书名，但是一直没有机会看。

    主人公是个狂人，他以为他周围的人都是"吃人"的人，因此担心总有一天自己也会被吃掉，该多么可怕啊！

    读过这本书以后，我不但更关心中国现代文学，而且更了解了当时中国的社会情况。

단어 & 구문

狂人 kuángrén 명 광인, 정신이상자

于 yú 전 ～에, ～에서

发表 fābiǎo 동 발표하다, 선포하다

篇 piān 양 문장의 수를 세는 단위

白话 báihuà 명 백화, 구어

早就 zǎojiù 부 벌써, 오래전에

书名 shūmíng 명 서명

一直 yìzhí 부 줄곧, 내내

主人公 zhǔréngōng 명 주인공

以为 yǐwéi 동 ～로 여기다

周围 zhōuwéi 명 주위, 둘레

担心 dān xīn 동 걱정하다

总有一天 zǒngyǒu yìtiān 언젠가는

吃掉 chīdiào 다 먹어버리다

可怕 kěpà 형 두렵다, 무섭다

关心 guānxīn 동 관심을 가지다

文学 wénxué 명 문학

了解 liǎojiě 동 잘 알다, 이해하다

情况 qíngkuàng 명 상황

读后感 이란?

读后感 dúhòugǎn은 책을 읽고 난 후 쓰는 글인 독후감입니다. 중국에서 서명은 《 》 표시를 해서 나타냅니다. 위에서 언급한 책《狂人日记》kuángrén rìjì는 루쉰이 구어체 문장으로 쓴 중국 최초의 현대문학 소설입니다. 피해망상을 앓고 있는 한 광인의 일기 형식을 빌려 중국의 낡은 사회와 유교 도덕의 위선과 비인간성을 고발하고 있습니다. 중국의 여러 방면에 큰 영향을 끼친 유명한 소설입니다.

* 본문에서 배운 표현들을 떠올리며 문장을 끊어서 해석해보세요.

《狂人日记》 / 是 (鲁迅于1918年发表的) 第一篇白话短篇小说。
书名号 : 책 이름 등에 쓰이는 문장 부호　　　젠 (시간 · 장소)에　　　수식구(관형어)

虽然我早就听说过书名，但是一直没有机会看。
비록 A이지만 B이다

主人公是个狂人，他以为 / 他周围的人都是"吃人"的人，
一 생략　　　~로 여기다　　그 주변 사람들(주어)　　~이다(술어)　　사람(목적어)

因此担心 / 总有一天自己也 会 被吃掉，该多么可怕啊！
집 그리하여　　언젠가는 목적절　　부사 + 능원동사 +전치사구(被)　　감탄문
　　　　　　　　　　잡아 먹힐 것이다

读过这本书以后，我不但更关心中国现代文学，而且更了解了当时中国的社会情况。
　　　　　　　　　술어　　　　　　　　　　　　술어　　　당시
비단 A할 뿐만 아니라 B하다

《광인일기》는 루쉰이 1918년에 발표한 첫 번째 백화 단편소설이다.
나는 서명을 일치감치 들었으나, 줄곧 볼 기회가 없었다. 주인공은 미친 사람이다. 그가 생각하기에 그의 주위 사람들은 모두 '사람을 먹는' 사람들이며, 그리하여 언젠가는 그 역시 잡아먹혀버릴 것이라고 여긴다. 얼마나 두려웠을까!
이 책을 읽은 후에, 난 중국 현대 문학에 대해 더 관심이 생겼을 뿐만 아니라, 당시 중국 사회 상황을 더 이해하게 되었다.

사진 속 숨은 **단어 찾기**

중국에도 대형 서점이 많습니다. 특히 상하이 푸저우로(福州路)는 중국 최대의 서점 밀집 지역으로 소설, 전문 서적, 외국 서적, 고서적 등 각종 책들을 찾아볼 수 있죠.

서점	书店 shūdiàn
베스트셀러	畅销书 chàngxiāoshū
전문 서가	专架 zhuān jià

1. 들려주는 내용을 듣고 다음 빈칸을 채워보세요.　　Track **36**

A 哟，这＿＿＿小陈＿＿？你去哪儿？

B 我去给我学生辅导太极拳。

A 没想到，你会打太极拳，你还＿＿知道我最近想学打太极拳＿＿？

你打了几年了？

B 我从小开始跟我爷爷学打太极拳。＿＿＿＿我打了十几年了，＿＿＿＿打得还不太好。

A 我也会打太极拳的话，＿＿＿＿＿＿！以后有机会，请教教我，好吗？

B 好的，没问题。那你＿＿？你正在去哪儿？

A 我要去图书馆还书，到期了。

B 哎，这＿＿＿＿鲁迅的《阿Q正传》＿＿？

A 是的，这本书尽管是本中国名书，不过对我来说太难了。

B 对，我建议你看一些短篇小说，或者报纸上的小小说＿＿。

2. 본문의 내용을 생각하면서 다음 질문에 대답해보세요.

1) 女的最近想学什么？

2) 男的打太极拳打了多久了？

3) 女的要去哪儿？

4) 《阿Q正传》对女的来说怎么样？

第一部分

※ 제시된 단어가 들어갈 알맞은 위치를 고르세요.

1.　　A 我　B 来 C 北京 D 了。

　　　　　　一年

第二部分

※ 빈칸에 들어갈 알맞은 단어를 보기에서 고르세요.

1.　________这家商店的东西很好，________服务很一般。

　　A．虽然……但是　　　　　　B．因为……所以

　　C．虽然……却　　　　　　　D．即使……也

2.　要是有这样的学习条件________有多好啊！

　　A．应该　　　　　　　　　　B．应

　　C．该　　　　　　　　　　　D．得

3.　这个道理我都说过好几遍了，你怎么现在才明白________？

　　A．呀　　　　　　　　　　　B．了

　　C．的　　　　　　　　　　　D．呢

제1부분

1. A 我　B 来　C 北京　　　一年　了。
　　　　　동사　목적어(지명)　시량보어

제시 단어 一年은 시량사이므로 시량보어의 어순을 묻는 문제임을 눈치 채야 한다. 문제에서 술어는 비지속동사 来이고 목적어는 지명인 北京이다. 이럴 경우 [비지속동사 + 지명 + 시량보어]의 어순이 되어야 한다.

정답 D

해석 내가 베이징에 온 지 일 년이 되었다.

제2부분

1. 虽然 这家商店的东西很好，但是 服务很一般。

A. 虽然 A 但是 B suīrán A dànshì B 비록 A이지만 그러나 B이다
B. 因为 A 所以 B yīnwèi A suǒyǐ B 왜냐하면 A이므로, 따라서 B이다
C. 虽然 A 却 B suīrán A què B 비록 A이지만 B이다
D. 即使 A 也 B jíshǐ A yě B 설령 A일지라도 B이다

A, B, C, D는 모두 복문을 만드는 단어들이다. 이럴 경우는 앞에서도 말했듯이 첫째, 틀린 조합 찾기. 둘째, 앞뒤 문맥을 보고 가장 자연스럽게 이어질 수 있는 조합 찾기! 문제에서는 틀린 조합이 없다. 앞문장에서는 좋다고 했으나 뒷문장에서는 일반적이라고 했으므로 '비록 …하지만 ~하다'라는 의미의 구문이 적합하다. 보기 A, C가 해당하는데, 빈칸이 주어(服务) 앞에 있어 접속사 자리이므로 부사 却는 쓸 수 없어 A가 정답이 된다.

정답 A

해석 이 가게의 물건은 비록 좋다고 하나, 서비스가 그저 그렇다.

단어 服务 fúwù 통 서비스하다

2. 要是有这样的学习条件 该 有多好啊！
　　　　　该有多 + 형용사 + 啊！ = 감탄문 형식

먼저 보기들의 공통점을 찾아라. 모두 능원동사로 '~해야 한다'라는 의미가 있다. 그렇다면 이러한 문제는 품사로 푸는 문제가 아니라, 문맥에 맞는 단어를 찾으라는 얘기다. 그럼 该를 사용한 감탄문 형식임을 이어지는 문장의 구조를 통해 알 수 있다. 해석은 하되, 문제의 처음부터 보지 말고 빈칸의 전후 상황을 살펴봐야 한다.

정답 C

해석 이러한 학습 조건이 있다면 얼마나 좋을까!

단어 条件 tiáojiàn 명 조건

3. ……, 你怎么现在才明白呢?

보기들은 모두 어기조사다. 빈칸 역시 문장 끝에 있으므로 빈칸이 있는 뒷절을 봐야 한다. 의문사 怎么가 보이므로 의문사 의문문 끝에 쓰일 수 있는 어기조사 呢를 정답으로 골라야 한다.

정답 D

해석 이런 이치는 내가 여러 번 말한 적이 있잖아. 넌 어째서 지금에서야 이해를 하는 거니?

단어 道理 dàoli 명 도리, 이치

HSK 그것이 알고 싶다

독해를 잘하려면 단어를 속속들이 알아야 한다?

독해 1부분은 지문 속에서 비교적 간단한 단어나 구에 밑줄을 그은 후, 밑줄 친 부분의 숨은 뜻을 묻는 문제가 출제됩니다. 때문에 이 부분은 어법처럼 달리 단어를 해부해서 따로따로 볼 것이 아니라, 문장 속 의미로 풀어야 합니다. 평소에 한국어 문장과 중국어 문장을 많이 접한 사람이 유리하죠. 일단 중국어의 관용어를 많이 외우면 좋습니다. 게다가 관용어는 듣기 부분에도 많이 출제되므로, 일거양득의 효과를 볼 수 있습니다. 긴 지문의 독해 2부분은 문제부터 먼저 보고 지문 속에서 관련 단어가 나오는 부분을 찾아 자세히 읽어 답을 골라내야 합니다.

售票处 BOOKING OFFICE
片名改为《皇后花》在韩国全国上映。
他的作品除了《皇后花》以外，还有《英雄》、《活着》、《一个都不能少》等等。
我在韩国的时候，下载过好几次，可是在中国一次也没下载过。
只是听说过罢了。

Part 10

영화 보기

你想看什么电影?

핵심구문

01 동사 + 为 + …

02 동사 + 동량보어

03 每 + (一)양사…都 + 술어

04 除了 A (以外), 还 / 也 B。

05 只是…罢了 / 而已

06 一 + 양사 + 也 / 都 + 不 / 没

참고어법

01 동량보어

Track**37**

A 这个星期天你陪我去看电影，行吗？
Zhège xīngqītiān nǐ péi wǒ qù kàn diànyǐng, xíng ma?

B 当然，你想看什么电影？
Dāngrán, nǐ xiǎng kàn shénme diànyǐng?

A 张艺谋导演的《满城尽带黄金甲》，主演是周润发和巩
Zhāng Yìmóu dǎoyǎn de 《Mǎnchéng jìn dài huángjīnjiǎ》, zhǔyǎn shì Zhōu Rùnfā hé Gǒng

俐，而且片名改为《皇后花》在韩国全国上映。❶
Lì, érqiě piànmíng gǎiwéi 《Huánghòuhuā》 zài Hánguó quánguó shàngyìng.

B 他导演的电影我看过好几次，❷ 每次看都有不同的感觉，❸
Tā dǎoyǎn de diànyǐng wǒ kànguo hǎo jǐ cì, měi cì kàn dōu yǒu bù tóng de gǎn jué,

A 你说在点子上了。听说中国大陆票房已经达到3亿人民币了。
Nǐ shuōzài diǎnzi shàng le. Tīngshuō Zhōngguó dàlù piàofáng yǐjing dádào sān yì rénmínbì le.

B 不愧是张艺谋。他的作品除了《皇后花》以外，还有
Búkuì shì Zhāng Yìmóu. Tā de zuòpǐn chúle 《Huánghòuhuā》 yǐwài, háiyǒu

《英雄》、《活着》、《一个都不能少》等等。❹
《Yīngxióng》、 《Huózhe》、 《Yí ge dōu bù néng shǎo》 děngděng.

其中《活着》是他的一部唯一被禁的作品，你看过吗？
Qízhōng 《Huózhe》 shì tā de yí bù wéiyī bèi jìn de zuòpǐn, nǐ kànguo ma?

A 没有，只是听说过罢了，❺ 你看过吗？
Méiyǒu, zhǐshì tīngshuōguo bà le, nǐ kànguo ma?

B 以前我在网上下载看过的，你没下载过吗？
Yǐqián wǒ zài wǎngshàng xiàzài kànguo de, nǐ méi xiàzàiguo ma?

A 我在韩国的时候，下载过好几次，可是在中国一次也没
Wǒ zài Hánguó de shíhou, xiàzàiguo hǎo jǐ cì, kěshì zài Zhōngguó yí cì yě méi

下载过。❻
xiàzàiguo.

A 이번 주 일요일에 나 데리고 영화 보러 갈 수 있어?

B 당연하지, 무슨 영화가 보고 싶은데?

A 장 이모우 감독의 《满城尽带黄金甲》, 주연이 저우 룬파하고 꿍 리래. 게다가 영화 제목을 《황후화》로 바꿔서 한국 전역에 상영해.

B 그가 감독한 영화는 내가 아주 여러 번 봤는데 매번 볼 때마다 느낌이 달라.

A 진짜 네 말이 맞아. 듣자하니 중국 대륙 박스오피스는 이미 인민폐 3억 위엔에 이르렀대.

B 역시 장 이모우야. 그의 작품은 《황후화》 말고도 《영웅》, 《인생》, 《책상 서랍 속의 동화》 등등이 있어, 그중 《인생》은 그의 유일한 상영 금지 영화이지, 너 봤어?

A 아니, 그저 들어봤을 뿐이야. 넌 봤어?

B 전에 인터넷에서 다운로드해서 봤지. 너 다운받아본 적 없어?

A 나는 한국에 있었을 때 여러 번 다운받아봤지. 하지만 중국에서는 한 번도 다운받아 본 적이 없어.

Track **38**

陪 péi 동 모시다, 함께 가다	达到 dádào 동 도달하다, 이르다
张艺谋 Zhāng Yìmóu 고유 장 이모우(영화 감독)	亿 yì 수 억
导演 dǎoyǎn 동 감독하다	作品 zuòpǐn 명 작품
《满城尽带黄金甲》 Mǎnchéng jìn dài huángjīnjiǎ 고유 황금갑	除了…以外, 还有~ chúle…yǐwài, háiyǒu~ …이외에도 또 ~가 있다
主演 zhǔyǎn 명 주연, 주인공	《英雄》 Yīngxióng 고유 영웅
周润发 Zhōu Rùnfā 고유 저우 룬파	《活着》 Huózhe 고유 인생
巩俐 Gǒng Lì 고유 꿍 리	《一个都不能少》 Yí ge dōu bù néng shǎo 고유 책상 서랍 속의 동화
而且 érqiě 접 게다가	等等 děngděng 조 등, 기타
片名 piànmíng 영화 제목, 타이틀	其中 qízhōng 명 그 속, 그중
改为 gǎiwéi ~로 바꾸다	部 bù 양 부(서적·영화를 셀 때)
《皇后花》 Huánghòuhuā 고유 황후화	唯一 wéiyī 형 유일한
上映 shàngyìng 동 상영하다	禁 jìn 동 금지하다
感觉 gǎnjué 명동 감각, ~라고 느끼다	只是…罢了 zhǐshì…bà le 단지 ~할 뿐이다
点子 diǎnzi 명 요점, 핵심	网上 wǎngshàng 인터넷, 온라인
大陆 dàlù 명 대륙	下载 xiàzài 동 다운로드하다
票房 piàofáng 명 박스오피스	

01 동사 + 为 + 목적어(변화된 상태)

片名改为《皇后花》在韩国全国上映。
Piànmíng gǎiwéi 《Huánghòuhuā》 zài Hánguó quánguó shàngyìng.

제목이 《황후화》로 바뀌어서 한국 전역에 상영해.

동사 뒤에 为를 쓰면 '~가 되다, ~으로 변하다'라는 뜻으로 为 뒤에 나오는 목적어로 변화된 결과를 나타냅니다. 짝지어서 자주 쓰이는 단어로는 改为 (~로 바뀌다) / 成为 (~로 되다) / 选为 (~로 뽑다)가 있습니다.

市长推动把韩国首都的名称由"汉城"改为"首尔"。
시장은 한국 수도 명칭을 한성에서 서울로 바꿀 것을 추진한다.
如何成为英雄呢?   어떻게 하면 영웅이 될까?
昨天我们把他选为班长了。   어제 우리는 그를 반장으로 뽑았다.

> **단어**
> 市长 shìzhǎng 몡 시장 | 推动 tuīdòng 동 추진하다 | 由 yóu 전 ~로 부터 | 汉城 Hànchéng 서울 | 首尔 Shǒu'ěr 서울 | 如何 rúhé 때 어떠하다 | 成为 chéngwéi 동 ~로 되다 | 选为 xuǎnwéi ~로 뽑히다 | 班长 bānzhǎng 몡 반장

02 동사 + 동량보어

他导演的电影我看过好几次。
Tā dǎoyǎn de diànyǐng wǒ kànguo hǎo jǐ cì.

그가 감독한 영화는 내가 아주 여러 번 봤어.

동량보어는 동사 뒤에서 동사의 발생 횟수(몇 번)를 나타내는데 시량보어와 마찬가지로 목적어의 성질에 따라 위치가 달라집니다.

我在韩国的时候，下载过好几次。   나는 한국에 있을 때 여러 번 다운로드 받아봤다.
                  동량보어

목적어가 일반명사일 때는 동량보어 뒤에 쓰고

> 동사 + 동량보어 + 목적어(일반명사)

我吃过一次韩国烤肉。   나는 한국 불고기를 한 번 먹어본 적이 있다.

목적어가 대명사일 때는 동량보어 앞에 씁니다.

> 동사 + 목적어(대명사) + 동량보어

我见过他一次。   나는 그를 한 번 본 적이 있다.

또 목적어가 인명이나 지명일 때는 동량보어 앞뒤 모두 가능합니다.

> 동사 + 목적어(인명 / 지명) + 동량보어 + 목적어(인명 / 지명)
> 앞뒤 모두 가능

我见过小白一次。   나는 샤오 바이를 한 번 본 적이 있다.
我见过一次小白。

> **단어**
> 韩国烤肉 Hánguó kǎoròu 불고기
>
> **한 걸음 더!**
> 어법편 p.243 동량보어 참조
> 동량보어로 사용되는 대표적인 동량사에는 次, 遍, 下, 趟 등이 있습니다.

03 每 + (一)양사 … 都 + 술어

每次看都有不同的感觉。
Měicì　　kàn dōu yǒu bùtóng　 de　gǎnjué.

매번 볼 때마다 모두 다른 느낌이야.

'각각의 사람·사물·상황이 다 ~하다'라는 의미를 나타냅니다. 每 뒤에는 '一 + 양사'의 형식이 오는데 수사 一는 생략할 수도 있습니다. 또 문맥상으로 수량사 뒤에 오는 명사가 확실할 때는 명사를 생략할 수 있습니다.

每个学生都对我很重要。　　　　학생 하나하나(모든 학생)가 다 나에겐 중요하다.
每一个梦想都很美。　　　　　　꿈 하나하나(모든 꿈)가 다 아름답다.
每一个人都有自己的秘密。　　　사람마다 다 자신의 비밀이 있다.

04 除了 A (以外), 还 / 也 B

他的作品除了《皇后花》以外，还有《英雄》、
Tā　de　zuòpǐn chúle　《Huánghòuhuā》　yǐwài,　　　háiyǒu　　《Yīngxióng》、

《活着》、《一个都不能少》等等。
《Huózhe》、　　《Yí　ge dōu　bù néng shǎo》 děngděng.

그의 작품에는 《황후화》 외에도 《영웅》, 《인생》, 《책상 서랍 속의 동화》 등등이 있어.

'A를 제외하고 또 B이다'라는 뜻으로 앞에서 언급한 것 이외에 또 다른 것이 있다는 의미입니다. 이럴 경우 A와 B는 같은 성질의 것입니다. 뒤에 还나 也와 호응하며, 이때 以外를 생략할 수도 있습니다.

我们班除了我以外，还有九个人。　　우리 반에는 나를 제외하고 또 9명이 있다.
减肥除了跑步，还有什么方法?　　　다이어트에는 달리기 말고 또 무슨 방법이 있지?

잠깐! 除了가 뒤에 都와 호응하면 A를 배제하는 것으로, A와 B의 성질은 다릅니다.
　→ 除了 A (以外), 全 / 都 B　A를 제외하고 모두 B이다 (A를 배제)

老师的生日那天，除了你，　别的同学都来了。
선생님 생일에 너 빼고 다른 친구들은 다 왔다.
除了你以外，　我们都没去过上海。
너를 빼고는 우린 모두 상하이에 가본 적이 없다.

05 只是…罢了 / 而已

只是听说过罢了。

Zhǐshì tīngshuōguo bà le.

단지 들어봤을 뿐이야.

只是 / 只不过 / 只 / 不过는 '단지, 다만'이라는 뜻으로 문장 끝에 어기조사 罢了 / 而已 éryǐ와 함께 쓰여 '다만(오로지) ~일 뿐이다'라는 의미를 나타냅니다. 罢了는 회화에서, 而已는 서면어에서 많이 사용합니다.

他过分了，我只不过是随便说说罢了。
그가 너무 했어. 난 그냥 편하게 말 좀 했을 뿐이라고.

我只是问问价钱罢了，并不真想买。
전 그저 가격을 좀 물어봤을 뿐이지, 진짜 살 생각은 결코 없습니다.

단어

过分 guò fèn 휑 (정도·한도를) 넘어서다. 지나치다 | 随便 suíbiàn 휑 마음대로

한 걸음 더!

* 같은 맥락의 상용 관용어 如此而已 ! rúcǐ éryǐ 如此는 '이와 같이'라는 뜻으로 而已와 함께 '이러할 따름이다'라는 관용적인 표현으로 쓰입니다.

06 一 + 양사 + 也 / 都 + 不 / 没…

可是在中国一次也没下载过。

Kěshì zài Zhōngguó yícì yě méi xiàzàiguo.

그런데 중국에서는 한 번도 다운로드를 해본 적이 없어.

'하나도 ~하지 않다, 전혀 ~ 않다'라는 뜻으로 매우 강한 부정을 나타냅니다. 한국어와 비슷해서 쉽게 기억할 수 있는 표현입니다.

一个也没买。	한 개도 사지 않았어.
一次也没去过。	한 번도 가본 적이 없어.
一点儿都不知道。	하나도 몰라.
一个都不能少。	하나도 빠뜨릴 수는 없어.

보너스 트랙   회화에 이어지는 숨겨진 히든 스토리~   🎧 Track**39**

오호라~ 이 친구가 아직 중국 인터넷의 어둠의 경로를 모르는구나~ 그럼 내가 가르쳐줘야지.

B 最近中国也有免费下载的网站，有机会我教教你。

Zuìjìn Zhōngguó yě yǒu miǎnfèi xiàzài de wǎngzhàn, yǒu jīhuì wǒ jiāojiāo nǐ.

B 최근 중국에도 무료로 영화를 다운받을 수 있는 홈페이지가 있어. 내가 기회 되면 좀 가르쳐줄게.

A 太感谢了，到时候要先把《活着》下载看看。

Tài gǎnxiè le, dào shíhou yào xiān bǎ 《Huózhe》 xiàzài kànkan.

A 너무 고마운걸. 그때 《인생》부터 먼저 다운받아 봐야겠다.

免费 miǎnfèi 통 공짜로 하다 | 网站 wǎngzhàn 명 웹 사이트 | 感谢 gǎnxiè 통 감사하다 | 到时候 dào shíhou 분 그때가 돼서

* 영화 《满城带黄金甲(황후화)》의 한 장면입니다. 본문에서 배운 구문을 떠올리며 읽어보세요.

26 大王寝宫 夜

蒋太医低声地	：禀报大王，王后的药一直按时吃着，一次都没有耽误。 （大王的脸在药气中看不清楚。）
蒋太医	：照大王的新方子，草乌头都是由小女蒋婵亲手入药，除了我们父女，没人知道。
大王沉吟地	：新方子用了有十天了吧。
蒋太医	：是……正好十天了。

단어 & 구문

大王 dàwáng 몡 대왕

寝宫 qǐngōng 몡 궁침, 대궐

蒋 Jiǎng 고유 장(성씨)

太医 tàiyī 몡 황실의 의사

低声 dīshēng 몡 낮은 소리, 저음

禀报 bǐngbào 동 보고하다

王后 wánghòu 몡 왕후

药 yào 몡 약

按时 ànshí 부 규정된 시간에 따라

耽误 dānwu 동 (시간·시기를 놓쳐 일을) 그르치다, 지체하다

脸 몡 liǎn 얼굴

在…中 zài…zhōng ～ 중에

药气 yàoqì 약을 달일 때 나오는 김

看不清楚 kàn bu qīngchu 확실히 보이지 않다

照 zhào 전 ～대로(따라)

方子 fāngzi 몡 처방전

草乌头 cǎowūtóu 몡 바곳의 뿌리(약재 이름)

由 yóu 전 ～이, 가(주체 강조)

小女 xiǎonǚ 몡 딸아이

亲手 qīnshǒu 부 손수, 친히

入药 rù yào 동 약으로 쓰다

除了 chú le ～을 제외하고

父女 fùnǚ 몡 부녀

沉吟 chényín 동 낮은 목소리로 읊조리다

正好 zhènghǎo 부 마침

台词란?

台词 táicí는 드라마나 영화, 연극의 대사를 뜻합니다. 명대사는 经典台词 jīngdiǎn táicí라고하죠.

* 본문에서 배운 표현들을 떠올리며 문장을 끊어서 해석해보세요.

26　大王寝宫 夜 _(대왕 침실 밤)

蒋太医低声地：禀报大王，王后的药 / 一直按时吃着，一次都没有耽误。
부사어를 만드는 구조조사 : ~하게　　　　　　　　제시간에　　　　강한 부정 : 한 번도 ~하지 않다

（大王的脸在药气中看不清楚。）
　　　　~ 중에　　가능보어

동격(딸아이인 장 찬)

蒋太医　　　　：照大王的新方子，草乌头都是由 小女 蒋婵亲手入药，
　　　　　전 ~ 에 따라　　새 처방　　　　　~ 이 / 가 (주체 강조)

除了我们父女，没人知道。
~을 제외하고　　　아는 사람이 없다

大王沉吟地　　：新方子用了有十天了吧。
　　　　　　동사　　시량보어(有 : 시량 강조, 생략 가능)

蒋太医　　　　：是……，正好十天了。
　　　　　　　　　부 마침, 딱

태의 장 씨가 낮은 소리로: 대왕에게 보고 드립니다. 왕후의 약은 줄곧 제시간에 맞춰 드시며, 한 번도 거른 적이 없습니다.
(대왕의 얼굴이 약 김 속에 잘 보이지 않는다.)
태의 장 씨: 대왕의 새 처방에 따라, 草乌头는 모두 제 딸아이 장 찬이 손수 약으로 만들고 있으며, 우리 부녀를 제외하고는
　　　　　　아무도 아는 이가 없습니다.
대왕이 낮은 목소리로 읊조리며: 새 처방을 쓴 지 열흘이 되었지?
태의 장 씨: 네, 딱 열흘 되었습니다.

중국은 영화관에서 영화를 보기보다는 DVD를 보는 경우가 더 많습니다. 그래서 근처에 DVD 대여점이나 판매점을 쉽게 찾아
볼 수 있죠. 국내외 영화부터 드라마까지 없는 게 없을 정도지만 해적판이 절대다수여서 품질이 나쁜 경우가 많습니다.

DVD / VCD 등 영상 디스크	影碟	yǐngdié
드라마	电视剧	diànshìjù
한국 드라마	韩剧	hánjù
해적판	盗版	dàobǎn
정품	正版	zhèngbǎn
고화질	高清画质	gāoqīng huàzhì

1. 들려주는 내용을 듣고 다음 빈칸을 채워보세요.　　　🎧 Track **40**

A　这个星期天你陪我去看电影，行吗？

B　当然，你想看什么电影？

A　张艺谋导演的 《满城尽带黄金甲》，主演是周润发和巩俐，
　　而且片名＿＿＿＿ 《皇后花》 在韩国全国上映。

B　他导演的电影我看过＿＿＿＿＿＿，＿＿＿＿看＿有不同的感觉。

A　你说在点子上了。 听说中国大陆票房已经达到3亿人民币了。

B　不愧是张艺谋。 他的作品＿＿＿＿《皇后花》＿＿＿＿，＿＿＿有《英雄》、
　　《活着》、《一个都不能少》等等。 其中《活着》是他的一部唯一被禁的
　　作品，你看过吗？

A　没有，＿＿＿＿听说过＿＿＿＿，你也看过吗？

B　以前我在网上下载看过的，你没下载过吗？

A　我在韩国的时候，下载过＿＿＿＿＿＿，可是在中国＿＿＿＿＿＿＿下载过。

2. 본문의 내용을 생각하면서 다음 질문에 대답해보세요.

1)　女的这个星期天想干什么？

2)　张艺谋导演的电影有哪些？

3)　男的觉得张艺谋的作品怎么样？

4)　女的在中国下载过电影吗？

第一部分

※ 제시된 단어가 들어갈 알맞은 위치를 고르세요.

1. 我 A 太累 B 了，咱们找 C 个地方休息 D 吧。

   一下儿

2. 他帮 A 过 B 我 C 大忙 D。

   几次

第二部分

※ 빈칸에 들어갈 알맞은 단어를 보기에서 고르세요.

1. 我不是不喜欢你，_____想回家休息罢了。

   A. 还是　　　　　　　　B. 只是

   C. 但是　　　　　　　　D. 要是

2. 我来中国以后，________见过他。

   A. 没一次也　　　　　　B. 一没次也

   C. 一次也没　　　　　　D. 也一次

제1부분

1. 咱们找 C / 个地方　休息 一下儿 吧。
　　　　　동사1 (一)양사　　　동사2　수량사

제시어 一下儿은 짧은 시간을 나타내는 동량보어이다. 동량보어의 자리는 동사 뒤이므로 C, D가 가능한데 C 뒤에 이미 양사 个가 있다. 중국어에서 두 개의 다른 양사가 한꺼번에 올 수는 없으므로 정답은 D가 된다.

정답　D
해석　나 너무 피곤해, 우리 어디 가서 좀 쉬자.

동태조사(了 / 着 / 过)는 동사 뒤에 찰싹 붙이자

2. 他 帮 A 过 B 我 几次 大 忙 D。
　　　　　　　　　　　　　　　帮忙 돕다(이합사)

　　동사 ＋ 대명사
　　: 목적어가 대명사이므로, 동량보어는 목적어 뒤에!

문제에 동량사 几次가 나오면 거의 동량보어와 목적어의 어순을 찾는 문제이다. 이 문제의 열쇠는 목적어 我이다. 목적어가 대명사일 때 동량보어는 목적어 뒤에 자리하므로 정답 C를 고를 수 있다.

정답　C
해석　그는 나를 여러 번 도와준 적이 있다.
단어　帮忙 bāng máng 동 돕다

제2부분

1. 我不是不喜欢你，只是想回家休息罢了。
　　　　　　　　　　　　　단지 ~할 뿐이다

A, B, C, D 모두 是자로 끝나서 헷갈릴 것 같지만, 문제의 힌트는 문미의 罢了에 있다. 罢了 앞에 호응하여 '단지 ~할 뿐이다'라는 뜻을 나타내는 단어들은 只不过 / 只 / 不过 등이 있으므로 정답은 B를 고를 수 있다.

A. 还是 háishi 부 ~하는 것이 낫겠다 / A 还是 B? 접 A이냐 아니면 B이냐

B. 只是 zhǐshì 부 단지

C. 但是 dànshì 접 그러나

D. 要是 yàoshi 접 만약에

정답　B
해석　나는 네가 싫어서가 아니라, 단지 집에 가서 쉬고 싶을 뿐이야.

2. 我来中国以后，一 次 也没见过他。
　　　　　　　　　一 양사 也 没 동사
　　　　　　　　　한번도 본 적이 없다

보기 문장에 동량사 次, 수사 一와 부사 也, 没가 보인다. 그렇다면 이 문제는 '한 번도 ~하지 않는다'라는 강한 부정형을 묻는 문제이다. [一 ＋ 양사 ＋ 也 / 没 ＋ 동사]의 순서로 맞추면 정답은 C가 된다.

정답　C
해석　내가 중국에 온 이후로, 한 번도 그를 본 적이 없다.

HSK 그것이 알고 싶다

종합 영역을 위해서 따로 공부해야 하나?
초중등 HSK의 마지막 영역이 종합입니다. 1부분은 단문으로 구성된 지문이 제시되고, 문장 속 빈칸에 알맞은 단어를 보기에서 고르는 문제입니다. 대부분 술어나 목적어를 쓰게 출제되는데 힌트가 되는 부분이 반드시 지문 속에 있으므로 전체적인 글의 흐름을 파악해야 합니다. 2부분은 문장 속 빈칸에 들어갈 어휘를 직접 씁니다. 평소에 자주 쓰면서 연습을 하는 것이 중요한데 이미 알고 있는 단어여도 막상 시험을 보면 획 하나, 점 하나가 헷갈려 틀리기도 하거든요. 종합의 난관을 잘 극복하려면 독해를 공부하면서 모르는 단어의 뜻과 함께 자주 짝을 이루는 단어들을 함께 알아두는 게 좋습니다.

车被撞了。
人没受伤就没事了。
幸好我没受伤。
公安
开车时，除非清醒开车，否则会害了自己，也会害了别人。

Part 11

교통사고

我在路上发生了交通事故。

Track **41**

A 喂？金部长，我在路上发生了交通事故，车被撞了。❶
Wéi? Jīn bùzhǎng, Wǒ zài lùshang fāshēng le jiāotōng shìgù, chē bèi zhuàng le.

B 天啊，你怎么样？受伤了没有？
Tiān'a, nǐ zěnmeyàng? Shòu shāng le méiyǒu?

A 幸好我没受伤，❷只是车被撞坏了。
Xìnghǎo wǒ méi shòu shāng, zhǐshì chē bèi zhuànghuài le.

（A 回到公司了）
A Huídào gōngsī le

B 你怎么回事儿？
Nǐ zěnme huí shìr?

A 有一位老大娘突然过马路，我踩了急刹车，可是我后面的车
Yǒu yíwèi lǎodàniáng tūrán guò mǎlù, wǒ cǎi le jí shā chē, kěshì wǒ hòumiàn de chē
撞上了我的车。
zhuàngshang le wǒ de chē.

B 那么那位老大娘怎么样了？没被撞着吗？
Nàme nà wèi lǎodàniáng zěnmeyàng le? méi bèi zhuàngzháo ma?

A 没有，那位老大娘吓坏了，刚才让他儿子接走了。要是我
Méiyǒu, nà wèi lǎodàniáng xiàhuài le, gāngcái ràng tā érzi jiē zǒu le. Yàoshi wǒ
慢点儿刹车，问题就大了。❸
màndiǎnr shā chē, wèntí jiù dà le.

B 人没受伤就没事了。❹警察来处理了吗？
Rén méi shòu shāng jiù méi shì le. Jǐngchá lái chǔlǐ le ma?

A 来了，那位司机酒后开车，被警察带走了。
Lái le, nà wèi sījī jiǔhòu kāi chē, bèi jǐngchá dàizǒu le.

B 开车时，除非清醒开车，否则会害了自己，
Kāi chē shí, chúfēi qīngxǐng kāi chē, fǒuzé huì hài le zìjǐ,
也会害了别人。❺你多休息一会儿吧。❻
yě huì hài le biéren. Nǐ duō xiūxi yíhuìr ba.

A 여보세요? 김 부장님, 제가 길에서 교통사고가 났어요. 차가 부딪혔어요.

B 세상에, 자넨 어떤가? 다쳤나?

A 다행히 다치지 않았고, 단지 차가 망가졌어요.

(A가 회사로 돌아왔다)

B 어떻게 된 일인가?

A 어떤 할머니가 갑자기 길을 건너서, 제가 급 브레이크를 밟았지만, 뒷차가 제 차와 부딪혔어요.

B 그러면 그 할머니는 어떻게 되었나? 안 부딪혔나?

A 안 부딪혔는데, 그 할머니가 많이 놀랐어요. 방금 그 아들이 모셔갔습니다.
만약에 조금만 더 늦게 브레이크를 밟았어도 문제가 커졌을 거예요.

B 사람 안 다쳤으면 됐네. 경찰이 와서 처리했나?

A 네, 그 운전자가 음주 운전이라 경찰한테 잡혀갔습니다.

B 운전할 때, 맑은 정신으로만 해야지, 그렇지 않으면
자신도 다치고 다른 사람도 다치게 할 수 있다고.
자네는 좀더 쉬게.

단어 &

🎧 Track **42**

部长 bùzhǎng 몡 부장

路上 lùshang 몡 길

发生 fāshēng 동 발생하다, 일어나다

交通事故 jiāotōng shìgù 교통사고

撞 zhuàng 동 충돌하다

受伤 shòu shāng 동 상처를 입다

幸好 xìnghǎo 뷔 다행히

怎么回事 zěnme huí shì 어떻게 된 일이야? 웬일이야?

位 wèi 양 (사람의 수를 세는 단위) 분

老大娘 lǎodàniáng 몡 할머니

突然 tūrán 뷔 갑자기

过马路 guò mǎlù 길을 건너다

踩 cǎi 동 밟다

急刹车 jí shā chē 몡동 급 브레이크(를 걸다)

撞上 zhuàngshang 부딪히다

吓坏了 xiàhuài le 심하게 놀라다

刚才 gāngcái 몡 방금

让 ràng 전 …에게 ～당하다

接 jiē 동 마중하다, 인계하다

要是 yàoshi 전 만약 ～라면

慢点儿 màndiǎnr 동 좀 느리게

刹车 shā chē 동 브레이크를 걸다

没事 méi shì 아무일 없다, 괜찮다

警察 jǐngchá 몡 경찰관

酒后开车 jiǔhòu kāi chē 음주 운전

带走 dàizǒu 동 가지고 가다

除非 chúfēi 접 오직 …해야만 ～하다

清醒 qīngxǐng 형 (머리가) 맑고 깨끗하다

否则 fǒuzé 접 만약 그렇지 않으면

害 hài 동 해를 끼치다, 해치다

01 ···被 / 给 / 叫 / 让 + 목적어 + 동사 + 기타성분

我在路上发生了交通事故，车被撞了。
Wǒ zài lùshang fāshēng le jiāotōng shìgù, chē bèi zhuàng le.

제가 길에서 교통사고가 나서 차가 부딪혔어요.

피동 전치사 被 / 叫 / 让 / 给 등을 사용하여 피동문을 만듭니다. 이때 전후 상황이나 상식적으로 봤을 때 누구에게 당했는지 알 수 있으면 被와 给는 뒤의 목적어를 생략할 수 있습니다. 하지만 让은 뒤에 오는 목적어를 생략할 수 없습니다.

车被撞坏了。(목적어 생략)	차가 부딪혀 망가졌어요.
钱包被偷走了。(목적어 생략)	지갑을 도둑 맞았어요.
早起的虫子被鸟吃掉。(목적어 鸟)	일찍 일어나는 벌레는 새에게 잡아먹힌다.
刚才让他儿子接走了。(목적어는 他儿子)	방금 그 아들이 데려갔어요.

잠깐! 부정을 나타내는 부정부사 不, 没와 능원동사, 시간사는 被 앞에 놓습니다.

> ··· 被 / 给 / 叫 / 让 + 목적어 + 동사 + 기타성분
>
> 부정부사(不 / 没), 능원동사, 시간사

没被撞着吗? 　　　　　　　　　안 부딪혔어?

단어
钱包 qiánbāo 명 지갑 | 偷走 tōu zǒu 훔쳐가다 | 虫子 chóngzi 명 벌레 | 鸟 niǎo 명 새

한 걸음 더!
어법편 p.257 피동문 참조
주어의 의지와 상관없이 어떤 상황을 당하게 되었음을 나타내는 문장을 피동문이라고 합니다.
被와 함께 동사 앞 给가 쓰여 피동의 뜻을 강조해 주기도 하는데 이런 给는 쓰든 안 쓰든 의미의 차이는 없습니다.

02 幸好(幸亏 / 好在)

幸好我没受伤，只是车被撞坏了。
Xìnghǎo wǒ méi shòu shāng, zhǐshì chē bèi zhuànghuài le.

다행히 전 안 다쳤고요, 단지 차가 부딪혀 망가졌어요.

幸好 / 幸亏 / 好在는 모두 '다행히도, 운 좋게도'라는 뜻을 나타내는 어기부사로 주어 앞에 위치할 수 있습니다.

幸亏你在我身边，我这一辈子这样幸福。
다행히 네가 내 옆에 있어서, 내 이 일생이 이렇게 행복해.

好在我有先见之明，你没有错过机会。
다행히 내가 선견지명이 있어서, 네가 기회를 놓치지 않았던 거야.

幸好没买车，否则汽油费这么高，让我怎么办?
차를 사지 않아 다행이지, 안 그러면 기름값이 이렇게 높은데, 나더러 어쩌라고?

단어
身边 shēnbiān 명 신변, 내 곁 | 一辈子 yíbèizi 명 일생 | 幸福 xìngfú 형 행복하다 | 先见之明 xiānjiàn zhīmíng [성] 선견지명 | 错 cuò 동 (기회를) 놓치다 | 油费 yóufèi 기름값

03 要是…(的话), (주어)就~

要是我慢点儿刹车，问题就大了。
Yàoshi wǒ màn diǎnr shā chē, wèntí jiù dà le.

만약에 조금만 더 늦게 브레이크를 밟았어도 문제가 커졌을 겁니다.

要是는 뒤의 就와 호응하여 '만약 ~하면 …하다'라는 가정의 의미를 나타냅니다. 要是 뒤에는 절이나 명사가 올 수 있으며, 앞절 끝에 的话와 호응하기도 합니다. 要是는 주어의 앞뒤 모두 위치할 수 있지만, 就는 뒷절에 주어가 있으면 반드시 주어 뒤에 두어야 합니다.

要是他参加，我也就参加。　　만약에 그가 참석하면, 나도 참석해.
要是别人，这件事就失败了。　　만약에 다른 사람이었다면, 이 일은 실패했을 거야.
你要是愿意的话，我就永远爱你。　　네가 만약에 원한다면, 난 영원히 널 사랑할게.
要是妈妈问的话，你就回答我正在学习。
만약에 엄마가 물으면, 넌 내가 공부하는 중이라 대답해.

단어
失败 shībài 동 패배하다 | 愿意 yuànyi 동 바라다, 원하다

한 걸음 더!
어법편 p.279 가설 관계 복문 참조
접속사 如果와 같은 의미지만 要是는 주로 회화체에 사용합니다.

04 …就没事了

人没受伤就没事了。
Rén méi shòu shāng jiù méi shì le.

사람 안 다쳤으면 됐어요.

'~라면 됐어, 괜찮아'라는 의미로 …就没关系了와 같은 표현입니다.

你说没事就没事了。　　네가 괜찮다면 됐어.
过了明天，就没关系了吧。　　내일 지나면 괜찮겠지.
你闭嘴就没事了。　　네가 입만 다물면 돼.

단어
闭嘴 bì zuǐ 입을 다물다

05　除非 A, 否则(要不然 / 不然) B

除非清醒开车，**否则**会害了自己，也会害了别人。
Chúfēi　qīngxǐng kāi chē，　fǒuzé　huì hài le　zìjǐ，　yě huì hài le　biéren.

맑은 정신으로 운전을 해야지, 그렇지 않으면 자신도 다치고 다른 사람도 다치게 할 수 있죠.

除非는 접속사로 뒤에는 항상 유일한 조건이 따라나옵니다. 否则 / 要不然 / 不然 등과
자주 호응하여 '오직 A이어야만 하지, 그렇지 않으면 B이다'라는 의미를 나타냅니다.

> **除非**遇到很大的问题，**否则**不会离开公司。
> 큰 문제에 부딪히지만 않으면, 회사를 떠나지 않을 것이다.
>
> **除非**你做到我的意见，**要不然**此事永远没完。
> 네가 내 의견에 따라야지, 그렇지 않으면 이 일은 영원이 안 끝난다.
>
> **除非**太阳从西边出来，**不然**我不会离开你。
> 태양이 서쪽에서 뜨지 않으면, 나는 너를 떠나지 않을 것이다.

<단어>
遇到 yù dào 동 (우연히)
만나다 | 离开 líkāi 동 떠
나다, 벗어나다

<한 걸음 더!>
* 除非(只有) A 才 B
除非가 뒷절에 才(cái 그
제서야, 가까스로)와 호응
하면 '오직 A해야만 비로
소 B이다'라는 의미를 나
타냅니다.

06　1음절 형용사 + 동사 + 수량사

你**多**休息**一会儿**吧。
Nǐ　duō　xiūxi　yíhuìr　ba.

자네 **좀더** 쉬게.

早 / 晚 / 多 / 少와 같은 1음절 형용사들이 '조금'이라는 뜻의 수량사와 함께 동사를 수식할
때는 1음절 형용사를 동사 앞에 두고, 수량사는 동사 뒤에 써서 '조금 …하게 ~하다'라는
의미를 나타냅니다. 만약 동사의 목적어가 있을 때는 수량사 뒤에 써야 합니다.

<단어>
笔 bǐ 명 펜

> 多一会儿休息吧。(×) → 多休息一会儿吧。(○)　　잠시 (동안) 더 쉬어요.
> 多点儿吃饭。(×) → 多吃点儿饭。(○)　　밥 좀 더 (많이) 먹으렴.
> 少点儿喝酒。(×) → 少喝点儿酒。(○)　　술 좀 적게 마셔.

보너스 **트랙**　　회화에 이어지는 숨겨진 히든 스토리~　　🎧 Track43

근엄한 김 부장. 교통사고가 난 직원을 안정시켰지만, 경찰에게 좀 봐달라고 애교를 떨던 자신의 부끄러운 과거가 떠올랐다.

A 你没系好安全带，请给我看您的驾驶证。
　　Nǐ méi jì hǎo ānquándài，　qǐng gěi wǒ kàn nín de jiàshǐzhèng.

B 请放我一马。
　　Qǐng fàng wǒ yì mǎ.

A 안전벨트 안 매셨습니다. 운전면허
　　증 보여주시죠.

B 좀 봐주세요.

系 jì 동 묶다, 매다 | 驾驶证 jiàshǐzhèng 명 운전면허증 | 放马 fàng mǎ 속 놔주다

* 교통사고에 관련된 신문 기사의 일부입니다. 본문의 내용과 구문을 생각하며 읽어보세요.

30日上午望京桥6车相撞

据新华社北京7月30日电（记者 李忠将）位于北四环内环主路望京桥上，30日上午发生6车相撞的严重交通事故，造成1人死亡，5人受伤。

事故发生在早上8时30分左右，一辆小巴的司机违反速限，撞了前面一辆车，尾随的4辆车刹车不及向前撞去。 目前小巴的司机已被警方拘留。

단어 & 구문

据 jù 전 ～에 따르면

新华社 Xīnhuáshè 명 신화사(중국 통신사)

电 diàn ～발

记者 jìzhě 명 기자

李忠将 Lǐ Zhōngjiāng 고유 리 종장

位于 wèiyú 동 (어떤 지역에) 위치하다

北四环 Běisìhuán 북사환선(베이징교통행정명)

内环 nèihuán 내환선

主路 zhǔlù 주로

望京桥 Wàngjīngqiáo 고유 왕징교(다리)

相撞 xiāng zhuàng 서로 부딪히다

严重 yánzhòng 형 심각하다, 엄중하다

造成 zàochéng 동 (좋지 않은 일을) 야기하다, 초래하다

死亡 sǐwáng 동 사망하다

小巴 xiǎobā 명 소형버스

违反 wéifǎn 동 위반하다

速限 sùxiàn 속도 제한

尾随 wěisuí 동 뒤를 따르다

不及 bùjí 동 미치지 못하다, (시간적으로) ～할 수 없다

向 xiàng 전 ～을 향해(서)

警方 jǐngfāng 명 경찰 측

拘留 jūliú 동 구류하다

新闻 이란?

新闻 xīnwén은 신문 기사나 뉴스를 말합니다. 중국의 기사글에서 쓰이는 용어는 일반 회화에서 쓰이는 단어들과 조금 차이가 있습니다. 글에서 쓰는 말인 서면어(书面语)가 많아 처음에는 용어가 생소하고 한자도 어렵지만, 특정분야의 전문 어휘를 제하면 자주 쓰이는 용어들과 문장 구조이기 때문에 짧은 기사부터 조금씩 읽다 보면 어느 정도 문장을 파악할 수 있습니다.

* 본문에서 배운 표현들을 떠올리며 문장을 끊어서 해석해보세요.

据新华社北京7月30日电　位于北四环内环主路望京桥上，30日上午发生

[전] ~에 따르면　　~발　~에 위치하다　　　~의 위에　　　[동] 발생하다

신문 첫 글귀에 근거가 되는　　　출처, 날짜 뒤에 쓰이는 신문용어
기사의 출처와 날짜를 밝힘

(6车相撞的)严重交通事故，造成1人死亡，5人受伤。

6종 추돌의 심각한 교통사고

事故发生在早上8时30分左右，一辆小巴的司机 / 违反速限，撞了前面一辆

发生 + 在… ~에(서) 발생하다　　　　　주어　　술어　　　술어

车，尾随的4辆车 / 刹车不及向前撞去。目前小巴的司机 已 被警方拘留。

주어　　　　　전치사구　　　현재　　　주어　已经　피동구 : 경찰에 구류되다

신화사 베이징 7월 30일 소식. 북4환(北四环)내환선(内环)주로(主路)의 왕징교(望京桥)에서, 30일 오전 6중 추돌의 심각한 교통사고가 발생하여, 한 명이 사망하고 다섯 명이 다쳤다.
사고는 오전 8시 30분쯤에 일어났다. 한 미니버스의 운전사가 속도 위반으로 앞차를 들이박았고, 이어 뒤따르던 4대의 차가 급 브레이크를 밟았으나 미처 멈추지 못하고 앞으로 들이박았다. 지금 미니버스의 기사는 이미 경찰 측에 의해 구류되었다.

사진 속 숨은 **단어찾기**

중국도 자동차가 점점 많아져서 대도시 큰 도로에는 주로 차들이 다니지만 조금만 벗어나도 차와 자전거, 오토바이, 사람 등이 한데 엉켜서 다니는 모습을 종종 볼 수 있습니다. 워낙 자전거가 많다 보니 자전거용 전용 도로와 신호등도 있을 정도입니다.

도로	公路	gōnglù
신호등	红绿灯	hónglǜdēng
횡단보도	人行横道	rénxínghéngdào
오토바이	摩托车	mótuōchē

1. 들려주는 내용을 듣고 다음 빈칸을 채워보세요.　　　　　　Track**44**

A 喂？金部长，我在路上发生了交通事故，车___撞了。

B 天啊，你怎么样？受伤了没有？

A ______我没受伤，只是车___撞坏了。

B 你怎么回事儿？

A 有一位老大娘突然过马路，我踩了急刹车，可是我后面的车撞上了我的车。

B 那么那位老大娘怎么样了？______撞着吗？

A 没有，那位老大娘吓坏了，刚才___他儿子接走了。______我慢点儿刹车，问题___大了。

B 人没受伤__________。警察来处理了吗？

A 来了，那位司机酒后开车，___警察带走了。

B 开车时，_____清醒开车，_____会害了自己，也会害了别人。
你___休息_______吧。

2. 본문의 내용을 생각하면서 다음 질문에 대답해보세요.

1) 现在发生了什么事儿？

2) 有没有受伤的人？

3) 那位老大娘受伤了没有？

4) 我们应该怎么开车？

第一部分

※ 제시된 단어가 들어갈 알맞은 위치를 고르세요.

1.　到上海的人 A 都 B 会 C 吸引住 D 。

　　　　　　被那里的风光

2.　A 你今天放假，B 我们 C 才 D 能出去玩儿。

　　　　　　幸好

第二部分

※ 빈칸에 들어갈 알맞은 단어를 보기에서 고르세요.

1.　他重新＿＿＿＿选为美国总统了。

　　A.　是　　　　　　　　　B. 被

　　C.　使　　　　　　　　　D. 让

2.　＿＿＿＿他同意，＿＿＿＿我们不能把这些钱借给你。

　　A.　除非……要不然　　　B. 只有……就

　　C.　与其……不如　　　　D. 尽管……却

제1부분

1. 到上海的人 A 都 B 会　C　吸引　住 D 。

주어　　　부사　능원동사↑　동사 + 결과보어 : 동사구

被那里的风光

吸引住라는 익숙하지 않은 단어가 문제에 나와도 당황하지 말자. 어법 1파트에 제시 단어로 被가 나오면, 문장 속에서 부정부사, 능원동사, 시간사를 먼저 찾는다. 본문에서 언급했듯이 被는 부정부사, 능원동사, 시간사 뒤에 위치한다. 따라서 이 문제에서는 능원동사 会가 있으므로 그 뒤인 C가 정답이 될 수 있다.

정답 C

해석 상하이에 간 사람들은 모두 그곳의 풍경에 사로잡힐 것이다.

단어 吸引 xīyǐn 동 끌어당기다, 끌어들이다 | 风光 fēngguāng 명 경치, 풍경

2. A　你 今天放假，/ B 我们 C 才 D 能出去玩儿。

↑　주어1

幸好

부사는 일반적으로 동사(구)앞, 전치사구가 있다면 전치사구 앞에 두면 된다. 그런데 일부 부사들은 주어 앞으로 올 수도 있는데 그 대표적인 것이 이번 과에서 배운 幸好이다.

정답 A

해석 다행히 당신이 오늘 휴가라서 우리가 놀러 나갈 수 있군요.

제2부분

1. 他重新 被 选为美国总统了。

동사 (~으로 선출되다)

A, B, C, D는 모두 동사로 쓰일 수 있는 단어이다. 문제의 힌트는 동사 选为이다. 빈칸이 选为 바로 앞에 위치하므로 동사 앞에 놓일 수 있는 것은 被밖에 없다.
동사 选为가 나오면 피동문이거나 把자문일 경우가 많다. 만약 '…가 ~으로 선출되다'라는 의미이면 피동문(被자문)이 되고, '…가 ~를 …으로 선출했다'라는 문장이 되면 처치의 전치사 把가 필요하다. 하지만 이 문제의 보기에는 把가 보이지 않으므로 피동문임을 알 수 있다.

정답 B

해석 그는 다시 한 번 미국의 대통령으로 선출되었다.

단어 重新 chóngxīn 부 다시, 한 번 더 | 总统 zǒngtǒng 명 총통, 대통령

2. 除非他同意，要不然我们不能把这些钱借给你。

그가 동의하다(조건)　　　　　돈을 빌려줄 수 없다

A, B, C, D 중에서 B는 잘못된 조합으로 只有와 어울리는 단어는 才가 와야 한다. 앞뒤 문장의 관계를 보면 앞절의 조건을 만족시키지 않으면 뒷절이 이루어지지 않는다는 의미의 A를 정답으로 찾을 수 있다. D는 却가 부사이므로 주어 我们의 앞에 올 수 없기 때문에 정답이 될 수 없다.

A. 除非 A 要不然 B chúfēi A yàoburán B A여야만 하지 그렇지 않으면 B이다

B. 只有 A 就 B (×) → 只有 A 才 B zhǐyǒu A cái B (○) 오로지 A 만이 B이다

C. 与其 A 不如 B yǔqí A bùrú B A하는 것은 B만 못하다(A하느니 차라리 B하겠다)

D. 尽管 A 却 B jǐnguǎn A què B 비록 A이나 B이다

정답 A

해석 그가 동의하지 않으면, 우리는 이 돈을 너에게 빌려줄 수 없다.

단어 这些 zhèxiē 대 이것들 | 借 jiè 동 빌리다

HSK 그것이 알고 싶다

중국어 공부와 슬럼프

중국어를 배우는 많은 학생들이 처음 발음과 성조의 고비를 넘기고 나면 중국어 공부에 재미를 느낍니다. 하지만 그 다음, 어법을 접하게 되면서 슬럼프에 빠지기 쉽습니다. 중국어 어법 사항에는 예외가 많아서 모든 게 딱딱 맞아떨어지는 건 아니기 때문이죠. 그렇다고 중국어를 영어나 한국어 어법에 맞춰 이해하려고 하면 실패합니다. 이런 중국어 슬럼프를 극복하기 위해서는 평소 중국에 관심을 갖고 중국 사람들의 문화와 사고방식을 이해하는 것이 좋습니다. 하지만 우리 생각으로는 도저히 이해가 안 된다면, 그냥 외워버리세요. 외운 것들이 쌓이면 실력이 되고, 어느새 중국어에 대한 감이 생길 것입니다.

康培尔
西服
文光明钟华商店
茂昌眼镜公司
MAOCHANG
上海第一食品商店
上海外贸用品公司
比广州大得多。
只有你自己去看看风景，才能体会到南方多么美丽。
麦当劳

여행하기

我打算去上海和广州旅行。

A 中国是怎样划分南北方的呢？
Zhōngguó shì zěnyàng huàfēn nánběifāng de ne?

B 中国以长江为界，以北为北方，以南为南方。❶ 对了，只要
Zhōngguó yǐ Chángjiāng wéi jiè,　yǐ　běi wéi běifāng,　　yǐ　nán wéi nánfāng.　　Duì le,　　zhǐyào

等两个星期，就放假了，❷ 听说你要去南方旅行，是吗？
děng liǎng ge xīngqī,　　jiù fàng jià le,　　tīngshuō nǐ yào qù nánfāng lǚxíng,　　shì ma?

A 是的，我打算去上海和广州旅行。
Shì de　　wǒ dǎsuan qù Shànghǎi hé Guǎngzhōu lǚxíng.

B 上海是中国的金融城市。 比广州大得多。❸ 人口有1300多万。
Shànghǎi shì Zhōngguó de jīnróng chéngshì. Bǐ Guǎngzhōu dà de duō.　　Rénkǒu yǒu yìqiān sānbǎi duōwàn.

A 旅游的时候，我想顺便买点东西， 广州的东西便宜还是
Lǚyóu de shíhou,　　wǒ xiǎng shùnbiàn mǎi diǎn dōngxi, Guǎngzhōu de dōngxi piányi háishì

上海的东西便宜？
Shànghǎi de dōngxi piányi?

B 广州更贵，比北京贵一倍左右，比上海贵三分之一左右。
Guǎngzhōu gèng guì, bǐ Běijīng guì yí bèi zuǒyòu,　　bǐ Shànghǎi guì sān fēn zhī yī zuǒyòu.

A 我们班同学们当中你最了解南方，你觉得哪个城市最漂亮？
Wǒmen bān tóngxuémen dāngzhōng nǐ zuì liǎojiě nánfāng,　nǐ　juéde　nǎge chéngshì zuì piàoliang?

B 我到过的城市一个比一个漂亮。那儿的风景再好不过了。❹
Wǒ dàoguo de chéngshì yí ge bǐ yí ge piào liang. Nàr　　de fēngjǐng zài hǎo bú guò le.

只有你自己去看看风景，才能体会到南方多么美丽。❺
Zhǐyǒu nǐ　zìjǐ　qù kànkan fēngjǐng,　　cái néng tǐhuì　dào nánfāng duōme měilì.

A 好，我明天就去订票。
Hǎo,　　wǒ míngtiān jiù qù dìng piào.

A 중국은 남방과 북방을 어떻게 구분하지?

B 중국의 장강을 경계로 북쪽을 북방으로 하고, 남쪽을 남방으로 해 .
참, 2주만 있으면 방학인데, 너 남방 여행 가려고 한다며?

A 응, 난 상하이와 광저우로 여행 갈 계획이야.

B 상하이는 중국의 금융도시이지, 상하이는 광저우에 비해서 많이 커. 상하이 인구가 1300여만 명에 이르거든.

A 여행 간 김에 나는 물건 좀 사고 싶은데, 광저우 물건이 싸니 아니면 상하이 물건이 싸니?

B 광저우가 훨씬 비싸, 베이징보다 두 배는 비싸고, 상하이에 비해서는 1/3 정도가 비싸.

A 우리 반에서 네가 제일 남방을 잘 알잖아, 네 생각에는 어느 도시가 가장 아름다운 것 같아?

B 내가 가본 도시들은 모두 하나같이 아름다웠어. 그곳의 풍경은 정말 최고로 좋았지.
네가 직접 가서 풍경을 좀 봐야지만 남방이 얼마나 아름다운지 몸소 느낄 수 있을 거야.

A 좋아, 내일 표 예매하러 가야겠다.

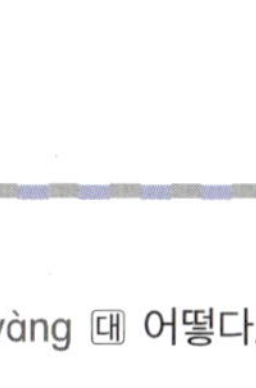

怎样 zěnyàng 대 어떻다, 어떠하다(= 怎么样)	人口 rénkǒu 명 인구
划分 huàfēn 동 가르다	倍 bèi 양 배 (중국어의 一倍는 우리의 두 배와 같은 의미입니다)
南北方 nán běi fāng 명 남쪽과 북쪽	左右 zuǒyòu 명 가량
以…为~ yǐ…wéi~ …를 ~로 삼다	三分之一 sān fēn zhī yī 1 / 3 (3분의 1)
长江 Chángjiāng 고유 장강	班 bān 명 반
界 jiè 명 경계	当中 dāngzhōng 그 가운데
只要…就 zhǐyào…jiù …하기만하면 ~하다	到 dào 동 도착하다, 이르다
放假 fàng jià 동 방학하다	一个比一个 yí ge bǐ yí ge 하나하나 전부 (다)
打算 dǎsuan 동 ~할 계획이다	只有…才 zhǐyǒu…cái 오로지 …하는 것만이 ~하다
广州 Guǎngzhōu 고유 광저우	体会 tǐhuì 동 체험하다, 몸소 느끼다
旅行 lǚxíng 동 여행하다	多么 duōme 부 얼마나
金融 jīnróng 명 금융	美丽 měilì 형 아름답다
城市 chéngshì 명 도시	订票 dìng piào 동 표를 예약하다
比 bǐ 전 ~에 비해	

단어 &

01 以 A 为 B

中国以长江为界，以北为北方，以南为南方。
Zhōngguó yǐ Chángjiāng wéi jiè,　yǐ běi wéi běifāng,　yǐ nán wéi nánfāng.
중국의 장강을 경계로 북쪽을 북방으로 하고, 남쪽을 남방으로 해 .

以는 서면어로 '~을 가지고, ~로써'라는 의미이며, 为는 '~로 되다'라는 의미입니다. 두 단어가 以 A 为 B의 형식으로 쓰여 'A를 B로 삼다, 여기다'라는 뜻을 나타냅니다.

以用户为中心的设计	고객을 중심으로 하는 설계
哪些国家以英语为母语?	어떤 국가들이 영어를 모국어로 삼고 있나?
以人为中心。	사람을 중심으로 하다.

잠깐! 以를 사용한 또 다른 표현인 以 A 为主의 형식은 'A 위주로 하다'라는 뜻을 나타냅니다.

最近每个家庭都以孩子为主。	요즘에는 각 가정이 아이들 위주이다.
出口以OEM为主。	수출은 OEM이 위주이다.

단어
用户 yònghu 명 가입자, 고객 | 设计 shèjì 통 설계하다 | 母语 mǔyǔ 명 모국어 | 出口 chūkǒu 통 수출하다

02 只要 A 就 B

只要等两个星期，就放假了。
Zhǐyào　děng liǎng ge xīngqī,　jiù fàng jià le.
2주만 있으면 방학이야.

A 자리에 필요한 조건이 되는 구절을 넣어 'A 조건만 갖추면 충분히 B할 수 있음'을 나타냅니다. 결과를 이룰 수 있는 최소한의 조건을 의미하므로 다른 조건도 같은 결과를 가져올 수도 있음을 포함합니다.

只要你愿意去，就可以去。	네가 원하기만 하면, 갈 수 있어.
只要他人好，我就嫁给他。	그가 사람만 좋다면, 난 시집가겠어.
只要吃这种药，你的病就能好。	이 약을 먹기만 하면, 네 병은 나을 수 있어.

단어
嫁 jià 통 시집가다

03　비교문에서 정도를 표현하는 형식

比广州大得多。
Bǐ Guǎngzhōu dà de duō.

광저우보다 훨씬 더 커.

---

* 차이가 클 때　　　　　A　比　B ＋ 형용사 ＋ 得多 / 多了

上海比广州　大　　得多(/ 多了)。
상하이는 광저우보다 훨씬 더 크다.

* 차이가 적을 때　　　　A　比　B ＋ 형용사 ＋ 一些 / 一点儿

上海比广州　大　　一些(/ 一点儿)。
상하이는 광저우보다 조금 크다.

* 구체적인 수량일 때　　A　比　B ＋ 형용사 ＋ 구체적 수량

广州比北京　贵　　一倍左右。
광저우는 베이징보다 두 배 정도 비싸다.

* 동작을 비교할 때　　　A　比　B 1음절 형용사 ＋ 동사 ＋ 구체적 수량

他 比 我　早　　来　　十分钟。
그는 나보다 10분 일찍 왔다.

한 걸음 더!

어법편 p.260 비교문 참조

1. 비교문에서 형용사 앞에 很 / 最 / 非常 등은 쓸 수 없습니다. (更은 가능)
ex) 去年比今年更多。
　　작년보다 올해가 더 많다.
2. 비교문의 부정형은 不比 / 没有를 사용합니다.
ex) 今年不比去年多。
　　올해는 작년보다 많지 않다.

04　再를 사용한 최상급

那儿的风景再好不过了。
Nàr de fēngjǐng zài hǎo bú guò le.

그곳의 풍경은 정말 최고로 좋았지.

再를 써서 '~보다 …한 것은 없다(~이 가장 …하다)'라는 뜻의 최상급을 나타낼 수 있습니다.
최상급 표현은 HSK 듣기 영역에서 자주 보이는 표현이므로 잘 익혀둡시다.

* 再 ＋ 형용사 ＋ 不过了(没有了)

今年夏天再热不过了。　올해 여름은 더 이상 더울 수가 없다.
这个再好不过了。　　　이것은 더 좋을 수가 없다.

* 형용사 ＋ 得 ＋ 不能 ＋ 再 ＋ 형용사 ＋ (的)了。→ 정도보어를 이용

好得不能再好了。　　　(좋은 정도가) 더 좋을 수가 없다. (= 최고로 좋다)
急得不能再急了。　　　(급하기가) 더 이상 급할 수가 없다. (= 최고로 급하다)

* 没有 ＋ 比 ＋ 비교대상 ＋ 再(更) ＋ 형용사 ＋ (的)了。→ 비교문을 이용

没有什么比这个再好的了。　무엇도 이것보다 더 좋은 것은 없다. (= 이것이 최고다)
没有人比我更爱你了。　　　나보다 더 너를 사랑하는 이는 없다. (= 내가 제일 사랑한다)

05 只有 A 才 B

只有你自己去看看风景，才能体会到南方多么美丽。
Zhǐyǒu nǐ zìjǐ qù kànkan fēngjǐng, cái néng tǐhuì dào nánfāng duōme měili.

네가 직접 가서 풍경을 좀 봐**야지만** 남방이 얼마나 아름다운지 느낄 수 있**을 거야**.

A 자리에 유일한 조건이 되는 구절을 넣어 'A 조건을 갖추어야지만 B할 수 있음'을 나타내어 결과를 이루기 위한 조건이 하나뿐임을 의미합니다. 只有 자리에는 除非chúfēi를 사용하여 나타낼 수도 있습니다.

단어

下班 xià bān 통 퇴근하다 | 改变 gǎibiàn 통 바뀌다 | 性格 xìnggé 명 성격

只有你帮我忙，我今晚才能下班.　네가 날 도와줘야지만 나는 오늘 밤에 퇴근할 수 있어.
除非改变你的性格，她才喜欢你.　네 성격을 바꿔야지만 그녀가 널 좋아할거야.

잠깐! 핵심구문 02의 只要 A 就 B 형식과 헷갈린다면 아래의 두 문장을 비교해봅시다.

只要吃这种药，你的病就能好.　이 약을 먹기만 하면, 네 병은 나을 수 있어.(다른 약도 ○)
只有吃这种药，你的病才能好.　이 약을 먹어야지만, 네 병이 나을 수 있어.(다른 약은 ×)

보너스 트랙　회화에 이어지는 숨겨진 히든 스토리~　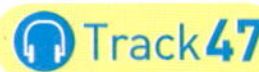 Track**47**

직접 가봐야 그 감동을 느낄 수 있다 이거지?! 아! 잠깐, 남방은 특히 사투리가 심하다던데 내 짧은 중국어, 이 마저도 안 통하면 어쩌란 말인가?!!

A　我听说上海话跟普通话不一样，很难懂，是吗?
Wǒ tīngshuō Shànghǎihuà gēn Pǔtōnghuà bù yíyàng, hěn nándǒng, shì ma?

B　是的，但是你放心吧. 70%以上的人都会说
Shì de, dànshi nǐ fàng xīn ba. Bǎi fēnzhī qīshí yǐshàng de rén dōu huì shuō

普通话.
Pǔtōnghuà.

A　상하이 말과 표준어가 달라서 알아듣기 힘들다는데, 그래?

B　응, 하지만 걱정 마, 70% 이상의 사람들이 표준말을 할 줄 알아.

普通话 Pǔtōnghuà 명 (현대 중국어의) 표준어 | 难懂 nándǒng 형 알기 어렵다 | 以上 yǐshàng 명 이상 | 放心 fàng xīn 통 안심하다 | 70% bǎi fēnzhī qīshí 70 퍼센트

* 기행문 형식의 글입니다. 본문의 내용과 표현을 생각하며 읽어보세요.

以山为伴，以水为歌

　　从南京到上海以后，我们终于决定去杭州旅行。因为上海到杭州坐火车只要两个小时左右就到了。

　　我们5月1号早上8点出发，上午11点就到杭州了。

　　吃过午饭后，去看了西湖。西湖的风景再漂亮也不过了。真是心旷神怡、神清气爽。只有体会过才能这么说"我去过南方旅行了。"

단어 & 구문

伴 bàn 명 동료, 벗, 동반자　　终于 zhōngyú 부 마침내, 결국　　心旷神怡 xīnkuàng shényí 성 마음이 탁 트이고 유쾌하다

南京 Nánjīng 고유 난징　　西湖 Xīhú 고유 시후(호수 이름)　　神清气爽 shénqīng qìshuǎng 성 기분이 상쾌하다

旅行记 란?

旅行记 lǚxíngjì는 기행문이란 뜻으로 游记 yóujì라고 쓰기도 합니다. 쓰는 형식은 우리와 마찬가지로 보통 출발에서 도착까지 경과한 시간 순서대로 씁니다. 특히 중국어에는 성어가 있어서 어떤 정황이나 심리상태를 짧으면서도 정확하고 풍부하게 표현할 수 있기 때문에 감흥이 깊었던 곳을 강조할 때 성어를 종종 사용합니다.

* 본문에서 배운 표현들을 떠올리며 문장을 끊어서 해석해보세요.

以山为伴，以水为歌

A조써(즉)B조 삼다

从南京到上海以后，我们终于 决定 / 去杭州旅行。因为上海到杭州坐火车 /
　　　　　　　　　　　마침내　술어　　　목적절　　　접 왜냐하면

只要两个小时左右就到了。

A이기만 하면 B이다

我们5月1号早上8点出发，上午11点就到杭州了。

吃过午饭后，去看了西湖。 西湖的风景 / 再漂亮也不过了。 真是心旷
　동태조사　　　　　　완료 표시　　　　　　　최상급 표현　　　정말 ～이다

神怡、神清气爽。只有体会过才能这么说"我去过南方旅行了。"

A 하는 것만이 B이다

산을 벗 삼아, 물을 노래 삼아
난징에서 상하이로 온 이후에 우리는 마침내 항저우 여행을 가기로 결정했다. 왜냐하면 상하이에서 항저우까지 기차로 두 시간
이면 바로 도착하기 때문이다.
우리는 5월 1일 아침 8시에 출발하여, 오전 11시에 항저우에 도착했다.
점심을 먹은 후에, 시후를 보러 갔다. 시후의 풍경은 더 이상 아름다울 수가 없었다. 정말 마음이 탁 트이고, 기분이 상쾌했다. 오
직 몸소 느껴봐야지만 이렇게 말할 수 있다. "나는 남방 여행을 간 적이 있노라"고.

중국의 여행사는 旅行社 lǚxíngshè라고 하고 가이드는 导游 dǎoyóu라고 합니다. 대
형 여행사는 지역 곳곳에 지점이 있어 단체나 개인 여행객들을 모집합니다. 사진은
运通여행사의 광고 전단지입니다. 지역별로 가격이 크게 보이네요.

좋고 많아요	好又多	hǎo yòu duō
기차 여행	火车游	huǒchēyóu
하루 추천 관광	一日游推荐	yí rì yóu tuījiàn
3, 4일 추천 관광	三四游推荐	sān sì yóu tuījiàn

회화 연습문제

본문 회화에서 배운 내용을 다시 한 번 들으면서 확인하세요.

1. 들려주는 내용을 듣고 다음 빈칸을 채워보세요.　　🎧 Track **48**

A　中国是怎样划分南北方的呢?

B　中国＿＿长江＿＿界，＿＿北＿＿北方，＿＿南＿＿南方。

　　对了，＿＿＿等两个星期，＿＿放假了，听说你要去南方旅行，是吗?

A　是的，我打算去上海和广州旅行。

B　上海是中国的金融城市。比广州＿＿＿＿＿＿。　人口有1300多万。

A　旅游的时候，我想顺便买点东西，广州的东西便宜还是上海的东西便宜?

B　广州更贵，＿＿北京贵一倍左右，＿＿上海＿＿三分之一左右。

A　我们班同学们当中你最了解南方，　你觉得哪个城市最漂亮?

B　我到过的城市一个＿＿一个漂亮。那儿的风景＿＿＿＿＿＿＿＿。

　　＿＿＿＿你自己去看看风景，＿＿能体会到南方多么美丽。

A　好，我明天就去订票。

2. 본문의 내용을 생각하면서 다음 질문에 대답해보세요.

1)　中国是怎样划分南北方的?

2)　离放假还有多久?

3)　上海的物价比广州的怎么样?

4)　男的觉得哪个城市最漂亮?

第一部分

※ 제시된 단어가 들어갈 알맞은 위치를 고르세요.

1. A 今天 B 比平时 C 来了 D 十分钟。

　　　　　早

第二部分

※ 빈칸에 들어갈 알맞은 단어를 보기에서 고르세요.

1. 金老师比白老师＿＿＿＿＿＿。

A. 大得三岁　　　　　　B. 三岁大

C. 大三岁　　　　　　　D. 三岁大了

2. 现在中国的物价＿＿＿＿＿＿＿＿＿＿。

A. 不比国外物价低　　　B. 比国外物价不低

C. 不低比国外物价　　　D. 比不国物价女低

3. 他喜欢喝酒，＿＿＿＿＿他有钱，＿＿＿＿＿去吧喝一喝。

A. 一……就　　　　　　B. 只要……就

C. 不管……也　　　　　D. 除非……不然

제1부분

1. A 今天 B 比 平时　早　来了 D 十分钟。
　　　A　　　　　B　1음절형용사　동사　구체적 수량

문장 안의 比를 보면 비교문임을 알 수 있다. 제시된 早와 문제의 来를 보고 비교문에서 술어가 1음절일 때의 어순을 묻는 문제임을 파악해야 한다. [1음절 형용사 + 동사 + 구체적 수량(시간)] 순서에 따라 동사 来 앞에 早를 넣어야 한다.

정답 C

해석 오늘은 평소에 비해서 10분 더 일찍 왔다.

제2부분

1. 金老师比白老师　大　三岁。
　　　　　　　　형용사 ＋ 구체적 수량

구체적인 수량을 나타내어 비교할 경우 형용사 뒤에 수량사를 붙여 차이를 나타낼 수 있다. 한국어 어순으로 생각하여 B를 정답하지 않도록 하자.

정답 C

해석 김 선생님은 백 선생님에 비해 세 살이 더 많다.

2. 现在中国的物价 不比 国外物价低。
　　　　　　　　　비교문의 부정형

언뜻 보면 어순이 매우 복잡해 보이지만 이런 문제가 나오면 모든 보기를 다 읽어 보지 말고 문제의 핵심을 찾자. 보기 중에서 比와 不가 보인다. 비교문의 부정형은 不比이므로 여기에 맞는 형식은 A밖에 없다.

정답 A

해석 지금의 중국 물가는 국외에 비해 낮지 않다.

단어 物价 wùjià 몡 물가 | 低 dī 혱 낮다

~하기만 하면 …하다

3. 他喜欢喝酒，只要 他 有钱，就去酒吧喝酒。
　　　　　　　주어 앞 빈칸은 접속사 자리!

A, B, C, D 모두 맞는 조합이므로 빈칸을 보고 앞뒤 문맥을 파악하자. 술을 좋아한다고 했으므로 돈이 생기면 간다는 뜻이다. 그럼 문맥에 따라 정답 후보는 A와 B가 된다. 그러나 앞의 빈칸 뒤에 주어 他가 있으므로 접속사 자리임을 알 수 있다. 따라서 접속사 只要가 나오는 B가 정답이 된다.

A. 一 A 就 B yī A jiù B A하기만 하면 B이다 / A하자마자 B이다
B. 只要 A 就 B zhǐyào A jiù B A하기만 하면 B이다
C. 不管 A 也 B bùguǎn A yě B A를 막론하고(관계없이) 다(그래도) B이다
D. 除非 A 不然 B chúfēi A bùrán B 오로지 A 해야만 하지, 그렇지 않으면 B이다

정답 B

해석 그는 술 마시는 것을 매우 좋아해서, 돈이 생기기만 하면, 술집에 가서 술을 마신다.

HSK 그것이 알고 싶다

중국어 배운 지 2개월 만에 HSK 4급을?
본격적으로 HSK를 공부하다 보면 '누가 겨우 얼마 만에 몇 급을 땄다더라'라는 얘기를 종종 듣게 될 것입니다. 짧은 기간에 높은 급수를 따기란 쉬운 일이 아닙니다. 모든 시험이 그렇겠지만, 이러한 놀라운 결과에는 전제된 것이 있습니다. 본인의 확고한 의지와 공부하면서 흔들리지 않는 뚝심과 노력이죠. 밥 먹고, 자는 시간을 빼면 거의 대부분의 시간을 중국어와 HSK에 쏟아 부었기에 가능한 것입니다.

可能忙不过来，
身体累坏了。
看起来今天你
有什么高兴的
事儿吧。
我的股票又
涨起来了。

Part 13

주식 투자

我的股票又涨起来了。

핵심구문

01 동사 / 형용사 ＋ 起来
02 又…了
03 동사 / 형용사 ＋ 过去 / 过来
04 差点儿(没) ＋ …
05 동사 / 형용사 ＋ 下来

참고어법

01 방향보어의 확장된 의미

A 看起来今天你有什么高兴的事儿吧。❶
Kàn qǐlai jīntiān nǐ yǒu shénme gāoxìng de shìr ba.

B 你真说着了！我的股票又涨起来了。❷ 今晚我请你喝杯酒，
Nǐ zhēn shuōzháo le! Wǒ de gǔpiào yòu zhǎng qǐlai le. Jīnwǎn wǒ qǐng nǐ hē bēi jiǔ,

怎么样？
zěnme yàng?

A 好啊，送上门来的酒还能不喝？唉，你听说过吗？
Hǎo a, sòngshàng mén lái de jiǔ hái néng bù hē? Āi, nǐ tīngshuōguo ma?

小李他昨天上课的时候突然昏过去了，❸ 头差点儿撞到地
Xiǎo Lǐ tā zuótiān shàng kè de shíhou tūrán hūn guòqu le, tóu chà diǎnr zhuàngdào dì

板上。❹
bǎnshang.

B 怎么了，我看他最近一边学习一边打工，可能忙不过来，❸
Zěnme le, wǒ kàn tā zuìjìn yì biān xuéxí yì biān dǎ gōng, kěnéng máng bu guòlai,

身体累坏了。
shēntǐ lèihuài le.

A 没有，听他的同屋说他最近炒股了，前几天股市突然跌下来
Méiyǒu, tīng tā de tóngwū shuō tā zuìjìn chǎo gǔ le, qián jǐtiān gǔshì tūrán diē xiàlai

了❺，可能他的压力太大了。
le, kěnéng tā de yālì tài dà le.

B 噢，原来如此。炒股呀，股市涨，我就卖出去，跌下来，买
Ō, yuánlái rúcǐ. Chǎo gǔ yā, gǔshì zhǎng, wǒ jiù mài chūqu, diē xiàlai, mǎi

就好了嘛。
jiù hǎo le ma.

A 可是听起来很容易，做起来很难。
Kěshì tīng qǐlai hěn róngyì, zuò qǐlai hěn nán.

A 보아하니 오늘 너 무슨 기분 좋은 일 있구나.

B 진짜 잘 맞추네! 내 주식이 또 올랐잖아. 오늘 밤에 내가 한잔 쏠게, 어때?

A 좋아, 갖다 바치는 술을 어찌 마다하리오. 아, 너 들었어?
샤오 리 걔가 어제 수업할 때 갑자기 쓰러졌대. 바닥에 머리를 부딪힐 뻔했다니까.

B 웬일이래, 내 생각엔 걔가 요즘에 공부하면서 아르바이트하더니 아마 너무 바빠
몸이 피곤해서 지친 것 같아.

A 아니야, 걔 룸메이트가 그러는데, 걔가 요즘에 주식을 했다네,
며칠 전에 증시가 갑자기 떨어져서 스트레스가 컸나 봐.

B 아, 원래 그랬었군. 주식 투자는 말이지, 증시가 오르면 내가 팔고,
떨어지면 사면 되는 거야.

A 그렇지만 듣기에는 쉬워도 하려고 하면 어려워.

단어 &

🎧 Track **50**

说着了 shuōzháo le 정곡을 찔렀다(동의의 의미)

股票 gǔpiào 몡 주식

又…了 고정 yòu…le 또 ~하다

涨 zhǎng 동 (수위·물가가) 올라가다

送上门来 sòngshàng mén lái 집 앞까지 가져다주다

昏 hūn 동 기절하다

一边 A 一边 B 접 yìbiān A yìbiān B 한편으로는 A
하고 한편으로는 B하다

头 tóu 몡 머리

地板 dìbǎn 몡 바닥

打工 dǎ gōng 동 아르바이트하다

可能 kěnéng 뷔 어쩌면

忙不过来 máng bu guòlai 바빠서 어쩔 줄 모르다

坏 huài 혱 상하다, 망가지다

炒股 chǎo gǔ 주식 투자하다

跌 diē 동 (물가·주가 등이) 떨어지다

压力 yālì 몡 스트레스

原来 yuánlái 뷔 원래, 알고 보니

如此 rúcǐ 때 이와 같다

股市 gǔshì 몡 주식 시장

01 동사 / 형용사 + 起来

看起来今天你有什么高兴的事儿吧。
Kàn qǐlai   jīntiān   nǐ yǒu shénme gāoxìng de   shìr   ba.

보아하니 오늘 너 무슨 기분 좋은 일 있나 봐.

방향보어로 사용되는 동사들은 동작의 방향성 외에 확장된 추상적인 의미를 가지고 있습니다. 起来는 ① ～하기 시작하다 ② ～한 정도가 점점 심해져 가다 ③ '～을 한다면'이라는 가정의 의미 등이 있습니다.

股票涨起来。①	주식이 오르기 시작하다.
他们一下子吵起架来了。①	그들은 순식간에 싸우기 시작했다.
天亮起来了。②	날이 점점 밝아지고 있다.
可是听起来很容易，做起来很难。③	그렇지만 듣기에는 쉬워도 하기에는 어려워.

단어

吵架 chǎo jià 동 말다툼하다, 싸우다 | 亮 liàng 형 밝다, 환하다

한 걸음 더!

어법편 p.231 방향보어 참조

이합사가 복합방향보어를 만나면 이합사의 목적어 부분이 방향보어 来 / 去 의 앞에 와야 합니다.
ex) 下起雨来 비가 오기 시작하다

02 又…了

我的股票又涨起来了。
Wǒ de gǔpiào   yòu zhǎng qǐlai le.

내 주식이 또 오르기 시작했어.

又는 '또, 다시'의 뜻으로 이미 과거에 발생했던 한 주체의 행동이 중복되거나 연속됨을 나타냅니다. 주로 又 뒤에는 어기조사 了가 따라옵니다.

他昨天来过，今天又来了。	그는 어제도 오더니 오늘 또 왔네.
你又迟到了。	너 또 지각이야.
你又来了。	또 시작이야.
	('또 왔구나'의 뜻 이외에, 관용구로 사용되기도 함)

단어

迟到 chídào 동 지각하다

한 걸음 더!

어법편 p.212 부사 참조

又, 再, 还는 모두 '다시'라는 의미로 사용되지만, 용법에는 조금씩 차이가 있습니다.

 再도 '다시'라는 의미를 갖지만 아직 일어나지 않은 미래 시제에 사용합니다.

他不在，你明天再来吧。　그가 없으니, 내일 다시 오세요.

03 동사 / 형용사 + 过去 / 过来

小李他昨天上课的时候突然昏过去了。

Xiǎo Lǐ tā zuótiān shàng kè de shíhou tūrán hūn guòqu le,

샤오 리 걔가 어제 수업할 때 갑자기 쓰러졌다.

过来와 过去는 서로 비슷하면서도 상반된 의미를 가지고 있습니다. 过去는 주로 ① 정상 → 비정상의 변화를 나타내거나 ② 상황이나 동작 등이 완료된 상태 등을 나타냅니다.

小李他昨天上课的时候突然昏过去了。① 샤오 리 걔가 어제 수업할 때 갑자기 쓰러졌다.
那么辛苦的日子，我们都熬过去了。② 그렇게 힘들었던 날들을 우리는 다 겪어냈다.

过来는 주로 ① 비정상 → 정상의 변화를 나타내거나 ② 시간 · 공간적 · 수량적으로 할 만한 능력이 있음을 나타냅니다. 이 경우에는 주로 방향보어를 활용한 가능보어의 형태 [동 / 형용사 + 得 / 不 + 过来]로 쓰입니다.

他慢慢儿醒过来了。① 그녀가 점점 정신이 들었다(깨어났다).
终于慢慢改过来了。① 결국엔 천천히 (바르게) 고쳐졌다.
可能忙不过来。② 아마 너무 바쁠 것이다.
他可能干得过来。② 그는 아마 해낼 수 있을 것이다.

단어
改 gǎi 통 바꾸다, 교체하다 熬 áo 통 (통증이나 힘든 생활 등을) 참다, 견디다

04 差点儿(没) + …

头差点儿撞到地板上。

Tóu chà diǎnr zhuàngdào dìbǎnshang.

바닥에 머리를 부딪힐 뻔했어.

우리말로 '하마터면 큰일 날 뻔했어'라고 하면 원치 않는 일이 일어나지 않아 다행인 거죠? 중국어로는 差点儿로 표현하며, 이때 뒤에 没가 있건 없건 '다행'이라는 뜻입니다. 하지만 뒤의 내용이 원하는 일일 경우, 没를 안쓰면 '원하는 일을 할 뻔했는데 못해서 아쉽다'라는 뜻이 되고, 반대로 뒤에 没를 쓰면 '원하는 일을 못할 뻔했는데 하게 되어 다행이다'라는 뜻이 됩니다. 자주 헷갈리는 표현이니 꼭 알아두세요.

	부사	+ 뒷부분 내용	결 과	예 문
差点儿 +	(没)	원하지 않음 (没 여부에 관계 없이 의미가 같음)	원치 않는 일이 일어나지 않아 다행이다	差点儿上当了 속을 뻔했다 ＝差点儿没上当
	(就)	좋은 내용(원함)	할 뻔했는데 못하게 되어 아쉽다	差点儿就考上了 시험에 붙을 뻔했다(사실 불합격)
	没	좋은 내용(원함)	못할 뻔했으나 하게 되어 다행이다	差点儿没考上 시험에 떨어질 뻔했다(사실 합격)

05 동사 / 형용사 + 下来

前几天股市突然跌下来了。
Qián jǐtiān gǔshì tūrán diē xiàlai le.

며칠 전에 증시가 갑자기 떨어졌어.

下来는 동사 뒤에 쓰여 ① 높은 수준에서 낮은 수준으로의 변화, ② 동작의 완성(고정)이나 이탈, ③ 과거 → 현재까지의 지속 등을 나타냅니다. 또 ④ 형용사 뒤에 쓰이면 주로 소극적인 의미의 형용사(黑(어둡다), 低(낮다), 安静(조용하다) 등) 뒤에서 동적인 상태에서 점점 정적인 상태로 변화됨을 나타냅니다.

단어
担心 dān xīn 동 걱정하다 | 摘 zhāi 동 따다, 떼다 | 风俗 fēngsú 명 풍속 | 习惯 xíguàn 명 습관

体温已经降下来了，你别担心。①
这些苹果都是他自己摘下来的。②
这是韩国传下来的风俗习惯。③
他终于安静下来了。④

체온이 이미 떨어졌으니, 너무 걱정 마십시오.
이 사과들은 모두 그가 직접 따온 것이다.
이것은 한국에서 전해져 내려오는 풍속 습관이다.
그는 마침내 조용해졌다.

보너스 트랙   회화에 이어지는 숨겨진 히든 스토리~    Track 51

충격을 받았을 샤오 리를 찾아가서 투자의 어려움을 거론하며 위로했지만, 샤오 리는 여전히 언젠가는 주식으로 돈을 벌 거라며 의지를 불태우고 있었다.

A 投资真是一门既广且深的学问。
Tóuzī zhēn shì yì mén jìguǎng qiěshēn de xuéwèn.

B 不是有句话 "塞翁失马" 吗，有朝一日
Bú shì yǒu jù huà "sàiwēng shīmǎ" ma, yǒuzhāo yírì

我也会炒股挣钱的。
wǒ yě huì chǎo gǔ zhèng qián de.

A 투자는 정말 넓고도 깊은 학문이야.
B 인생은 '새옹지마'라고 하잖아, 언젠가는 나도 주식으로 돈 버는 날이 있을 거야.

投资 tóuzī 명 투자 | 门 mén 양 수업·기술 등을 셀 때 | 既广且深 jìguǎng qiěshēn 넓고도 깊은 | 塞翁失马 sàiwēng shīmǎ 성 새옹지마 | 有朝一日 yǒuzhāo yírì 성 언젠가는 | 会…的 huì…de ~할 것이다 | 挣钱 zhèng qián 돈을 벌다

* 대학생들의 주식 투자와 관련된 인터넷 기사글 중 일부입니다. 본문의 내용과 구문을 떠올리며 읽어보세요.

记者从一家著名大学采访了解到：对于 "炒股会耽误学业" 一说，不少学生认为这是 "以偏概全"。 一位中国人民大学金融专业的大四学生表示："我们每天不上课的时候在宿舍看一看股市情况，了解一下而已，根本不会耽误主业的。"他又表示："我也有过差点儿炒股破产的经历，可是我看不起读死书的同辈，当然，我更看不起失败后站不起来的股民。"

단어 & 구문

采访 cǎifǎng 통 취재(탐방)하다, 인터뷰하다	专业 zhuānyè 명 전공	经历 jīnglì 통 겪다, 경험하다
对于 duìyú 전 ~에 대해	表示 biǎoshì 통 표시하다, 나타내다	看不起 kàn bu qǐ 통 얕보다, 깔보다
耽误 dānwu 통 (시간을 지체하여 일을) 그르치다	根本 gēnběn 부 아예, 전혀	读死书 dú sǐshū 실용성이 없는 학습을 하다
以偏概全 yǐ piān gài quán 일부로 전체를 평가하다	主业 zhǔyè 명 본업	同辈 tóngbèi 명 동년배
人民大学 Rénmín Dàxué 고유 런민 대학교	差点儿 chà diǎnr 부 하마터면	站不起来 zhàn bu qǐlai 일어서지 못하다
金融 jīnróng 명 금융	破产 pò chǎn 통 파산하다	股民 gǔmín 명 주식 투자자

采访 이란?

采访 cǎifǎng은 인터뷰입니다. 중국 방송이나 신문 등 대중매체를 접하다 보면 자주 보고 들을 수 있는 단어가 新华社일 것입니다. 신화사는 신화 통신사의 줄임말인데 중국의 국가 통신사로 국무원의 한 구성 부분이며 국가가 집중, 통괄하는 뉴스 배포 기관입니다.

* 본문에서 배운 표현들을 떠올리며 문장을 끊어서 해석해보세요.

记者从一家著名大学采访了解到：对于"炒股会耽误学业"一说，
不少学生认为这是"以偏概全"。（一位中国人民大学金融专业的）大四学生
表示："我们每天不上课的时候 / 在宿舍看一看股市情况，了解一下而已，
根本不会耽误主业的。" 他又表示："我也有过（差点儿炒股破产的）经历，
可是我看不起读死书 的 同辈，当然，我更看不起（失败后站不起来的）股民。"

기자는 한 저명한 대학 인터뷰에서 "주식투자가 학업에 지장을 준다"라는 것에 대해, 많은 학생들이 이것을 '일부를 전체로 판단해버린 것'이라 여긴다는 것을 알게 되었다. 중국 런민 대학교 금융 전공인 한 4학년 학생은, "매일 수업이 없을 때 기숙사에서 주식 상황을 보고 이해할 뿐이다. 전혀 본업에 지장을 줄 수가 없다."라고 하며 "나 역시 주식으로 망할 뻔한 경험이 있다. 하지만 나는 실용성 없이 공부하는 내 동년배들을 답답하게 여긴다. 당연히 실패 후에 일어나지 못하는 투자자들을 더욱 더 경시한다."라고 했다.

사진속숨은 단어찾기

중국 주식 관련 사이트 중 하나입니다. 요즘 중국에도 주식 투자 바람이 불고 있다고 합니다.

주식 시장　　股票市场 gǔpiào shìchǎng

중요한 소식　　重大消息 zhòngdà xiāoxi

바로 클릭해서 들어와 상승할 주식 종목 명단을 가져가세요
立即点击进入获取机构即将拉升的股票名单
lìjí diǎnjī jìnrù huòqǔ jīgòu jíjiāng lāshēng de gǔpiào míngdān

유가　　油价 yóujià

폭등　　暴涨 bàozhǎng

1. 들려주는 내용을 듣고 다음 빈칸을 채워보세요. Track **52**

A ＿＿＿＿＿今天你有什么高兴的事儿吧。

B 你真说着了！我的股票＿＿＿＿＿＿。今晚我请你喝杯酒，怎么样？

A 好啊，送上门来的酒还能不喝？唉，你听说过吗？小李他昨天上课的时候
突然＿＿＿＿＿了，头＿＿＿＿＿＿撞到地板上。

B 怎么了，我看他最近一边学习一边打工，可能＿＿＿＿＿，身体累坏了。

A 没有，听他的同屋说他最近炒股了，前几天股市突然＿＿＿＿了，可能他的
压力太大了。

B 噢，原来如此。 炒股呀，股市涨，我就卖出去，跌下来，买就好了嘛。

A 可是＿＿＿＿很容易，＿＿＿＿很难。

2. 본문의 내용을 생각하면서 다음 질문에 대답해보세요.

1) 女的为什么要请客？

2) 昨天上课的时候发生了什么事儿？

3) 小李为什么昏倒了？

4) 对炒股女的有什么密诀？

第一部分

1. A 教室里 B 很吵闹 C ，可是老师一进来就安静 D 了。

   下来

第二部分

1. 经过体育锻炼，我的身体就好＿＿＿＿＿了。

   A． 上去　　　　　　　　　　B． 下去

   C． 下来　　　　　　　　　　D． 起来

2. 大夫给她打一针，她才慢慢醒＿＿＿＿＿了。

   A． 上来　　　　　　　　　　B． 起来

   C． 过来　　　　　　　　　　D． 出来

3. 大家都愿意她来唱歌儿，她就＿＿＿＿＿。

   A． 唱歌起来了　　　　　　　B． 起来歌唱了

   C． 起唱来歌了　　　　　　　D． 唱起歌来了

제1부분

1. A 教室里 B 很吵闹 C ，可是老师一进来就 安静下来了。

형용사 → 형용사

형용사 앞에 이미 很이 있어 방향보어를 쓸 수 없음

방향보어는 동사나 형용사 뒤에 위치해야 하므로 먼저 동사, 형용사를 찾는다. 문제에서 형용사는 吵闹와 安静이다. C는 앞에 很이 있으므로 방향보어가 붙을 수 없고, 吵闹(시끄럽다) 뒤에 적합한 방향보어는 吵闹起来(점점 시끄러워지다)가 더 적합하다. 혹시 정답을 A로 한 학생이 있다면 방향보어에서 목적어가 장소목적어일 때 장소는 来나 去 앞에 위치한다는 걸 기억해야 한다.

(정답) D

(해석) 교실 안이 매우 시끄러웠지만 선생님이 들어오시자 조용해졌다.

(단어) 吵闹 chǎonào 匓 소란하다, 떠들썩하다 | 安静 ānjìng 匓 조용하다

제2부분

1. 经过体育锻炼，我的身体就 好起来 了。

동사나 형용사가 확장된 의미의 방향보어와 결합될 때는 고정 격식처럼 자주 결합하는 특정 단어가 있다. 따라서 A, B, C, D가 모두 방향보어라면 빈칸 앞의 단어를 보고 짝을 이루는 방향보어를 고를 수 있다. 문제에서는 빈칸 앞에 好(적극적 의미의 형용사)가 쓰였기 때문에 '~하기 시작하다'라는 의미의 起来를 써야 한다.

A. 上去 : 대부분 동사 뒤에 붙음
　낮은 수준 → 높은 수준 ex) 提高上去 (실력이) 향상되다

B. (소극적 의미의) 형용사 + 下去
　: 안 좋은 방향으로 계속 안 좋아짐 ex) 瘦下去 말라가다

C. 형용사 + 下来
　: 강 → 약 ex) 黑下来 깜깜해지다

D. 동 / 형용사(적극적 의미) + 起来
　: ~하기 시작하다 ex) 忙起来 바빠지기 시작하다

(정답) D

(해석) 체육 단련을 통해, 내 몸이 점점 좋아지기 시작했다.

(단어) 好起来 hǎo qǐlai 점점 좋아진다

2. 大夫给她打一针，她才慢慢 醒过来 了。

빈칸 앞 동사 醒과 결합될 수 있는 상용 방향보어를 찾아야 한다. 醒은 '깨어나다'라는 뜻이므로 기절한 상태(비정상)에서 제정신(정상)으로 돌아온다는 의미를 만들어야 한다.

A. 동사 + 上来 : 사회적으로 낮은 위치에서 높은 위치로 향하는 동작을 나타냄 ex) 交上来 (학생들이 선생님께) 제출하다

B. 동사 + 起来 : ~하기 시작하다
　ex) 哭起来了 울기 시작했다

C. 동사 + 过来 : 비정상 → 정상, 능력 표시
　ex) 改过来了 바꾸다 | 干得过来 해낼 수 있다

D. 동사 + 出来 : 동작을 통해 판별해냄
　ex) 看出来 알아보다

(정답) C

(해석) 의사 선생님이 그녀에게 주사를 한 대 놓자, 그녀는 그제서야 서서히 깨어났다.

(단어) 打针 dǎzhēn 주사를 놓다

3. 她就 唱 起 歌 来 了。

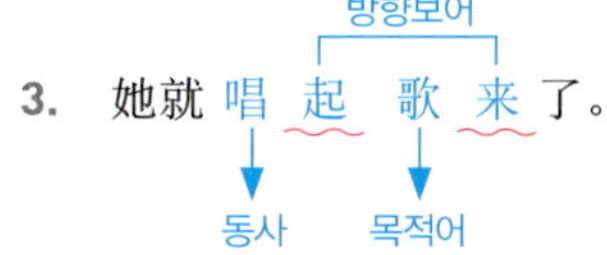

보기 A, B, C, D를 보고 이합사 唱歌와 방향보어 起来를 파악해야 한다. 이합사와 복합방향보어가 결합될 때는 이합사에서 목적어가 되는 단어를 来나 去 앞에 써야 한다. 따라서 목적어가 되는 歌를 来 앞에 써야 한다.

(정답) D

(해석) 모두 그녀가 노래하기를 원해서 그녀는 노래를 부르기 시작했다.

Part 01 호텔 예약하기

1. 要 / 要 / 从 / 到 / 天 / 宿 / 还是 / 可以 / 好了

2. 1) 她要订房间。
2) 她要住四天三宿。
3) 她要单人间。
4) 房间里可以打国际电话。

Part 02 교통수단 이용하기

1. 最好 / 要么 / 要么 / 让 / 越来越 / 不是 / 就是 / 坐 / 去

2. 1) 坐出租车去最好。
2) 下一趟车大概20分钟以后出发。
3) 他可能坐出租车去北京饭店。
4) 因为据天气预报说今天不是要下雨，就是要下雪。

Part 03 집 구하기

1. 室 / 厅 / 住在 / 就 / 来说 / 有什么 / 什么 / 都 / 不管 / 还是 / 都

2. 1) 他要两室一厅(的)。
2) 房间里有床、衣柜、电视、空调等等。
3) 哪个都没关系。
4) 正好有出租的。

Part 04 취업하기

1. 快要 / 了 / 就 / 了 / 不再是 / 了 / 没有 / 了 / 了 / 就 / 是 / 已经 / 了 / 了 / 就 / 才 / 扎扎实实 / 就要 / 了 / 怎么

2. 1) 今年春天。
2) 毕业以后她想去外国旅行。
3) 他是个扎扎实实的人。
4) 明天就要去一家公司面试了。

Part 05 직장 생활

1. 怎么了 / 一 / 就 / 把 / 是 / 的 / 不就行了吗 / 因为 / 难怪 / 原来

2. 1) 他们是情人关系。
2) 他在报告上把对方公司的名字写错了。
3) 心事重重
4) 因为下个月有升职发表。

Part 06 이상형

1. 得 / 似的 / 到低 / 有点儿 / 得 / 才行 / 宁愿 / 也不

2. 1) 她喜欢周杰伦。
2) 成功了。
3) 男的上次去清华大学的时候，他们在路上碰到的。
4) 因为他的女朋友明年要去韩国读硕士。

Part 07 요리하기

1. 拿手 / 首先 / 什么 / 什么 / 先 / 然后 / 卷过来 / 等 / 卷过来 / 稍微 / 一点儿 / 等 / 就 / 等 / 又

2. 1) 他最拿手的菜就是春卷。
2) 春卷的馅儿没有固定的。
3) 一开始的时候温度稍微高一点儿。
4) 炸的时候要快，一开始的时候温度稍微高一点儿，等把春卷放进去以后，就变小火。

1. 起得来起不来 / 起不来 / 从来 / 再说 / 学得会 / 连 / 都 / 何况 / 呢 / 不但 / 而且 / 顺便

2.　1) 让女的一起去练瑜伽。
　　2) 运动有利于减肥, 再说为了身体健康也得做运动。
　　3) 她从来没做过什么运动。
　　4) 他每周一三五去练。

1. 不是 / 吗 / 不 / 吗 / 虽然 / 但是 / 该多么好啊 / 呢 / 不是 / 吗 / 吧

2.　1) 她最近想学太极拳。
　　2) 他打太极拳打了十几年了。
　　3) 她要去图书馆。
　　4) 太难了。

1. 改为 / 好几次 / 每次 / 都 / 除了 / 以外 / 还 / 只是 / 罢了 / 好几次 / 一次也没

2.　1) 她想去看电影。
　　2) 他的作品除了≪满城尽带黄金甲≫以外还有 ≪英雄≫、 ≪活着≫、 ≪一个都不能少≫ 等等。
　　3) 每次看都有不同的感觉。
　　4) 在中国一次也没下载过。

1. 被 / 幸好 / 被 / 没被 / 让 / 要是 / 就 / 就没事了 / 被 / 除非 / 否则 / 多 / 一会儿

2.　1) 在路上发生了交通事故。
　　2) 没有受伤的人。
　　3) 没有, 那位老大娘吓坏了。
　　4) 我们开车的时候应该头脑清醒。

*头脑 tóunǎo 몡 두뇌, 사고 능력

1. 以 / 为 / 以 / 为 / 以 / 为 / 只要 / 就 / 大得多 / 比 / 比 / 贵 / 比 / 再好不过了 / 只有 / 才

2.　1) 中国以长江为界, 以北为北方, 以南为南方。
　　2) 两个星期。
　　3) 上海的物价比广州的便宜。
　　4) 他到过的城市一个比一个漂亮。

1. 看起来 / 又涨起来了 / 昏过去 / 差点儿 / 忙不过来 / 跌下来 / 听起来 / 做起来

2.　1) 因为她的股票又涨起来了。
　　2) 昨天上课的时候小李突然昏过去了。
　　3) 他最近炒股了, 前几天股市突然跌下来了, 可能他的压力太大了。
　　4) 股市涨她就卖出去, 跌下来, 买就好了。

선생님이 알려주는 어법편 공부 요령

1. 예문을 반드시 확인하세요!

어법은 설명만 읽고서는 완전히 이해하기 어렵습니다. 그러므로 반드시 예문을 보면서 설명 내용을 다시 적용해보는 것이 중요합니다.

2. [Tip]과 [주의]를 꼭 읽으세요!

어법에 대해 좀더 자세한 설명이나 부가 설명이 필요한 것은 [Tip]과 [주의]에 담았습니다. [Tip]은 해당 어법 사항과 직결된 내용들이, [주의]에는 확장되거나 부가되는 설명들을 수록했습니다.

3. 회화편과 어법편을 따로 또 같이!

부록 〈중국어 기본 어법〉은 본편인 회화에 나온 내용을 정리한 것이기 때문에 회화편을 공부하면서 나온 어법 사항을 좀더 자세하게 공부할 수 있습니다. 뿐만 아니라, 어법을 체계적으로 정리한 것이기 때문에 회화와 별도로 공부할 수도 있습니다.

어법편

중국어 문장 파악하기

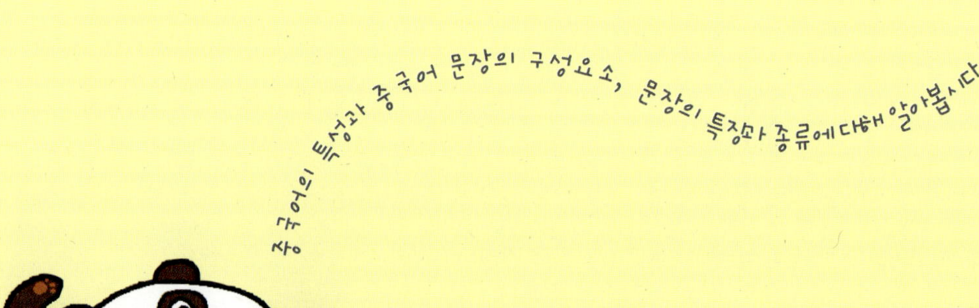

중국어 문장은 어떻게 읽고 파악하는 것이 좋을까요?

중국어의 품사와 문장성분을 알고 있으니 이제는 긴 문장도 탁탁 이해할 수 있을 것 같은데, 막상 맞닥뜨리면 어디서부터 풀어야 할지 난감합니다. HSK 어법 문제를 한번 풀어보려고 해도 무엇을 묻고 있는지 도무지 알 수가 없습니다. 그 이유는 바로 중국어 문장의 구조를 모르기 때문입니다.

문장은 여러 종류의 단어들이 일정한 규칙에 따라 나열된 것인데, 이 일정한 규칙이 바로 문장의 구조입니다. 문장의 구조를 이해해야 문장을 정확하게 풀이하고, 해석할 수 있는 것이죠. 만일 구조를 잘못 이해하면 곧바로 문장의 오역으로 연결됩니다. 중국어는 단어 한 글자마다 모두 뜻이 있는데다가, 단어 자체의 형태 변화도 없고, 더군다나 띄어쓰기도 없기 때문에 긴 문장을 만났을 때 문장의 구조를 먼저 파악하지 않고, 첫 글자부터 단어 한 글자 한글자의 의미를 보고 이해하려 든다면 의미가 산으로 갈 수밖에 없죠. 어법 워밍업에서는 문장의 구조를 이해하는 데 기본적으로 알아두어야 할 중국어의 특성과 중국어 문장의 구성요소, 그리고 중국어 문장의 특징과 종류에 대해 알아봅니다.

01 중국어 문장의 구성 성분, 구와 절

문장을 이해하려면 먼저 문장 속에서 주어와 술어가 무엇인지 알아야 합니다. 즉, 문장 전체의 구조를 볼 때, 전체적으로 뼈대를 이루는 부분(주어, 술어, 목적어)과 살을 이루는 부분(수식성분)으로 나누고, 문장 속의 중심성분을 골라낼 수 있는 안목이 있어야 합니다.

구와 절은 문장을 복잡하게 만들고, 다양한 의미를 만들어냅니다. 각각의 글자들을 조합해서 의미를 만들고, 문장의 골격을 이루지요. 그 종류와 역할도 다양한데, 여기에서는 어떤 것이 구이고, 어떤 것을 절이라고 하는지 정의에 대해 간단하게 알아보겠습니다.

1 구 (短语 / 词组)

단어와 단어가 조합된 것으로, 문장을 구성하는 하나의 단위이며, 때로는 그 자체로 하나의 문장이 되기도 합니다. 다시 말해, 단어와 단어가 합쳐진 구는 문장을 구성하는 주어나, 서술어, 목적어 등 하나의 문장성분으로 쓰이기도 하고, 문장이 되기도 합니다.

这三个学生 认真地学习。 　구　　　　　구	이 세 학생은 정말 열심히 공부한다.
跟老师 谈话。 　구　　구	선생님과 얘기한다.
红的是你的，白的是我的。 　구　　구　　구　　구	빨간 것은 네 것이고, 흰 것은 내 것이다.
A : 这是谁的手机? 　　　　　구	이것은 누구의 휴대전화입니까?
B : 我的。 　　　구	제 것입니다.

2 절(句子)

한 문장으로서의 완정한 하나의 의미를 나타냅니다. 절은 단독으로 한 문장이 될 수도 있고, 두 절 이상이 연결되어 한 문장이 될 수도 있습니다. 즉, 실생활에서 대화를 할 때 최소한 하나의 절을 말하게 되는데, 주어와 술어, 목적어가 갖춰진 문장 형태의 절도 있지만, 달랑 한 단어로 된 절도 있습니다. 두 절 이상이 합쳐진 문장을 가지고 말을 할 때는 앞뒷절 사이에 휴지를 두며, 각 절은 저마다의 독립된 어조를 지닙니다.

A : 你走吗? (절)	너 가려고?
B : 走。(절)	가려고.
A : 路上小心！(절)	길 조심해.

你去最好。(절)	네가 가는 게 제일 좋아.
我不知道他来不来。(절)	나는 그가 올지 안 올지 모르겠다.

02 중국어의 특성

품사와 문장성분, 구와 절 등 문장을 이루는 요소들과 더불어 중국어 문장을 이해할 때 기억해두어야 할 것은 바로 중국어의 특성입니다. 중국어의 가장 큰 특징은 단어 하나하나가 의미를 갖고 있고, 단어 자체의 형태 변화가 없다는 것을 들 수 있는데요, 이 특성들을 기억하고 중국어 문장을 다시 바라보면 좀더 빠르고 쉽게 이해할 수 있습니다.

1 형태 변화가 없다!

중국어는 인칭, 단수, 복수, 시제(과거, 현재, 미래)에 따른 동사 변화라든지, 명사와 형용사의 성별, 단·복수 등에 따른 단어의 형태 변화가 없습니다. 이러한 변화를 나타내는 것은 접미사나 조사, 부사 등의 단어들이 대신합니다.

인칭	你说	我说	他说	他们说
시제	他昨天说……	他现在还说……	他明天一定说……	
성별	一个男学生看书。	两个女学生看书。		

2 인칭대사, 접속사, 전치사 등이 생략될 수 있다!

인칭대사, 접속사, 전치사 등은 오해의 소지가 없는 상황에서, 혹은 대화하는 사이에 이미 확실하게 의미 전달이 되는 상황이라면 생략할 수 있습니다.

① 인칭대사

A : (你)看了没有?　　　(너) 봤어 못 봤어?

B : (我)看了，(可是)还没看完。　　(나는) 봤어, (그런데) 아직 다 못 봤어.

② 접속사

(如果)你不去我去。　　(만약에) 너가 안 가면 내가 간다.

③ 전치사

他能(用)左手写字。　　그는 왼손으로 글자를 쓸 수 있다.

3 단어의 조합방식과 문장의 구성방식이 일치한다!

중국어는 글자마다 모두 뜻을 가지고 있습니다. 이 글자들이 두 개, 세 개 모여 한 단어를 만들기도 하고, 문장을 구성하기도 하는데, 현대중국어의 단어와 구 및 절의 구조를 비교해보면 서로 상당히 일치하는 부분이 많습니다. 그러므로 단어나 문장이 형성되는 구조를 이해하면 문장을 이해하거나 새 단어를 접할 때 많은 도움이 됩니다.

구조방식	단 어		구 / 절	
병렬식 앞뒤의 의미가 유사 또는 대립적인 것으로 나열	朋友 (벗 + 벗 – 유사) 买卖 (사고 팔다 – 대립)	친구 매매	韩国和中国　한국과 중국 又团结又斗争 단결도 하고 투쟁도 하다	
수식식 앞단어가 뒷단어를 수식	飞机 (날으는 기계) 轻视 (가볍게 보다)	비행기 무시하다	姐姐的书　언니의 책 很多　(매우) 많다	
주술식 앞이 주어, 뒤가 술어	地震 (땅이 흔들리다) 年轻 (나이가 적다)	지진 젊다	他是学生　그는 학생이다 房子大　집이 크다	
술목식 앞이 술어, 뒤가 목적어	开幕 (막을 열다) 知己 (자신을 알다)	개막하다 지기	开汽车　차를 몰다 去上海　상하이로 가다	
술보식 앞이 술어, 뒤가 보어	说明 (말하여 명확해지다) 改正 (고쳐서 바르게 하다)	설명하다 개정하다	听清楚 명확히 듣다(들어서 명확해지다) 看得见　(눈에) 보이다	

03 중국어 문장의 종류

중국어 문장을 분류하는 기준은 다양하지만, 그 가운데서도 문장의 핵심성분인 술어가 무엇인지에 따라 문장의 종류를 분류할 수 있습니다. 술어는 거의 동사가 담당하지만, 동사 외에 명사(구), 형용사(구), 주술구조로 되어 있는 절 등도 술어로 쓰일 수 있습니다.

1 동사술어문

술어가 동사인 문장입니다. 동사술어문은 동사의 대상인 목적어가 주어, 술어와 함께 중심성분이 되며, 술어를 수식하는 문장성분으로 부사어와 보어가 있습니다. 동사술어문에서는 특히 부사어와 보어의 어순에 주의합니다.

> **주어 + 부사어 + 술어(동사) + 목적어 / 보어**
> ↓
> √ 시간사 +√ 부사 + 능원동사 + √ 전치사구

昨天　他　在家里　看了　一个小时　电影。
부사어　주어　부사어　술어　　보어　　목적어
(시간사)　　(전치사구)　(동사구)

어제 그는 집에서 한 시간 동안 텔레비전을 보았다.

他　说　汉语　说　得非常好。
주어　술어　목적어　술어　　보어

그는 중국어를 말하는 정도가 매우 좋다. (중국어를 매우 잘한다)

Tip 위 박스안 √ 표시된 성분들은 주어 앞에 오는 경우도 있습니다.

2 형용사술어문

술어가 형용사인 문장입니다. 일반적으로 정도부사의 수식을 받으며, 단음절 형용사가 술어로 쓰였을 경우 반드시 정도부사 很이 앞에 붙습니다. 형용사 술어문은 목적어는 갖지 못하지만, 보어를 가질 수 있습니다. 부정형을 만들 때는 不를 사용합니다.

最近学习汉语的人很多。 최근 중국어를 공부하는 사람들이 매우 많다.
他今天高兴得不得了。 그는 오늘 굉장히 기뻐했다.
最近学习日语的人不多。 요즘 일어를 공부하는 사람들이 많지 않다.

단어
不得了 bù dé liǎo 큰일 났다. 야단났다. (정도가) 매우 심하다

3 명사술어문

명사술어문은 명사(구), 수량사구가 술어로 쓰인 문장을 가리키며, 시간, 연령, 본적(출신) 등을 나타낼 때 사용됩니다. 원래 목적어로 쓰인 명사(구) 앞에 是가 생략된 형태이므로 부정형식은 不是를 씁니다.

现在(是)八点。 지금은 8시이다.
今年(是)鼠年。 올해는 쥐띠 해이다.
现在不是八点。 지금은 8시가 아니다.
今年不是鼠年。 올해는 쥐띠 해가 아니다.

단어
鼠年 shǔnián 쥐의 해

4 주술구조의 술어문

중국어 문장을 접하다 보면 하나의 술어 앞에 두 개의 주어가 있는 것을 종종 볼 수 있는데, 이것을 주술술어문이라고 부릅니다. 사실 주어가 두 개인 것이 아니라 술어가 '주어+술어' 형식으로 구성되어 있는 술어문입니다. 주술술어문을 해석할 때는 주어 자리에 있는 두 개의 명사 가운데, 앞의 명사에 우리말 주격 조사인 '~은 / 는'을, 뒤의 명사에는 '~이 / 가'를 붙여 해석하면 보다 자연스러운 문장이 됩니다.

他个子高。 그는 키가 크다.
我头疼。 나는 머리가 아프다.

Part 01

핵심 어법 다지기

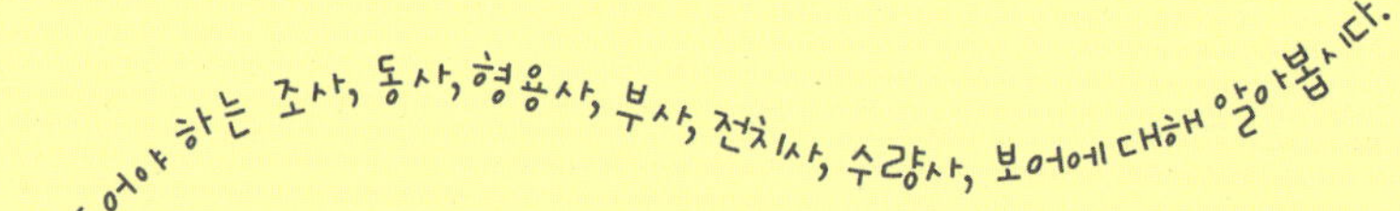

중국어 품사에는 명사, 동사, 형용사, 대명사, 수사, 양사, 부사, 전치사, 접속사, 조사, 의성사, 감탄사가 있고 중국어 문장성분에는 주어, 술어, 목적어, 관형어와 부사어, 보어가 있습니다. 이밖에도 수많은 문법 용어와 문법 사항이 있지만, 여기에서는 본 교재에 나온 문법 사항과, 연습문제인 HSK 어법 문제의 이해를 돕는 문법을 중심으로 ① 문장 구성의 기초이자 중심이 되고, ② 출현 빈도가 높고, ③ 용법이 다양한 품사를 중심으로 살펴보겠습니다. 여기에서 다룰 문법 사항들은 일반 회화에서뿐만 아니라 HSK에서도 자주 출제되는 조사, 동사, 형용사, 부사, 전치사, 수사와 양사, 보어 및 특수한 문형들입니다.

01 조사(助词)

"나무를 보지 말고 숲을 보라!"

조사에는 구조조사, 동태조사, 어기조사가 있습니다. 조사는 문장 속에서 단독으로 쓰여 어떤 의미를 표시하는 품사가 아닙니다. 그렇다고 해서 조사를 소홀히 다룬다면 문장의 전체적인 구조를 파악하는 데 어려움을 겪게 됩니다. 구조조사는 중심성분과 수식성분을 구분하여 문장의 구조를 보여주고, 동태조사는 시제와 동작의 상태를 알 수 있게 해주며, 어기조사는 완정한 하나의 문장이 완료됨과 문장의 어조와 분위기까지 나타내는 등 문장의 의미를 전달하는 데 큰 역할을 하기 때문입니다.

1 구조조사(结构助词)

구조조사의 역할 및 특징을 잘 알아두면 독해 시에 매우 유용합니다. 아무리 긴 문장이라도 구조조사를 이용해 중심성분부터 찾아 구조적으로 나누면 문장을 처음부터 한 글자씩 읽어나가는 것보다 좀더 빨리, 그리고 정확하게 파악할 수 있습니다.

구조조사는 중심성분과 수식성분을 구분하는 전체 문장의 '파티션'과 같은 역할을 합니다. 구조조사 的는 수식성분 중 관형어의 끝에 쓰여 명사(구)를 수식하고, 地는 부사어의 끝에 붙어서 동사나 형용사 등의 서술어를 수식하며, 得는 서술어의 뒤에 나오는 보어의 맨 앞에 쓰여 보충성분과 중심성분과의 관계를 보여줍니다. 所는 타동사 앞에 쓰여 그 동사를 명사화합니다.

1. 구조조사의 종류와 역할

구조조사에는 的, 地, 得, 所 등이 있으며, 그 역할과 구조는 다음과 같습니다.

干净 gānjìng 〔형〕 깨끗하다, 깔끔하다
开心 kāi xīn 〔형·동〕 즐겁다, 유쾌하다

종류	역할	구조	예문	
的	관형어(명사 수식)	수식성분 + 的 + 명사 ~한(적인 / 의) 명사	干净的教室 图书馆的书	깨끗한 교실 도서관의 책
地	부사어(형용사 / 동사를 앞에서 수식)	수식성분 + 地 + 동 / 형용사 ~하게 '동사 / 형용사'하다	高兴地说 开心地唱歌	기쁘게 말하다 즐겁게 노래하다
得	보어(형용사 / 동사 뒤에서 의미 보충)	① 동 / 형용사 + 得 + 정도보어 ② 형용사 + 得 + 가능보어	走得很快 看得懂	빠르게 걷다 알아볼 수 있다

所	명사성구	所 + 타동사 + (的) ~ 한(관형어), ~것(명사성)	老师所讲的问题 선생님이 말한 문제 所见所闻非常多 보고 듣는 것이 매우 많다

2. 구조조사를 이용한 문장 이해

아래의 긴 문장을 보고 어떻게 이해해야 할지 생각해봅시다.

以前一个汉字都不认识的我去年认认真真地学习汉语，现在说汉语说得像中国人一样。

이 문장은 글자 수는 매우 많지만, 실제로는 간단한 문장입니다. 구조조사를 중심으로 중심어들을 찾아 표시하면 문장의 기본 골격이 바로 나옵니다.

풀이

以前一个汉字都不认识 的 我 去年认认真真 地 学习 汉语，

관형어　　　　주어　　부사어　　　술어(동사) 목적어

现在 说 汉语 说 得 像中国人一样。

술어 목적어 술어　보어

해석 예전에는 한자를 한 글자도 몰랐던 내가 작년에 중국어를 열심히 공부해서, 지금은 중국 사람처럼 중국어를 한다.

2 동태조사(动态助词)

동태조사는 HSK 어법 1 부분에서 매회 시험마다 적어도 한 문제씩은 등장할 정도로 중요하게 다뤄집니다.

동태조사는 동사 바로 뒤에 쓰여 동사의 태를 밝혀주는 조사입니다. 중국어에는 시제를 나타내는 동사의 형태 변화가 따로 없는 대신에 동태조사 了, 着, 过로 동작과 상태의 변화를 표현합니다. 동태조사들은 동사 바로 뒤에 '찰싹' 붙여 쓰기 때문에 문장에서 동태조사를 찾아서 앞 단어를 보면 그것이 바로 그 문장의 술어(동사)임을 알 수 있습니다.

1. 형 식 – 동사 + 동태조사

동태조사는 동사의 바로 뒤에 붙어서 [동사 + 了 / 着 / 过]의 형식으로 쓰입니다. 각 동태조사의 의미와 형식은 다음과 같습니다.

躺 tǎng 동 눕다

	了	着	过
긍정	동사 + 了 我吃了。 난 먹었다.	동사 + 着 他躺着。 그는 누워있다.	동사 + 过 我去过。 나는 가본 적이 있다.
부정	没(有) + 동사 我没吃。 난 안 먹었다. ★문장 끝에 了는 쓰지 않습니다. 我没吃了。 (×)	没(有) + 동사 + 着 他没躺着。 그는 안 누워 있다.	没(有) + 동사 + 过 我没去过。 난 가본 적이 없다.
정반 의문문	동사 + 了 + 没有? 你吃了没有? 너 먹었어 안 먹었어?	동사 + 着 + 没有? 他躺着没有? 그는 누워 있니 안 누워 있니?	동사 + 过 + 没有? 你去过没有? 너 가봤니 안 가봤니?

2. 특 징

동태조사는 우리말에는 없는 문법사항이어서 실수를 많이 합니다. 동태조사에서 주의해야 할 것은 주로 동태조사의 위치입니다. 어떤 점에 주의해야 하는지 알아봅시다.

1) 동작의 완료를 표시하는 了

주의1 동작의 완성만을 의미하며, 동작의 발생시간(과거, 현재, 미래)을 의미하는 것은 아닙니다.

我每天吃了饭去学习。 나는 매일 밥 먹고 공부하러 간다.

주의2 습관적으로 발생되는 일, 명확한 시간명사가 있어서 동사가 완료되었음을 특별히 설명할 필요가 없을 때는 동태조사를 굳이 쓰지 않습니다.

以前他下班后常常来这儿。 이전에 그는 퇴근 후에 자주 여기에 왔었다.

去年九月我在中国学习汉语。 작년 9월에 나는 중국에서 중국어를 공부했다.

주의3 완료된 상황에서 목적어 앞에 수량사나 관형어가 있으면 동사 뒤에 了를 씁니다.

→ 동사 + 了 + 수량사 / 관형어 + 목적어

我吃了一个苹果。 나는 사과를 한 개 먹었다.

他们取得了很大的胜利。 그들은 큰 승리를 얻었다.(크게 승리했다)

2) 동작의 진행을 나타내는 着

着는 동작의 진행을 표시하는데, 동사가 2개 이상인 문장(연동문)에서 특히 주의해야 합니다.

주의1 동사1 + 着 + 동사2 : 동사1이 동사2의 방식을 나타냅니다.

他笑着说"你在干什么?" 그는 웃으면서 "너 지금 뭐하고 있어?"라고 물었다.

老师站着说话。 선생님께서 서서 말씀하고 계신다.

주의2 동사1 + 着 + 동사2 : 동사2가 동사1의 이유를 나타냅니다.

他急着赶火车。 그는 기차 시간에 맞추려고 매우 서두르고 있다.

他忙着布置房间。 그는 방안 인테리어를 하느라 정신이 없다.

주의3 동사1 + 着 + 동사1 + 着 + 동사2 : 동사1하다가 자신도 모르게 동사2하다

儿子哭着哭着睡觉了。 아들은 울다가 잠이 들어버렸다.

他说着说着哭了起来。 그는 말하다가 자신도 모르게 울기 시작했다.

주의

이 문장은 매일의 습관을 설명하고 있습니다. 밥 먹는 동작을 마친 후에 공부하러 간다. 즉, 하나의 동작을 마친 후 다음 동작을 한다는 의미이지, 과거에 발생한 일이라는 의미가 아닙니다.

단어

取得 qǔdé 동 얻다, 획득하다

단어

布置 bùzhì 동 배열·배치하다
哭 kū 동 울다
睡觉 shuì jiào 동 (잠을) 자다

3 어기조사 (语气助词)

문장 끝에 위치하여, 문장의 어기(문장 전체의 분위기)를 나타내는 조사입니다. 따라서 문장 어기조사를 찾았다면 완정한 한 문장이 거기에서 끝났음을 의미합니다. 반드시 알아두어야 할 상용 어기조사의 종류와 용법은 다음과 같습니다.

종류	특징 및 고정격식	예문
了	특징 – 상황의 변화를 표시 상용되는 고정격식 ① 머지 않아 ~이다(가까운 미래) 　就要…了 / 快要…了 / 将要…了 / 　就…了 / 要…了 / 快…了 ② 太…了 너무 ~하다 ③ 该…了 1) ~할 차례이다 　　　　　 2) ~해야 하다	① 他的脸都红了。그의 얼굴은 빨갛게 되었다. 　快要考试了，你得努力学习。 　곧 시험이 다가오니, 넌 열심히 공부해야 한다. 　要毕业了。곧 졸업이다. ② 太大了。너무 크다. ③ 该你了。너 할 차례야. 　该走了。가봐야 돼.
吧	특징 – 서술문에 쓰여 명령, 청유의 의미를 표현 ① 제의 ② 부탁 ③ 명령 ④ 동의 ⑤ 가정(추측)	① 去买票吧。표 사러 가자. ② 请帮帮我吧。저 좀 도와주세요. ③ 别乱写吧。아무렇게나 쓰지 마라. ④ 好吧，我跟你一起去。 　좋아, 내가 너와 같이 가지. ⑤ 吃吧，会胖的，不吃吧，太饿了。 　먹자니 살찌겠고, 안 먹자니 배가 너무 고파.
呢	① 의문사의문문 谁 / 什么 / 哪儿 / 怎么 / 为什么…(呢)？ ② 정반의문문 동사 / 형용사 + 不 + 동사 / 형용사(呢)？ ③ 진행형 正在…(呢) ④ 还(是)…(呢) (아직도) ⑤ 不 / 没(有)…(呢) ★ 대부분의 呢는 생략해도 의미의 차이가 없으나, 怎么样, 在哪儿의 의미로 쓰일 때는 생략할 수 없습니다.	① 到底他是谁(呢)？도대체 그 사람이 누군데? 　他什么时候来(呢)？그는 언제 돌아오지? ② 他来不来(呢)？그는 올까 안 올까? ③ 我在看书(呢)。나는 책을 보는 중이야. ④ 还不够(呢)。아직 모자라잖아. ⑤ 没来(呢)。안 왔는데. ★ 我去，你呢？(= 你怎么样？) 　난 갈건데, 넌? 　你们都回来了，小李呢？(小李在哪儿？) 　너희는 다 돌아왔구나, 샤오 리는?

종류	특징 및 고정격식	예 문
啊 (呀 / 哇 / 哪)	① 평서문을 이용한 의문문 ② 의문사 의문문 ③ 선택 의문문, 정반의문문 ④ 감탄문 该(有)多么 + 형용사 + 啊 ⑤ 문장내 휴지를 둘 때 ★가장 광범위하게 쓰이며, 앞 단어의 끝음절의 　발음에 따라 呀 / 哇 / 哪로 발음됩니다.	① 你说的是这本书哇？ 네가 말한 게 이 책이니? ② 你是谁呀？ 그는 누구니? ③ 你要喝咖啡还是要喝茶？ 커피 드실래요, 차 드실래요? ④ 他该多么认真哪！ 그 사람이 얼마나 열심히 해야 하는데! ⑤ 这件事啊，你可不能马马虎虎。 이 일은 말이지, 대충대충하면 안 된다고
的	특징 – 강한 긍정의 어기를 표현 ① 怪…的 매우 ~하다(긍정 · 확신) ② 够…的 매우 ~하다(긍정 · 확신) ③ 会…的 ~할 것이다(가까운 미래 추측)	他要走的。 그는 가려고 한다.(확정적 사실) ① 怪可爱的 매우 귀엽다 ② 够好的 매우 좋다 ③ 会发生的 발생할 수 있다
吗	특징 – 서술문 뒤에 쓰여 의문어기를 표현	你出去吗？ 나가니? 你不会写汉字吗？ 너 한자 쓸 줄 모르니?

단어

怪 guài 🖳 매우, 아주

02 동사(动词)

"문장 속 모든 문장성분의 아버지! 전체 문장의 성격은 내가 결정짓는다"

중국어 문장에서 동사가 중요한 이유는 동사에 따라서 목적어, 보어, 수식어 등이 달라지면서 문장의 형태가 복잡해지기 때문입니다. 만일 어느 단어의 품사가 동사라면 그 단어의 뜻을 외우는 것은 물론, 그 단어가 문장 속에서 어떻게 활용되는지를 알아두어야 하는데, 그때 기준이 되는 것이 목적어와의 관계입니다.

동사에 따라 목적어를 두 개 갖기도 하고, 갖지 못하기도 하는데, 이러한 동사와 목적어의 관계가 문장의 구조에 큰 영향을 줍니다.

1 동사의 기본 특징과 어순

중국어에서는 가장 기본적인 동사의 특징을 다음과 같이 설명합니다.

- 일반적으로 문장 속에서 술어 역할을 하며, 뒤에 목적어와 보어가 올 수 있습니다.
- 동사를 수식하는 성분은 매우 다양합니다. 동사의 앞에서는 부사어가 의미를 구체적으로 해주고, 뒤에서는 보어가 의미를 보충해줍니다.
- 부정은 不와 没(有)로 합니다.
- 동작의 시제를 나타낼 때는 동사의 바로 뒤에 동태조사 了 / 着 / 过를 붙입니다.
- 동사가 술어로 쓰인 문장의 기본적인 형식은 다음과 같습니다.

주어 + （부사어） + 술어 + 목적어 / 보어 + （기타성분）

(시간 명사 + 부사 + 不 / 没 + 전치사구)　동사(+ 동태조사)

Tip 동사를 분류하는 기준에는 몇 가지가 있습니다. 본문에서 살펴보는 것처럼 목적어와의 관계를 중심으로 분류하는 것 외에도 '관계 동사', '동작동사', '심리동사' 등 '의미'를 중심으로 분류할 수 있습니다. 이렇게 종류에 따라 동사와 관련된 문법 사항이 달라지므로 주의해야 합니다.

2 동사의 종류

대부분의 동사는 술어로 쓰일 때 하나의 목적어를 갖는 타동사에 속합니다. 그런데, 어떤 동사들은 목적어를 갖지 않거나, 두 개의 목적어를 취하기도 하며, 명사가 아닌 동사를 목적어로 갖는 동사도 있습니다. 동사의 목적어에 따른 동사의 종류를 살펴봅시다. 동사의 의미만 외우기보다는 함께 쓰이는 전치사나 목적어를 함께 외워두는 것이 좋습니다.

1. 목적어를 갖지 않는 자동사

동사 가운데 목적어를 취하지 못하는 동사들이 있습니다. 이런 경우 일반적으로 목적어가 되어야 할 동사의 대상을 밝히고자 할 때는 전치사를 사용하든가, 연동문 구조로 표현합니다. 학생들이 자주 오류를 범하는 실례를 함께 확인해봅시다.

着想 zhuóxiǎng　[동] (~을 위해) 고려하다, 생각하다
为自己的未来着想。 자신의 미래를 고민하다.
着想自己的未来。(×)

毕业 bìyè　[동] 졸업하다
北京大学毕业了。 베이징 대학교를 졸업했다.
毕业北京大学了。(×)

出发 chūfā　[동] 출발하다
从北京出发。 베이징에서 출발했다.
出发北京。(×)

送行 sòngxíng　[동] 배웅하다
为他送行。 그를 배웅하다.
送行他。(×)

旅行 lǚxíng　[동] 여행하다
去中国旅行。 중국을 여행하다.(중국으로 여행 가다)
旅行中国。(×)

旅游 lǚyóu　[동] 여행하다
去中国旅游。 중국을 여행하다.(중국으로 여행 가다)
旅游中国。(×)

> **주의**
>
> **旅行 / 旅游 vs 游览**
> 세 단어 모두 '여행하다'라는 뜻의 동사이지만, **游览**은 목적어를 가질 수 있습니다.
>
> **游览北京。** 베이징을 유람하다.

2. 두 개의 목적어를 취하는 동사

중국어에도 두 개의 목적어를 취하는 동사들이 있습니다. 흔히 이중목적어라고 하지요. 두 가지 목적어는 각각 행위의 대상인 사람과 동사의 목적어로, '무엇을 누구에게 동사 하다'라는 뜻으로 해석이 됩니다. 이 동사들은 무조건 두 개의 목적어를 취하는 것이 아니라 두 목적어 중 하나만 취할 수도 있습니다.

问 wèn   [동] 묻다
我可以问你吗?   내가 당신에게 물어봐도 되겠습니까?
我可以问一个问题吗?   내가 한 문제를 물어봐도 되겠습니까?
我可以问你一个问题吗?   내가 당신에게 한 문제를 물어봐도 되겠습니까?

给 gěi   [동] 주다
我给他。 내가 그에게 주다.
我给钱。 내가 돈을 주다.
我给他一点儿钱。 내가 그에게 돈을 조금 주다.

教 jiāo   [동] 가르치다
教他。 그를 가르치다.
教汉语。 중국어를 가르치다.
教他汉语。 그에게 중국어를 가르치다.

告诉 gàosu   [동] 알려주다
告诉你吧。 너한테 알려줄게.
告诉你一个好消息。   너한테 한 가지 기쁜 소식을 말해줄게.

Tip 告诉는 이중목적어를 갖는 동사이지만, 목적어를 하나만 가질 경우 사람을 가리키는 목적어만 수반합니다.

3. 동사를 목적어로 취하는 동사

흔치 않은 형태의 동사입니다. 그러므로 해당 동사를 만났을 때 그 자리에서 외워두는 것이 좋습니다. 아래 세 동사가 가장 많이 다뤄지며, 뒤에 나오는 목적어도 자주 함께 쓰이는 것이므로, 같이 외워두세요.

단어
解释 jiěshì [동] 해석 · 해설하다
讨论 tǎolùn [동] 토론하다

加以 jiāyǐ   [동] ~을 가하다, ~하다
对这件事加以解释。 이 문제에 대해 해설을 더하다.

进行 jìnxíng　　[동] 진행하다

对这个问题进行讨论。 이 문제에 대해 토론을 진행하다.

开始 kāishǐ　　[동] 시작하다

开始研究了。 연구를 시작했다.

4. 주술(주어 + 술어)구를 목적어로 가지는 동사

하나의 단어가 아닌 문장을 목적어로 취하는 동사입니다. 많지 않으니 꼭 기억해두세요.

希望 xīwàng　　[동] 바라다, 기대하다

希望你来我家玩儿。 네가 우리집에 놀러 오기를 바래.

觉得 juéde　　[동] ～라고 느끼다(여기다)

总觉得有人在看我。 항상 나를 지켜보는 사람이 있는 것처럼 느껴져.

5. 이합사(목적어를 포함하고 있는 동사)

이합사란 두 개의 음절로 이루어진 동사로, 두 음절은 각각 동사와 목적어 또는 동사와 보어의 형태로 구성되어 있습니다. 보기에는 하나의 단어이지만, 문법적으로 두 음절이 분리되어 그 사이에 기타 성분들을 넣을 수 있는 특성을 갖고 있습니다. 이합사는 앞뒤 단어의 관계가 동사와 목적어의 구조인지, 동사와 보어의 구조인지에 따라 동목구조(动宾结构)와 동보구조(动补结构)로 나눌 수 있습니다.

1) 이합사의 구조

이합사는 앞 음절이 동사, 뒤 음절이 목적어나 보어로 되어 있습니다. 새 단어를 접할 때 그 단어가 동사라면, 먼저 그 단어가 이합사인지 일반 동사인지 확인해야 합니다. 사전에서 이합사의 표시는 한자나 병음 사이에 줄을 삽입해서 표기하거나 병음을 띄어 씁니다.

帮　　忙	打　　破
bāng　máng (사전표기 bāng / / máng)	dǎ　pò (사전표기 dǎ / / pò)
동사　목적어	동사　보어
돕다　바쁘다 → 도와주다	치다　깨지다 → 타파하다, 깨부수다

2) 이합사의 특징

이합사에는 동목구조와 동보구조가 있지만, 어법상 주의해야 할 것은 동목구조 이합사입니다. (이하 '이합사'로 통칭) 이합사의 특징은 아래와 같습니다.

① 이합사는 목적어를 가질 수 없다!

이합사의 가장 큰 특징은 목적어를 이미 갖고 있다는 점입니다. 그래서 본래 품사는 동사이지만 이미 자체적으로 목적어를 가지고 있기 때문에 이합사 뒤에는 목적어가 또 다시 올 수 없습니다. 만일 동작의 대상이 될 목적어가 필요하다면 전치사구를 이용해서 이합사의 앞에 둡니다.

我见面他了。(×) → 我跟他见面了。(○) 나는 그를 만났다.(그와 만났다)
先问好他。(×) → 先向他问好。(○) 우선 그에게 안부를 전해야지.

② 이합사는 분리된다!

동태조사 등의 동사와 관련된 성분들은 이합사의 뒤에 두지 않고 동사인 이합사의 첫 음절의 뒤에 두며, 이합사의 목적어 부분은 관형어의 수식을 받을 수 있습니다. 이합사가 분리되는 경우를 정리해보면 다음과 같습니다.

■ **동태조사가 있을 때**

她结了婚就生孩子了。 그녀는 결혼한 후에 바로 아이를 낳았다.
他正生着气呢。 그는 지금 화나 있다.
我们似乎在哪儿见过面。 우린 마치 어디선가 만난 적이 있는 것 같아.

■ **동량 · 시량보어가 있을 때**

帮过一次忙。 한 번 도왔다.
生了三天(的)气。 3일 동안 화를 냈다.

■ **관형어가 있을 때**

你什么时候请我(的)客? 너 언제 나한테 한턱 쏠 거야?
别开他的玩笑。 그를 놀리지 마.

③ 이합사의 중첩은 AAB 형식이다!

일반적인 2음절 동사의 중첩 형태는 ABAB이지만, 이합사는 반드시 AAB, 즉 동사 부분만 중첩합니다. (→ 동사의 중첩 참고)

请大家帮帮忙。 여러분 좀 도와주세요.
我们散散步吧! 우리 산책 좀 하자.

3) 대표적인 이합사

이합사는 회화에서도 많이 쓰이고, HSK 어법에서도 자주 다뤄집니다. 상용 이합사들과 용법을 기억해두시면 회화와 HSK에 많은 도움이 됩니다.

■ 聊天(儿) liáo tiān(r) (자유롭게) 이야기하다, 한담하다

我正在跟他聊天儿。 나는 마침 그 사람과 얘기하고 있다.

他们俩先聊了一会儿天后就开始工作。
그들 둘은 잠시 이야기를 나눈 후에 일을 시작했다.

■ 结婚 jié hūn 결혼하다

他跟外国人结婚了。 그는 외국인과 결혼했다.

她以前结过两次婚。 그녀는 이전에 두 번 결혼한 적이 있다.

■ 见面 jiàn miàn 만나다

我和她见面。 나는 그녀와 만난다.

我只见过一次面。 나는 딱 한 번 만나봤다.

■ 帮忙 bāng máng 돕다

他给我们帮忙。 그는 우리를 돕는다.

帮了个大忙。 많이 도와주었다.

■ 担心 dān xīn 걱정하다

父母为孩子担心。 부모는 아이를 걱정한다.

你担什么心，不会出事。 넌 뭘 걱정하니, 아무일 없을 거야.

■ 生气 shēng qì 화내다

为小事生气。 작은 일로 화내다.

生过半天气。 하루종일 화냈다.

★ 그밖의 상용 이합사들

理发 lǐ fà	이발하다		跳舞 tiào wǔ	춤추다
唱歌 chàng gē	노래하다		抽烟 chōu yān	담배피다
出院 chū yuàn	퇴원하다		游泳 yóu yǒng	수영하다
说话 shuō huà	말(을) 하다		操心 cāo xīn	마음을 쓰다
打仗 dǎ zhàng	싸우다, 전쟁하다		洗澡 xǐ zǎo	샤워하다
握手 wò shǒu	악수하다, 손을 잡다		吵架 chǎo jià	말다툼하다
辞职 cí zhí	사직하다		打架 dǎ jià	싸우다, 다투다
丢人 diū rén	체면이 깎이다, 창피하다		吹牛 chuī niú	허풍떨다
吃惊 chī jīng	놀라다		开头 kāi tóu	시작하다
说谎 shuō huǎng	거짓말하다		发脾气 fā píqì	성질을부리다
减肥 jiǎn féi	다이어트 하다			

3 능원동사(能愿动词)

능원동사는 동사의 한 종류이지만, 일반적인 동사와 달리 명사성 목적어를 가질 수 없고, 문장의 술어가 되는 동사의 앞에 쓰여 의미를 보강해주는 특수한 역할을 합니다. 이런 이유로 한국어에서는 능원동사라고도 부릅니다. 문법적 역할도 중요하지만, 능원동사의 의미를 잘 알아두면 회화에서 보다 정확한 표현을 할 수 있습니다.

1. 능원동사의 역할과 특징

1) 종류와 역할

동사에 가능, 필요나 의지, 염원 등의 의미를 보충해주는 보조 역할을 합니다.
① **가능 표시**   会, 可以, 能…
② **염원 표시**   要, 敢, 敢于, 肯, 情愿, 愿意, 愿…
③ **당위와 필연 표시**   得, 该, 应当, 应该…

2) 위치

능원동사는 동사(구)의 앞에 위치합니다.

我想去北京。 나는 베이징에 가고 싶다.
他能来这儿。 그 사람은 여기에 올 수 있다.

3) 특징

① 대부분의 능원동사는 모종의 질문에 대해 대답할 때 단독으로 쓰일 수 있습니다.

A : 这儿可以抽烟吗? 여기에서 담배 피워도 되나요?
B : 可以。 됩니다.

A : 你要不要去中国? 너 중국에 갈 거야, 안 갈 거야?
B : 要! 갈 거야!

A : 你会不会游泳? 너 수영할 줄 아니?
B : 会。 응.

② 정반의문문을 만들 때는 문장에서 일반동사가 아닌 능원동사의 긍정형과 부정형을
이용합니다.

你想去不去? (×) → 你想不想去? (○) 너 가고 싶어, 안 가고 싶어?

你可以来不来。(×) → 你可不可以来? (○) 너 올 수 있어, 없어?

③ 부사의 수식을 받을 수 있습니다.

你别担心，他一定会来的。 걱정하지 마, 그 사람은 꼭 올 거야.

你这样说话很不应该。 너가 이런 말을 하면 안 되지.

④ 능원동사는 동사(구), 형용사(구), 절을 목적으로 취할수 있지만, 명사나 대명사들을
목적어로 가질 수 없습니다.

他能看懂。 그 사람은 보고 이해할 수 있다.

我做事，不会错。 내가 업무를 처리하는 데 있어서 틀릴 리가 없다.

今天应该小白值班。 오늘은 샤오 바이가 당직할 차례야. (마땅히 샤오 바이가 당직이다.)

你应该做这件事。 넌 마땅히 이 일을 해야 해.

⑤ 능원동사는 중첩할 수 없으며, 동태조사 了 / 着 / 过도 붙일 수 없습니다.

你会会看。(×) → 你会看看。(○) 넌 볼 수 있어.

你的病好了，今天可以了吃饭。(×)
→ 你的病好了，你今天可以吃饭了。(○)
병이 호전되었으니, 당신은 오늘 식사하셔도 됩니다.

주의

능원동사는 부사어

능원동사의 ④와 ⑤의 특성 때문에 문장 속에서 부사어의 위치에 놓입니다. 그래서 부사어 사이의 어순을 묻는 문제에도 종종 출제되므로, 능원동사의 위치에 주의하기 바랍니다.

4) 주의해야 할 능원동사 能, 会, 可以

가능을 나타내는 能, 会, 可以는 한국어로 모두 '할 수 있다(~ㄹ 수 있다)'는 뜻입니다. 그런데 한국어에서는 실제 의미가 능력, 가능성, 추측, 허가 등의 뜻일 때 모두 '할 수 있다'라는 한마디로 표현할 수 있지만, 중국어에서는 이런 의미들을 모두 구별해서 사용합니다.

기능	의미	会	能	可以
미래 · 추측 · 가능성	(장차) ~할 수 있다	这么晚他会来吗？ (○) 이렇게 늦었는데 그가 올 수 있을까?	这么晚他能来吗？ (○) 이렇게 늦었는데 그가 올 수 있을까?	(×) ★ 객관적인 가능성을 나타낼 수 없음
특정 기능 · 능력 표시	(처음 배워서) ~할 줄 알다 / 할 수 있다	我会说汉语。 (○) 나는 중국어로 말할 줄 알아요.	(×)	★ 일반적으로 능력을 표시할 경우, 能 / 会가 들어간 자리에는 可以도 들어갈 수 있음
	(어떠한 조건 하에서) 어느 만큼 할 수 있다(효율성)	(×)	一分钟能打一百个字。 (○) 1분에 100타를 칠 수 있어요.	
	(회복되어 다시) 할 수 있게 되다	(×)	我的牙治好了，就能吃饭了。 (○) 나는 이 치료가 다 끝나서 (이제 다시) 식사할 수 있어요.	
	아주 잘하다 很 / 最 / 真… + 능원동사 (정도부사의 수식 여부)	那位校长很会说话 (○) 그 교장은 말을 아주 (조리 있게) 잘해요.	那个四岁的小孩儿很能说话。 (○) 그 네 살짜리 꼬마가 말을 꽤 잘하더라고요.	

기능	의미	会	能	可以
원인 · 이유 표시	~라서 할 수 있다	★ 개인적 · 주관적인 이유 他是好心人，不会为这么小小的事儿生气的。 (○) 그는 마음 좋은 사람이라서, 이렇게 조그만 일에는 화내지 않을 거야.	★ 객관적인 원인 最近我很忙，不能参加周末的活动了。 (○) 최근에 내가 너무 바빠서, 주말 이벤트에 참가할 수 없겠어.	★ 수용의 의미를 내포 这个教室里可以坐下三十个人。 (○) 이 교실은 (커서) 족히 30명은 앉을 수 있어.
허락 · 금지 표시	해도 된다 / 하면 안 된다	★ 会는 허락 · 금지의 의미를 나타내지 않음 (×)	★能이 허가의 의미를 나타낼 때는 주로 의문문이나, 부정문(금지)에서 쓰임 这儿能抽烟吗？(○) 여기서 담배를 피워도 됩니까? 这儿不能抽烟。(○) 여기서는 담배를 피울 수 없습니다.	★긍정 · 부정, 즉 허락과 금지가 모두 가능함. 또한 대답할 때 단독으로 사용할 수 있음 这儿可以抽烟吗？ (○) 여기서 담배를 피워도 됩니까? 这儿可以抽烟。 / 可以。(○) 여기서 담배를 피워도 됩니다. 这儿不可以抽烟。 / 不可以。(○) 여기서 담배를 피우면 안 됩니다.

4 동사의 중첩

동사를 중첩하면 본래의 의미보다 가볍고 부드러운 느낌을 주는 어기 완화 역할을 하며, '한번 해보다'라는 시도의 의미나 '단시간 내에'라는 뜻을 나타냅니다.

1. 형식

동사가 1음절이냐, 2음절이냐, 이합사냐에 따라 중첩의 형태가 다음과 같이 달라집니다.

동사의 종류	현재 · 미래			완료	
1음절 동사	AA 看看	A一A 看一看	A一下儿 看一下儿	A了A 看了看	A了一A 看了一看
2음절 동사	ABAB 休息休息	AB一下儿 休息一下		AB了AB 休息了休息	AB了AB —
이합사	AAB　　A一AB 请大家帮帮忙。 / 请大家帮一帮忙。 여러분 좀 도와주세요. ★ 이합사를 중첩할 때는 전체를 중첩하지 않고, 동사 부분만 중첩합니다.				

2. 동사중첩이 불가능한 경우

동사라고 무조건 다 중첩이 되는 것은 아닙니다. 동사의 종류에 따라, 혹은 동작의 상태에 따라 중첩할 수 없는 경우도 있습니다. 중첩이 불가능한 경우는 다음과 같습니다.

① 술어로 쓰인 동사가 주어의 의지와 상관없이 발생할 경우에는 중첩할 수 없습니다.

　　她病了病。 (×) → 她病了。 (○) 그는 병이 났다.

② 두 가지 이상의 동작이 동시에 이루어지는 상황에서는 중첩할 수 없습니다.

你看看书，又听听音乐，怎么能看好。(×)

→ 你看书，又听音乐，怎么能看好。(○) 책 보면서 음악도 듣는데 어떻게 잘 보겠어?

③ 동작이 진행 중인 경우, [正 / 在 / 正在 + 동사] 구문에서는 동사를 중첩할 수 없습니다.

我正在休息休息。(×) → 我正在休息。(○) 나는 마침 쉬는 중이야.

④ [동사 + 着 / 过], 동태조사가 있는 동사는 중첩할 수 없습니다.

洗过洗衣服。(×) → 洗过衣服。(○) 빨래를 했다.

⑤ 동사 뒤에 보어가 있을 경우 동사를 중첩할 수 없습니다.

等了等半个钟头。(×) → 等了半个钟头。(○) 30분을 기다렸다.

⑥ 관형어구 속의 동사, 즉 [동사 + 的 + 명사] 구조 속의 동사는 중첩할 수 없습니다.

学学骑自行车的时候 (×) → 学骑自行车的时候 (○) 자전거 타는 것을 배울 때

⑦ 동사 목적어를 갖는 동사와 그 목적어로 쓰인 동사는 중첩할 수 없습니다.

进行教育教育。(×) → 进行教育。(○) 교육을 진행하다.

⑧ 연동문, 겸어문의 첫 번째 동사는 중첩할 수 없습니다.

他去去北京学习汉语。(×) → 他去北京学习汉语。(○) 베이징에 중국어를 배우러 가다.

⑨ 목적어가 [수량사 + 명사]일 때는 동사를 중첩할 수 없습니다.

你去看看一本书。(×) → 你去看一本书。(○) 가서 책 한 권 봐라.

03 형용사

형용사는 문장 내에서 역할이 가장 다양한 품사입니다. 문장의 중심성분인 술어로도 쓰일 수 있고, 수식성분인 관형어, 부사어, 보어로도 쓰입니다. 역할이 다양한 만큼 각 문장 성분으로 쓰일 때의 주의점을 잘 알아두어야 합니다.

1 형용사의 특징

1. 형용사와 정도부사

1) 정도부사의 수식을 받는 형용사

일반적으로 형용사는 很과 같은 정도부사의 수식을 받습니다. 이때 很은 '매우'의 의미로 쓰였다기 보다 형용사 앞에 습관적으로 놓였다고 생각하면 됩니다.

很红的苹果 빨간 사과

他十分高兴。　그는 매우 기뻐한다.

2) 정도부사의 수식을 받지 않는 형용사

대부분의 형용사는 정도부사의 수식을 받지만, 만일 형용사 자체에 강조의 의미가 있을 경우에는 정도부사의 수식을 받지 않습니다.

冰凉 얼음처럼 차다　　非常冰凉 (×)

雪白 눈처럼 희다　　很雪白 (×)

2. 형용사와 목적어

1) 목적어를 갖지 않는 형용사

일반적으로 형용사는 목적어를 가질 수 없습니다.

那位先生很帅。　그 분은 참 잘생겼어.

这双高跟鞋非常便宜。　이 하이힐은 정말 싸.

2) 목적어를 갖는 특수한 형용사들

목적어를 갖는 형용사는 많지 않으므로 나올 때마다 외워두는 것이 좋습니다.

电脑方便了我们。 컴퓨터는 우리를 편리하게 했다.(컴퓨터 덕분에 우리는 편리해졌다)

丰富了业余生活。 여가 생활을 풍부하게 했다.(여가 생활이 풍부해졌다)

3. 형용사의 중첩

1) 형용사의 정도 및 묘사성 강화

형용사는 정도부사의 수식을 받지 않고도 중첩의 형태를 취하여 의미의 정도나 묘사성을 더욱 강화할 수 있습니다.

他高高兴兴地走过来了。 그는 아주 기쁘게 걸어왔다.

漂漂亮亮的老师　아름답고도 아름다우신 선생님

2) 정도부사와 부정부사 그리고 형용사 중첩

형용사를 중첩하면 정도가 심화된 의미를 갖기 때문에 별도로 정도부사나 不 / 没 등의 부정형을 쓰지 않습니다.

她非常漂漂亮亮。 (×) → 她漂漂亮亮。 (○)

她不太漂漂亮亮。 (×) → 她不太漂亮。 (○)

3) 형용사 중첩의 형식

형용사는 음절 수에 따라 중첩 형태가 달라집니다.

* ( ) 안은 형용사 원형

형용사의 종류	형식	예
1음절 형용사	AA	好好 小小 大大 轻轻 慢慢
2음절 형용사	AABB	漂漂亮亮(漂亮) 高高兴兴(高兴)
2음절 자체 정도의 의미를 가진 형용사	ABAB	雪白雪白(雪白) 通红通红 (通红)
2음절 혐오 · 경시의 의미를 가진 형용사	A里AB	糊里糊涂　啰哩啰嗦

단어

轻 qīng [형] 가볍다

糊里糊涂 húli hútú [형] 흐리멍덩하다, 모호하다

啰哩啰嗦 luōli luōsuō 잔소리하다, 떠들다

주의

糊里糊涂, 啰哩啰嗦와 같은 형식들은 원래 2음절의 형용사에서 유래하지만, 중첩 형태로 쓰이면 혐오의 의미가 첨가 · 강조되어 원래와 다른 뜻이 됩니다.

② 수식성분으로서의 형용사

형용사는 문장에서 술어로도 쓰이지만, 각종 수식어로 많이 사용됩니다. 관형어, 부사어, 보어까지, 형용사는 다재다능한 품사입니다.

1. 관형어와 부사어로 쓰일 때

형용사는 음절 수에 따라(1음절, 2음절), 또는 중첩 여부에 따라 구조조사 的 / 地의 사용 여부가 결정됩니다.

1) 1음절 형용사와 的 / 地

1음절 형용사가 관형어나 부사어로 쓰일 때는 구조조사 없이 직접 뒤의 명사나 동사 등을 수식합니다. 그러나 형용사가 중첩되거나 정도부사가 함께 쓰일 경우에는 的와 地를 반드시 사용합니다.

관형어 ▶ A 的 명사	A A 的 명사	정도부사 A 的 명사
好的老师 (×) → 好老师	大大的苹果	很大的苹果

부사어 ▶ A 地 동사	A A 地 동사	정도부사 A 地 동사
早地来 (×) → 早来	慢慢(地)说	很慢地说

2) 2음절 형용사와 的 / 地

2음절 형용사는 관형어 및 부사어로 쓰일 때 的와 地를 사용하여 명사, 동사 등을 수식합니다.

관형어 ▶ AB 的 명사	AABB 的 명사	정도부사 AB 的 명사
漂亮的老师	漂漂亮亮的老师	很漂亮的老师

부사어 ▶ AB 地 동사	AABB 地 동사	정도부사 AB 地 동사
高兴地说	高高兴兴地说	很高兴地说

2. 보어로 쓰는 형용사

형용사는 구조조사 得의 뒤에서 보어로도 사용되는데, 이때 형용사는 아래 세 가지 형식
으로 쓰입니다.

1) 술어(동 / 형용사) + 得 + 很 + 형용사

형용사가 得 뒤에서 보어로 쓰일 때는 보통 很, 非常 등의 정도부사와 함께 쓰입니다.

他跑得很快。 그는 정말 빨리 뛰어.

他唱得非常好。 그는 (노래를) 매우 잘 불러.

2) 동 / 형용사 + 得 + 형용사

得 뒤의 보어로 정도부사의 수식 없이 바로 형용사가 나오면 비교의 뜻을 나타냅니다.

他跑得快。 그가 뛰는 게 빠르지. (다른 이들에 비해서)

他唱得好。 (노래는) 그가 잘 부르지.

3) 동 / 형용사 + 得 + 형용사 중첩 + 的

형용사 중첩 형태가 보어로 쓰이면 정도부사 대신 문장 끝에 的를 씁니다.

商店里摆得整整齐齐的。 가게 안에는 아주 가지런하게 놓여져 있다.

老师说得清清楚楚的。 선생님께서는 말씀을 아주 명확하게 하신다.

단어

整齐 zhěngqí 휑 가지런
하다

04 부사(副词)

"동사, 형용사, 문장의 의미를 더욱 강하게!"

부사가 없으면 중국어는 심심한 언어가 될 만큼 부사의 역할은 중요합니다. 부사는 서술어
의 의미를 더욱 강하게 표현하는 역할을 합니다. 부사의 종류는 역할과 의미에 따라서 크게
정도부사, 범위부사, 시간부사, 부정부사, 어기부사, 관련부사 등으로 나눌 수 있습니다.
부사는 역할과 의미가 다양할 뿐만 아니라 부사에 따라서 문장 속에서의 위치도 조금씩
다릅니다. 그러므로, 종류별 상용부사와 특징 및 각 단어의 위치와 의미에 유의해서 부사
를 학습하는 것이 좋습니다.

1 일반적인 부사의 위치와 특징

주의

HSK에서 품사별 출제 빈
도 수를 살펴보더라도 어
법 1부분에서는 50% 이
상을, 어법 2부분에서는
20% 이상을 차지할 만큼
부사는 중국어의 엑기스
라고 할 수 있습니다.

먼저 일반적인 부사에 관한 대 원칙을 알아두고 각 부사들의 예외적인 어법 사항을 익히
도록 합시다.

1. 부사의 위치

부사는 주로 부사어로 쓰여 동사나 형용사를 수식하기 때문에 동사나 형용사의 앞에 옵
니다. 그런데, 부사만 부사어로 쓰이는 것이 아닙니다. 전치사구나 능원동사 등도 부사
어로 사용되는데, 이렇게 다양한 성질의 부사어들이 함께 쓰일 경우 대부분 부사가 다른
부사어들보다 앞에 옵니다.

> 주어 + <u>부사어</u> + 동사 / 형용사 + 목적어
> 　　　　　↓
> 　부사 + 능원동사 + 전치사구

我在图书馆不学习。(×) → 我<u>不</u>在图书馆学习。 (○) 나는 도서관에서 공부하지 않았다.
　　　　　　　　　　　　　　부사 + 전치사구

我愿意不去。(×) 　　→ 我<u>不</u>愿意去 。 (○) 나는 가기를 원하지 않는다.
　　　　　　　　　　　　부사 + 능원동사

2. 부사의 일반적 특징

부사는 주로 수식성분으로 쓰입니다. 즉, 모종의 질문에 홀로 대답으로 쓰일 수 있는 몇 몇 부사를 제외하고는 서술어로 쓰이지 않지요. 대신 서술어와 관형어를 수식하는 부사어로 사용됩니다. 좀더 구체적으로 일반적인 부사의 용법과 특징을 알아봅니다.

1) 동사와 형용사를 수식하는 부사

부사는 동사와 형용사를 수식하는 부사어로 쓰입니다. 그래서 주로 주어와 서술어 사이에 위치합니다.

都我们决定了。(×)→ 我们都决定了。(○) 우리는 모두 결정했다.

也小李一起去。(×)→ 小李也一起去。(○) 샤오 리도 같이 간다.

2) 수사와 명사는 수식하지 않는 부사

부사는 일반적으로 수사나 명사를 수식할 수 없습니다. 단, 명사술어문에서 서술어로 쓰인 명사(구)는 일부 부사들의 수식을 받을 수 있습니다.

我已经三十岁了 。 나는 이미 서른이 되었다.
　부사 + 명사 술어

今天才星期五 。 오늘은 겨우 금요일이다.
　부사 + 명사 술어

3) 부사가 단독으로 문장으로 쓰이는 경우

부사는 단독으로 문장을 구성할 수 없지만, 不 / 没有 / 也许 / 一定 / 有点儿 등의 일부 부사는 모종의 질문에 대한 대답을 할 때 단독으로 사용할 수 있습니다.

A : 最近没看到小王，出差了吗? 요즘에 샤오 왕이 안 보이는데 출장 갔니?
B : 也许。(○) 아마 그럴걸.

A : 你脸色不好， 身体不舒服吗? 너 안색이 안 좋은데, 몸이 안 좋아?
B : 有点儿。(○) 조금.

A : 李明已经毕业了吗?　리 밍은 이미 졸업했니?
B : 已经。(×)→ 已经毕业了。(○) 이미 졸업했어.

A : 他要喝茶，你呢?　그는 차를 마시겠대, 너는?
B : 我也。(×)→ 我也要。 / 我也是。(○) 나도.

A : 那儿的风景特别美吗?　거기 풍경이 특별히 아름답니?
B : 特别。(×)→ 特别是。 / 是的。(○) 응, 무척.

② 부사의 종류

부사는 의미와 형식에 따라 아래와 같이 나눌 수 있습니다. 각 부사들의 특징과 상용되는 부사들의 쓰임에 주의합니다.

1. 정도부사

형용사나 심리동사 앞에 쓰여 정도가 심함을 나타냅니다.

1) 상용 정도부사

很	hěn	매우	很好 좋다
非常	fēicháng	아주	非常漂亮 매우 아름답다
相当	xiāngdāng	상당히	相当受欢迎 상당히 인기가 있다
十分	shífēn	꽤, 십분	十分感动 정말 감동적이다
更	gèng	훨씬	更有意思 훨씬 재미 있다

단어
受欢迎 shòu huānyíng
환영을 받다, 인기가 있다
感动 gǎndòng 통 감동하다
有意思 yǒu yìsi 재미있다.

2) 주의해야 할 정도부사들

① 고정형식을 가지는 정도부사

다음의 정도부사들은 일정한 형식으로 쓰입니다. 문장 끝에 붙는 어기조사에 주의하세요.

怪…的	매우 ~하다	怪可爱的 매우 귀엽다
太…了 / 啦	너무 ~하다	太难了 너무 어렵다
可…了 / 啦	정말 ~하다	可年轻啦 정말 젊구나

② 稍微 shāowēi 조금

稍微는 부사이지만 단독으로 술어를 수식하기보다는 뒤에 一点儿 / 一些 / 一下 / 有点儿을 함께 쓰는 경우가 대부분입니다. 稍微가 쓰인 문장의 형식은 다음 세 가지로 나눠볼 수 있습니다.

- **稍微(稍稍) + 동사 + 一点儿 / 一些 / 一下**

  我想稍微休息一下。 난 조금 쉬고 싶어.

  往咖啡里稍微放点儿糖。 커피에 설탕을 조금 넣는다.

- **稍微(稍稍) + 형용사 + 一点儿 / 一些**

  我的心情稍微平静了些。 내 맘은 조금 안정이 되었다.

  这双鞋稍稍大了点儿。 이 신발은 조금 크다.

- **稍微(稍稍) + 有点儿 + 동사 / 형용사**

  他对这儿稍稍有点儿不习惯。 그는 여기에 습관이 좀 안 되었다.

  他学习稍微有点儿吃力。 그는 공부를 하는 데 조금 애를 먹는다.

2. 범위부사

술어가 동사나 명사일 경우, 또는 동사의 뒤에 수량보어(수량사+명사)가 있을 경우에 술어의 앞에 놓여 범위를 설명합니다. 전체를 가리키는 총괄성 범위부사와 일부를 나타내는 제한성 범위부사로 나눌 수 있습니다.

1) 총괄성 범위부사

대개 '모두, 전부'의 의미를 표현하는 부사들입니다. 술어의 대상 범위가 전체임을 표시합니다.

<단어>

咖啡 kāfēi 명 커피

放 fàng 동 두다, 놓다

糖 táng 명 사탕, 설탕

心情 xīnqíng 명 감정, 심정

平静 píngjìng 형 평온하다, 차분하다

习惯 xíguàn 동 습관이 되다

吃力 chī lì 형 힘들다, 고생스럽다

- **全 quán 전부**

  他们都来了。 그들은 모두 왔다.

- **都 dōu 모두**

  总共有二十名学生。 모두 20명의 학생이 있다.

- **一概 yīgài 전부, 모조리**

  对他的想法，我一概不知道。 그의 생각에 관해서는 나는 일절 모른다.

- **一律 yīlǜ 일률적으로**

  无论是谁，法律面前一律平等。 누구든 법 앞에서는 똑같이 평등하다.

- **总共 zǒnggòng 모두, 합쳐서**

  他们公司总共有他们三个人。 그들의 회사는 모두 그들 세 사람이 있다.

단어

法律 fǎlǜ 명 법률, 법
回信 huí xìn 통 답장하다
封 fēng 양 (편지 한) 통
外语 wàiyǔ 명 외국어

2) 제한성 범위부사

只 / 仅 / 光 / 就 등은 술어의 앞에서 그 범위를 제한하는 의미를 갖습니다. 이들은 부사임에도 불구하고 주어(명사 / 대명사)를 수식 제한할 수 있으며, 이때 '(주어)만'이라는 뜻을 나타냅니다.

- **只 zhǐ 단지**

  我只回过他一封信。 나는 그에게 답장을 한 번만 보냈다.

- **仅 jǐn 단지**

  我仅学过英语，别的外语都不懂。

  나는 영어만 배워봤을 뿐, 다른 외국어는 하나도 모른다.

- **光 guāng 단지**

  你这样光喝酒不行! 너 이렇게 술만 마시면 안 돼!

- **就 jiù 단지**

  就我一个人知道这件事。 나 혼자만 이 일을 알고 있다.

Tip 就는 여러 가지 용법으로 사용되는데, 제한성 범위부사의 용법과 전치사(就…来说 ~에 관하여 말하자면)로 쓰일 때만 주어 앞에 나올 수 있으며, 기타 경우에는 항상 주어 뒤에 위치합니다.

3. 시간부사

형용사나 동사 앞에서 시간과 빈도를 표시합니다.

1) 상용 부사

- **已经** yǐjīng 이미

  天已经黑了。날이 이미 어두워졌다.

- **曾经** céngjīng 일찍이

  曾经来过这个地方。이곳에 일찍이 와본 적이 있다.

- **正在** zhèngzài 마침

  正在休息。마침 쉬고 있다.

- **经常** jīngcháng 자주

  经常迟到。자주 지각한다.

- **刚刚** gānggāng 막, 방금

  我刚刚从北京回来。나는 방금 베이징에서 돌아왔다.

2) 주의해야 할 시간부사의 용법

① 刚 / 刚刚 vs 刚才

刚 / 刚刚은 '막, 방금, 마침, 꼭, 겨우'의 뜻을 가진 부사이고, 刚才는 '방금 전'이란 뜻을 나타내는 시간명사입니다. 얼핏보면 둘의 의미가 비슷해보이지만, 刚才는 시간만 가리키고, 刚 / 刚刚은 여러 가지 상황에 사용됩니다. 두 단어의 위치와 뜻에 주의해서 예문을 살펴봅시다.

我刚才出门就碰见王老师了。나는 방금 문 열고 나가면서 왕 선생님과 마주쳤다.

　刚 / 刚刚 (○) (셋 모두 부사어로 쓰임)

刚才的话你都记住了吗?　　　　방금 한 말, 너 다 기억했니?

刚(刚) (×)

这件衣服不大不小，刚合适。이 옷은 크지도 않고 작지도 않고 꼭 맞다.

　　　　刚才 (×) (시간이 아닌 크기의 뜻이므로 刚才를 쓸 수 없음)

教室里挺黑，伸手刚能见到五指。

　　　　刚才 (×)

(부사어) 교실 안은 너무 어두워서 손을 펴면 겨우 다섯손가락만 보인다.

단어

天黑了 tiān hēi le 날이 어두워졌다

迟到 chídào 통 지각하다

단어

记住 jì zhù 통 확실히 기억해두다

合适 héshì 형 알맞다

挺 tǐng 부 매우

伸手 shēn shǒu 통 손을 뻗다

五指 wǔzhǐ 명 다섯 손가락

② 已经 / 曾经과 了 / 过

已经과 曾经은 고정격식으로 많이 쓰입니다. 已经 뒤에는 조사 了가, 曾经 뒤에는 조사 过가 나옵니다.

단어

干 gān 형 마르다, 건조하다

奇怪 qíguài 형 이상하다

京剧 jīngjù 명 경극

戏剧 xìjù 명 연극

- **已经…了**

    衣服已经干了。 옷은 이미 다 말랐다.

- **曾经…过**

    我曾经在这里住过三年。 난 예전에 여기서 3년 살아봤다.

③ 从来 VS 向来

从来와 向来는 모두 '여태껏, 이제껏'의 뜻이지만 뒤에 나오는 문장의 형태가 다릅니다. 从来 뒤에는 긍정, 부정형 문장이 모두 올 수 있으나 向来 뒤에는 긍정형만 옵니다.

从来没听说过这样奇怪的事。 여태껏 이렇게 이상한 일을 들어본적이 없다.

我的房间从来就很干净。 내 방은 줄곧 깨끗했다.

京剧向来是北京人最喜欢的戏剧。 경극은 줄곧 베이징인들이 가장 좋아하는 연극이다.

④ 又 / 再 / 还

모두 '다시'라는 의미로 사용되지만 의미상, 용법상, 위치상의 차이가 있습니다.

주의 又 / 再 / 还를 빈도부사로 분류하기도 합니다. '빈도'란 '얼마나 자주'를 표시하는 것이므로, 여기에서는 시간부사의 범주에 넣었습니다.

- **시제상의 차이**

    又는 과거에 발생된 일이 또다시 발생되었을때 주로 사용하며, 뒤에 了를 자주 수반합니다. 반면 再와 还는 주로 아직 발생되지 않은 미래의 일에 사용됩니다.

    他昨天来过这儿，今天又来了。 그는 어제도 오더니, 오늘 또 왔다.

    他不在，你明天再来吧。 그는 지금 없으니, (당신은) 내일 다시 오세요.

    Tip 명령·청유형의 어기조사 吧가 쓰인 문장에서 '다시'의 뜻이 있을 때 부사 再가 자주 보입니다. 따라서 만약 HSK 문제에서 보기에 又 / 再 / 还가 있으면, 제일 먼저 시제를, 다음으로 문장 끝에 吧가 있는지를 먼저 확인하세요.

- **능원동사와의 순서**

    又 / 再 / 还가 능원동사와 함께 쓰일 경우 어순이 조금 다릅니다. 又 / 还는 능원동사의 앞에, 再는 능원동사의 뒤에 위치합니다.

    又 / 还 ＋능원동사~

    你又想吃了? 너 또 먹고 싶다고?

    我还想吃。 난 더 먹고 싶어.

능원동사 + 再~

我想再吃一个。 난 한 개 더 먹고 싶어.

4. 부정부사

부정문을 만드는 부사들입니다.

1) 상용 부사

不 bù 과거, 현재, 미래 부정

如果现在不请他，他不会来的。 지금 그를 초청하지 않으면 그는 안 올 거야.

没 méi 과거, 현재 부정

天还没亮呢。 날이 아직 밝지 않았다.

别 bié 금지의 명령

别说话。 말하지 마.

2) 부정부사의 특징

① 연동문 / 겸어문에서 부정부사의 위치

연동문과 겸어문에 부정부사를 쓸 때는 '반드시 첫 번째 동사를 부정한다'는 것에 주의합니다.

- **연동문 : 주어 + 不 / 没 + 동사1 + 동사2**

  我不去北京学习汉语。 나는 베이징에 중국어를 공부하러 가지 않는다.

- **겸어문 : 주어 + 不 / 没 + 동사1 + 주어2 + 동사2**

  妈妈不让我去北京。 엄마는 내가(나로 하여금) 베이징에 못 가게 한다.

  Tip 연동문과 겸어문에서 부정부사를 쓸 때 우리나라 학생들은 흔히 연동문과 겸어문의 두 번째 동사를 부정하는 오류를 범합니다. 이것은 한국어로 해석할 때 나타나는 현상이므로, 해석을 먼저 하지 말고 무조건 첫 번째 동사 앞에 부정부사를 넣어야 합니다.

단어

亮 liàng [형] 밝아지다, 환하다

주의 HSK에 자주 출제되는 부정부사 위치 문제 HSK에서 부정부사의 예상문제로 가장 먼저 꼽히는 것이 바로 '从来 不(没)… / 根本(没)… / 没马上…' 등의 형식입니다. 고정형식처럼 쓰이는 표현들이므로 그대로 외워두는 것이 좋습니다. 또한 제한성 부사 只 / 光 / 仅 앞에 不를 두면 不只 / 不光 / 不仅 의 형식이 되는데, 이들은 복문에서 不但 (단지 ~일 뿐만 아니라)과 바꿔 쓸 수 있습니다.

② 기타 부사들과 부정부사의 순서

일반적으로 부정부사는 다른 일반 부사들의 뒤에 오지만, 일부 부사들은 부정부사의 뒤에 옵니다.

- 일반 부사 + 不 / 没 + 동사 / 형용사

  他根本不知道我的名字。　그는 아예 내 이름을 모른다.

- 不 / 没 + 一起 / 马上 / 只 / 光 / 仅

  我们不一起去。　우리는 같이 가지 않는다.

③ 범위부사와 부정부사

'전부 그런 것은 아니다'는 부분 부정, '전부 그렇지 않다'는 전체 부정입니다. 우리말은 어미가 변하지만, 중국어에서는 범위부사와 부정부사의 위치에 따라 의미가 달라집니다.

都 / 全 / 太 / 很 / 一定 + 不 / 没 + 都 / 全 / 太 / 很 / 一定

전체부정　　　　　　　　　　　　　　　　　　　　　　부분부정

我们都不是韩国人。　우리는 모두 한국인이 아니다.
我们不都是韩国人。　우리가 모두 한국인은 아니다.

5. 어기부사

동사와 형용사뿐만 아니라 하나의 절 전체를 수식해줄 수 있는 부사입니다. 동사와 형용사를 수식할 때는 물론 그 앞에 오며, 절을 수식할 때는 부사이기는 하지만 주어의 앞, 즉 문장의 맨 앞에 올 수 있습니다. 상용 어기부사의 종류와 뜻은 아래와 같습니다.

- 其实 qíshí 실은, 실제로는

  其实我不太喜欢那样的人。　사실 나는 그런 사람을 좋아하지 않는다.

- 终于 zhōngyú 결국, 드디어, 끝내

  他终于接受了我的要求。　그는 마침내 내 요구를 받아들였다.

- 到底 dàodǐ ① 도대체 ② 마침내 ③ 어쨌든, 역시

  这到底是谁说出去的?　이건 도대체 누가 말해버린 거야?

  问题到底解决了。　문제는 결국 해결되었다.

  你到底是我的女儿。　넌 역시 내 딸이야.

<단어>

接受 jiēshòu 통 받다, 수령하다

要求 yāoqiú 통 요구하다, 요청하다

女儿 nǚ'ér 명 딸

小孩子 xiǎo háizi 명 어린애

以为 yǐwéi 통 (잘못) 여기다

提醒 tíxǐng 통 일깨우다

月底 yuèdǐ 명 월말

炒鱿鱼 chǎo yóuyú 통 해고하다

响 xiǎng 통 (소리가) 울리다

- **毕竟** bìjìng ① 결국 ② 역시 / 어쨌든

  他毕竟走了。 그는 결국 떠났다.

  毕竟他是个小孩子。 어쨌든 걔는 어린아이이다.

- **原来** yuánlái 원래, 본래

  我以为是谁，原来是你。 누군가 했더니, 원래(알고 보니) 너였구나.

- **本来** běnlái 본래, 마땅히

  这本来是我的。 이것은 본래 내 것이다.

- **反正** fǎnzhèng 어차피, 어쨌든

  这也好，那也好，反正都一样。 이것도 좋고, 저것도 좋고, 아무튼 다 똑같다.

- **幸亏** xìngkuī 다행히, 운 좋게

  幸好你提醒了我，不然我就忘了。
  다행히 네가 날 일깨워줬구나. 안 그랬으면 난 잊었을거야.

- **大概** dàgài ① 대개 ② 아마

  大概这个月底回来。 대략 이번달 말에 돌아온다.

  这大概没有问题。 이건 아마 문제 없을 거야.

- **难道** nándào 설마

  难道你被炒鱿鱼了? 설마 너 해고당한 거야?

- **突然** tūrán 갑자기

  我睡着了，突然电话响了。 난 잠이 들었는데 갑자기 전화가 울렸다.

- **忽然** hūrán 갑자기, 突然보다 더 갑작스러움

  小白忽然大笑起来。 샤오 바이는 갑자기 크게 웃기 시작했다.

- **干脆** gāncuì 아예, 차라리

  反正这家商店很便宜，干脆再买一个吧。 어쨌든 이 가게는 싸니까 그냥 하나 더 사자.

6. 관련부사

관련부사는 술어를 수식할 뿐만 아니라, 앞뒤 단어, 구, 절을 연결하는 역할을 합니다. 특히 두 개 이상의 구나 절이 연결된 복문에서는 접속사와 함께 짝을 이루어 사용되므로, 함께 사용되는 접속사를 잘 알아두어야 합니다.

1) 상용 관련부사

단어

遍 biàn 양 번, 회
停 tíng 통 멎다, 그만두다

- **才 겨우, 가까스로**
  我讲了好几遍，他才明白。 내가 여러 번을 말하고 나서야, 그는 그제서야 이해했다.

- **就 곧, 바로**
  我讲了几遍，他就明白了。 내가 몇 번 말하자, 그는 곧 이해했다.

- **也 역시**
  天也亮了，风也停了。 날은 밝았고, 바람도 멈추었다.

- **都 모두**
  连一杯水都没喝。 심지어 물 한 잔도 마시지 않았다.

- **越 A 越 B A할수록 B하다**
  他们越说，我越不明白。 그들이 말을 할수록 나는 더 이해가 안 갔다.

2) 就 VS 才

주의

就와 才는 HSK 어법 문제에도 자주 출제되므로, 용법과 고정격식을 잘 알아두는 것이 좋습니다.

就와 才는 부사의 백미입니다. 둘은 회화에서 많이 사용되기도 하고, 상대적인 의미와 역할을 갖고 있어서 종종 비교되어 설명됩니다. 就는 就의 뒷부분이 '쉽게, 순조롭게, 빠르게' 진행되는 느낌이 강하고, 才는 그 반대로 뒷부분이 '겨우, 가까스로' 진행되는 느낌을 줍니다.

① A 就 B (A이면 B이다) VS A 才 B (A이어야 B이다)

就	才
他明天就来。	他明天才来。
그는 내일이면 온다.	그는 내일에야 온다.
七点就起床了。	七点才起床。
7시에 이미(벌써) 일어났다.	7시가 되어서야 겨우 일어났다.
他十八岁就结婚了。	她四十岁才结婚。
그는 18세가 되자 바로 결혼했다.	그녀는 40세가 되어서야 결혼했다.

② 수량구와 就 / 才

就는 수량이 많거나 적음 모두 표시 가능하지만, 才는 수량의 적음만을 나타냅니다.

就

他就买了三个，没多要。
그는 3개를 샀을 뿐 더 요구하지 않았다.

他就卖了三个，没剩下几个了。
그는 3개씩이나 팔아서, 몇 개 남지 않았다.

才

他才买了三个就走了。
그는 고작 3개를 사고서 가버렸다.

他才卖了三个，还剩下很多。
그는 3개밖에 못 팔아서, 아직 많이 남았다.

단어

剩 shèng 图 남다

③ 就와 才가 쓰이는 고정격식

- **一 A 就 B A하기만 하면(하자마자) B이다**

  她很聪明，一听就明白。 그 여자는 똑똑해서, 듣기만 하면 다 이해한다.

- **如果(要是)A 就 B 만약 A라면 B이다**

  如果我是你，我就不去。 내가 너라면 난 안 갈거야.

- **既然 A 就 B 기왕 A인 김에 B이다**

  既然你也知道，那我就告诉大家了。 기왕 너도 알고 있으니, 그럼 난 모두에게 알리겠어.

- **只要 A 就 B A이기만하면 B이다**

  只要你愿意，就可以去。 너가 원한다면 갈 수 있어.

- **A 就 A (吧) A하면 A하지 뭐(인정하거나 상관 없음)**

  贵就贵吧，反正这不是我的钱。 비싸면 비싸라지 뭐, 어차피 이건 내 돈도 아닌데 뭘.

- **只有(除非) A 才 B 오로지 A만이 B이다**

  只有你回来，我们才能下班。 네가 돌아와야만, 우리가 퇴근할수 있어.

단어

愿意 yuànyi 图 바라다, 원하다

下班 xià bān 图 퇴근하다

④ 부사 就의 제한적 의미

부사가 주어 앞(문두)에 놓이게 되면 '오로지'의 뜻으로 제한적인 의미를 나타냅니다.
(= 仅 / 光 / 净)

就你一个人不知道。 너만 몰라.

⑤ 才의 또 다른 의미

- **그야말로**

  她长得才漂亮呢。 그녀야말로 정말 아름답다니까.

- **존재의 미약함**

  你才是个小孩子。 넌 아직 어린 애일 뿐이라고.

05 전치사(介词)

"서술어의 육하원칙을 밝히자!"

전치사는 단독으로 사용될 수 없고, 그 뒤에 항상 전치사의 목적어로 명사(구)를 대동하여 [전치사 + 명사(구)] 형태의 전치사구로 활용됩니다. 문장 속에서 전치사구는 장소, 시간, 대상, 범위, 방식 등을 나타내며, 서술어의 구체적인 의미를 더해줍니다.

① 전치사구의 역할 및 어순

전치사는 문장 속에서 부사어, 관형어, 보어, 목적어, 주어 등으로 사용되는데, 특히 전치사가 부사어, 관형어, 보어로 사용될 때의 어순에 주의합니다.

1. 부사어로 쓰일 때 (일반적인 위치)

전치사구의 가장 기본적인 역할입니다. 부사어가 되어 술어가 '언제', '어디서', '누구에게', '어디서부터 어디까지', '어떻게' 등의 구체적인 의미를 밝혀줍니다.

> **주어 + 부사 + 전치사구 (전치사 + 명사) + 동사구**

我对中国文化很感兴趣。　나는 중국 문화에 대해 매우 관심이 있다.

2. 관형어로 쓰일 때

전치사구와 구조조사 的를 결합하여 명사(구)를 수식하는 관형어로 쓰입니다.

> **주어 + 동사 + 전치사구(전치사 + 명사) + 的 + 명사(구)**

我看过不少关于中国文化的录像带。　나는 중국문화에 관한 많은(적지 않은) 비디오를 보았다.

단어

感兴趣 gǎn xìngqù
흥미를 느끼다, 흥미를 가지다

录像带 lùxiàngdài 몡 비디오테이프

3. 보어로 쓰일 때

모든 전치사가 동사의 보어로 쓰이는 것이 아니라 아래 괄호 안 7개의 전치사만 가능합니다. 이 부분은 HSK 어법, 종합 부분에 자주 출제되므로 7개의 전치사들은 아래의 예문을 통째로 기억해둡니다.

동사 + 전치사구 (在 / 于 / 自 / 给 / 到 / 向 / 往 + 명사)

中华人民共和国成立于一九四九年。 중화인민공화국은 1949년에 성립되었다.

[주요 개사구]

住在首尔 서울에서 태어나다　　　　生于1988年 1988년에 태어났다

来自韩国 한국에서 왔다　　　　　　送给朋友 친구에게 보내다

开往北京 (차가) 베이징으로 간다　　走向世界 세계로 나아가다

学到这儿 여기까지 배우다

4. 목적어로 쓰일 때

자주 보이는 전치사구의 역할은 아니지만, 긴 독해문장에 간혹 나타나면 무척 당황하게 되는 표현입니다. 대부분 전치사 为了와 在가 是자의 목적어로 쓰입니다.

주어 + 是 + 전치사구 (为了 / 在 + 명사)

妈妈这样说是为了你的未来。 엄마가 이렇게 말하는 건 너의 미래를 위해서야.

5. 주어로 쓰일 때

자주 보이지는 않지만 전치사구가 주어로 쓰일 수도 있습니다.

전치사구 + 동사 + (목적어)

从8:00到12:00是工作时间。 8시부터 12시까지는 업무시간이다.

단어

中华人民共和国 Zhōnghuá Rénmín Gònghéguó 중화인민공화국

成立 chénglì 통 수립하다

2 종류 및 상용 전치사

전치사구로써 문장의 장소, 시간, 방향, 대상, 근거, 이유, 목적, 경과 등의 의미를 더해 줄 수 있습니다. 상용되는 전치사들은 아래와 같습니다.

1. 시간·장소 표시

시간을 표시할 수 있는 전치사는 대부분 장소도 표시할 수 있습니다. 공간을 표시하거나, 출발, 도착, 기준점, 통과지점 등을 나타냅니다.

1) 在 ~에, ~에서

① **부사어 : 在 + 시간 / 장소 + 동사**

在北京学习汉语。 베이징에서 중국어를 공부한다.

② **보어 : 동사 + 在 + 시간 / 장소**

住在北京大学附近。 베이징 대학교 부근에 산다.

2) 从 ~로부터

① **从 + 시간 / 장소 / 범위의 출발점 + 동사**

从韩国到中国坐飞机要两个小时。 한국에서 중국까지 비행기를 타면 두 시간이 걸린다.

② **从 + 근거 + 동사**

从你的表情来看，今天有什么不高兴的事?
네 표정을 보아하니, 오늘 무슨 언짢은 일 있었나 본데?

③ **从 + 통과지점 + 동사**

我从他们面前经过。 나는 그들의 앞으로 지나갔다.

3) 离 ~까지(기준점)

① 离 + 장소 / 시간 / 목표까지의 구간

学校离我家很近。　　　　　= 从我家到学校很近。
학교는 우리집에서 가깝다.　　= 우리집에서부터 학교까지는 가깝다.

离开学还有一个月。　　　　　= 从现在到开学还有一个月。
개학까지는 아직 한 달이 남았다. = 지금부터 개학까지는 한 달이 남았다.

4) 到… ~까지

① 부사어 : 到 + 장소 / 시간 / 목표의 도달점 + 동사

到三点没时间。 3시까지 시간이 없다.

② 보어 : 동사 + 到 + 장소 / 시간 / 목표의 도달점

今天我们学到这儿吧。 오늘 우리는 여기까지 배우겠습니다.

5) 自从… ~이래로

① 自从 + 과거 시점

从과 달리 장소에는 쓰이지 않으며, 주로 自从…以来 / 自从…以后 / 自从…起 등의
고정격식으로 쓰입니다.

自从开办以来已有八十年的历史。 창업 이래로 이미 80년의 역사를 가지고 있다.

6) 由

① ~로 부터 : 由(= 从) + 출발점 + 동사

由此可见，星座全都是迷信。 여기서 알 수 있듯이, 별자리는 전부 미신이다.

② ~로 인해 : 由 + 원인 / 방식 + 동사(引起 / 组成…)

这种错误是由粗心大意引起的。 이러한 잘못은 대충대충하는 것에서부터 비롯되었다.

③ ~이(가) : 由 + 행위자 + 동사

这些问题由他解决。 이 문제들은 그가 해결한다.

Tip 由는 다음의 동사와 짝지어 나오므로 함께 외워두세요.
解决 jiějué 해결하다 / 负责 fùzé 책임지다 / 担当 dāndāng 담당하다 / 引起 yǐnqǐ (사건을) 일으
키다 / 组成 zǔchéng 구성하다, 조직하다

단어

星座 xīngzuò 명 별자리

迷信 míxìn 명 미신

错误 cuòwù 명 실수, 잘못

粗心大意 cūxīn dàyì 경솔
하고 세심하지 못하다

引起 yǐnqǐ 동 (주의를) 끌
다, 야기하다

7) 于 ~에

① 부사어 : 于 + 시간 / 장소 + 동사

北京奥运会将于2008年8月开幕。 베이징 올림픽은 2008년 8월에 개막한다.

② 전치사 보어 : 동사 + 于 + 시간 / 장소

我毕业于北京大学。 나는 베이징 대학교를 졸업했다.

③ 비교 : 형용사 于 + 명사(대상)

苛政猛于虎。 가혹한 정치는 호랑이보다 무섭다.

Tip 초급자들에게 익숙치 않은 전치사입니다. 우리말의 '~에'에 해당한다고 보면 됩니다.

---

2. 방향 표시

방향을 표시하는 전치사로는 向 / 朝 / 往이 있으며, 모두 '~(방향)으로' 라고 해석할 수 있습니다. 그러나 이들 방향 표시 전치사는 용법상 차이가 있습니다. 동사 또는 목적어의 성질 등의 일정 조건에 따라서 함께 쓰기도 하고 함께 쓰지 못하기도 합니다.

1) 방향성 · 이동성이 있는 동사와 쓰일 때는 向 / 朝 / 往 모두 사용 가능

向前看 = 朝前看 = 往前看 앞을 보다

2) 방향성만 있고 이동성이 없는 동사와 쓰일 때 往은 사용 불가

窗向南开 / 窗朝南开 (○) 창문이 남쪽으로 열리다
窗往南开 (×)
向我挥手 / 朝我挥手 (○) 나를 향해 손을 흔들다
往我挥手 (×)

3) 방향성 · 이동성 없는 일반 동사 + 전치사 + 사람 목적어

向人民服务 (○) 인민을 위해 봉사하다
朝人民服务 (×)   往人民服务 (×)

단어

奥运会 Àoyùnhuì 명 올림픽

开幕 kāi mù 동 개막하다

苛政 kēzhèng 명 가정(苛政), 학정

猛 měng 형 사납다, 맹렬하다

단어

窗 chuāng 명 창

挥手 huī shǒu 동 손을 흔들다

人民 rénmín 명 인민, 국민

服务 fúwù 동 서비스하다

4) 向과 往은 1음절 동사 뒤에서 보어로 사용

① 방향 · 이동성 동사 뒤에는 둘 다 가능

开往南京 (○) 난징으로 (차 타고) 가다

奔向前方 (○) 앞을 향해 내달리다

② 추상적 의미의 동사가 올 경우에는 向만 가능

走向世界 (○) 세계를 향해 나아가다

走往世界 (×)

3. 대상 표시

크게 한국어의 '(추상적인 것)에 대하여'와 '(사람)에게 / 한테'로 나누어 생각할 수 있습니다. 특히 '~에 대하여'를 표시하는 전치사에는 对 / 对于 / 关于 / 至于 / 就가 있는데, 이들 전치사간의 차이점을 위주로 구분하는 것이 좋습니다.

1) 对 VS 对于 ~에 대해서 / ~로 말하자면

对와 对于는 대상을 이끌어내는 전치사로, 의미는 같지만 용법상 차이가 있습니다.

① '사람이 사람에 대해서'라고 말할 경우에는 对만 사용 가능

他对于我很好。(×) → 他对我很好。(○) 그는 내게 잘해준다.

② 对于는 전치사이지만 주어 앞(문장 맨 앞)에 사용 가능, 对는 사용 불가

对于这次活动 他们 会安排日程的。(○) 그들은 이번 활동에 대해 일정을 짤 것이다.
전치사구　　　　주어

对我他很好。(×) → 他对我 很好。(○) 그는 내게 잘해준다.

③ 对于는 부사와 능원동사의 수식을 받을 수 없음

他绝对不会对于困难败退的。(×)

→ 他绝对不会对困难败退的。(○) 그는 절대로 어려움에 물러서지 않을 것이다.

他们正在对这个问题进行讨论。(○) 그들은 마침 이 문제에 대해 토론을 진행하고 있다.

단어

活动 huódòng 명 활동

安排 ānpái 통 안배하다, 배정하다

日程 rìchéng 명 일정

败退 bàituì 통 패하여 물러서다

2) 关于 ~에 관해서

关于는 뜻은 对于와 비슷하지만, 대상을 이끌어내는 것이 아니라 범위를 한정하는 전치사입니다. 관형어와 부사어로 쓰이며, 부사어로 쓰일 때 반드시 주어 앞에 위치합니다.

关于这些问题，我们跟白老师联系吧。 이 문제에 관해서, 우리 백 선생님께 연락해보자.

我听到关于中国地震的消息了。
나는 중국 지진에 대한 소식을 들었다. (중국 지진에 대한 소식만 들은 것)

3) 至于 ~에 관해서

至于는 대화가 진행되는 도중에 앞의 화제와 성격이 조금 다른 두 번째 화제를 이끌어낼 때 사용합니다.

熊是杂食动物，也吃肉，也吃果实，至于熊猫，就是完全素食的。
곰은 잡식동물이다. 고기도 먹고, 과실도 먹는데, 판다에 관해 말하자면 완전한 채식동물이다.

4) 就 ~에 대하여

就는 부사이기도 하지만 전치사로도 쓰입니다. 就가 전치사로 쓰이면 '~에 대하여 / 관하여'의 뜻을 나타내며, 주어 앞에 옵니다.

就专业知识，我们进行了热烈的讨论。 전공 지식에 관해서, 우리는 열띤 토론을 벌였다.

5) 跟 ~와, ~에게

① ~와 　　 你跟我一起去吧。 너 나와 같이 가자.
② ~에게 　 汉语你跟谁学的? 중국어는 넌 누구한테 배운 거니?

6) 给 ~에게

给 전치사구는 역할이 매우 다양하기 때문에 앞과 뒤에 어떤 단어들이 나오는지 잘 살펴보아야 합니다.

① 부사어 : 给 + 대상 + 동사

改革开放给中国人民带来了社会发展。
개혁개방은 중국인민들에게 사회발전을 가져다 주었다.

---

② 보어 : 동사 + 给 + 대상

这件礼物我送给你。 이 선물은 내가 네게 주는 거야.

③ 처치문 / 피동문의 전치사 : 把 / 被 / 叫 / 让 + 명사 + 给 + 동사(기타성분)

我已经把那件事给忘了。 나는 그 일을 이미 잊어버렸다.

④ 피동 전치사로 동사를 직접 수식

我的手机又给弄坏了。 내 휴대전화가 또 망가졌다.

4. 근거 표시

어떤 사실의 근거나 기준을 표현하는데 쓰이는 전치사들로, '에 의하면, ~대로'로 표현
됩니다.

1) 按照 ~대로

전치사 按照는 주로 기준이나 방식을 표시하는 计划 / 想法 / 方法 / 要求 등의 명사
와 구를 이루며, 주어의 앞과 뒤(문장의 앞과 서술어의 앞)에 모두 올 수 있습니다.

按照原来的计划，我们处理问题。 원래의 계획에 따라, 우리는 문제를 해결한다.

2) 根据 ~에 근거하면

根据는 주로 근거자료의 의미를 갖는 统计 / 分析 / 结果 / 调查 등의 명사와 구를
이루며, 주어의 앞과 뒤(문장의 앞과 서술어의 앞)에 모두 올 수 있습니다.

根据新闻报道，今年经济情况很严重。
뉴스 보도에 따르면, 올해 경제는 상황이 심각하다고 한다.

단어

礼物 몡 lǐwù 선물
弄坏 nónghuài 통 망가
뜨리다
计划 jìhuà 몡 계획
处理 chǔlǐ 통 해결하다.
처리하다.
新闻 xīnwén 몡 뉴스
报道 bàodào 몡 보도
严重 yánzhòng 혱 심각
하다. 엄중하다

3) 凭 ~을 가지고, ~로서

凭은 우리말로 옮겨도 쉽게 드러나지 않아서 잘 이해되지 않는 전치사입니다. 凭 뒤에는 주로 졸업장 / 신분증 / (누구)의 지혜 / 누구의 능력 등을 나타내는 명사가 따라오는데, '이 명사들을 믿고, 가지고'로 이해하면 됩니다.

今晚的电影凭学生证可以打八折。
오늘 저녁 영화는 학생증이 있으면(에 근거하여) 20% 할인이다.

你凭什么那么说?　너는 뭘 믿고 그렇게 말하니?

단어

打八折 dǎ bā zhé 20%를 할인하다

4) 随着 ~함에 따라서

随着는 대부분 문장의 앞에 위치합니다. 전치사의 목적어로 '발전', '증가', '개선' 등의 명사가 오는데, '~해감에 따라'로 해석하면 쉽게 이해할 수 있습니다.

随着社会发展，人民的生活水平也提高了。
사회가 발전해감에 따라, 사람들의 생활 수준 역시 향상되었다.

5. 이유 · 목적 표시

원인이나 목적을 표현하는 전치사들로, '~때문에, 로 인해'로 표현됩니다. 因为와 由于는 전치사이면서, 접속사로도 자주 쓰이므로 용법과 위치에 주의해야 합니다.

1) 因为 ~때문에

① 전치사 : 주어 + [因为 + 명사] + 술어

他因为这件事还收到了表扬。　그는 이 일로 인해서 칭찬도 받았다.

② 접속사 : 뒷절에 所以가 자주 등장

因为天气不好，所以飞机不能按时起飞了。
날씨 때문에 비행기는 제시간에 이륙하지 못했다.

2) 由于 ~때문에

① 전치사

由于工作的关系，我在北京呆了几天。　업무 관계로 인하여 나는 베이징에서 며칠 머물렀다.

② 접속사 : 뒷절에 접속사 因此나 所以가 자주 등장

由于他认真做事，因此矛盾得到了彻底的解决。
그의 노력으로 인해, 잘못된 일이 철저한 해결을 얻게 되었다. (완전히 해결되었다)

3) 为 ～에게(위하여), ～때문에

① 为(= 给) + 대상 + 동사 : 대상을 위해(에게) ～하다

为人民服务 인민을 위해 봉사하다

② 为(= 为了) + 원인 / 이유 + 동사 : ～때문에 동사하다

大家都为这件事很高兴。 모두들 이 일로 인해 매우 기뻐한다.

Tip 为가 wéi로 발음될 때가 있습니다. 이런 경우 为(= 被) A 所 B의 형식으로, 'A에 의해 B 당하다'
라는 피동의 의미가 됩니다.
他的主张已经为不少的事实所证明。 그의 주장은 이미 많은 사실에 의해 증명되었다.

6. 경과 표시

같은 경과표시라도 시간이나 어떠한 과정의 경과를 표시할 때는 经过를, 길의 노선을 얘
기할 때는 沿着로 구분하여 씁니다.

1) 经过 ～를 통하여

经过 + 경과 과정 + 동사

经过는 추상적 의미의 일의 경과나 물리적인 의미의 시간 · 길에 모두 사용할 수 있습
니다.

经过大家讨论，决定采用第一个方案。
모두의 토론을 통해, 첫 번째 방안을 체택하기로 결정했다.

2) 沿着 ～를 따라서

沿(着) + 길 / 강

주로 길, 강, 사물의 가장자리 등에 사용됩니다.

沿着这条路一直走就到了。 이 길을 따라 쭉 가면 도착할 것이다.

단어

主张 zhǔzhāng 통 주장
(主張)하다
事实 shìshí 명 사실
证明 zhèngmíng 통 증명
하다.
采用 cǎiyòng 통 채택하
다.
方案 fāng'àn 명 방안
条 tiáo 양 길을 세는 단위

보어(补语)

"중국어 수식성분의 정수"

보어란 술어(동 / 형용사) 뒤에서 술어를 보충해주는 수식성분으로, 동 / 형용사 뒤에서 그 의미를 완벽하게 해줍니다. 우리에게는 다소 생소하지만, 중국어 표현을 아주 풍부하게 만들어주는 문장성분으로, 보어를 능숙하게 다룰 줄 안다면 그만큼 중국어를 잘한다고 볼 수 있습니다.

보어는 결과보어, 방향보어, 정도(정태 포함)보어, 가능보어, 수량(동량 · 시량)보어, 전치사구 보어가 있으며, 술어는 한 번에 하나의 보어만 가질 수 있습니다.

1 결과보어(结果补语)

결과보어는 술어 동사의 행위가 행해진 결과를 나타내며, 보어의 형식 중 가장 간단합니다. 서술어로 쓰인 동사의 바로 뒤에 또 다른 동사나 형용사가 결과보어로 등장합니다.

1. 형식

1) 긍정문 : 술어 동사 + 결과보어(동 / 형용사) + (了)

写完了。 난 다 썼어.

订好了。 (예약이 잘)끝났어.

2) 부정문 : 没 + 술어 동사 + 결과보어

결과보어 문장을 부정문으로 만들 때는 没를 동사 앞에 씁니다. 단, 가정(假定)의 뜻을 나타낼 경우 不로 부정할 수 있습니다.

没写完作业。 숙제를 덜 했다.

如果你不写完作业，你就不能看电视。 너 숙제 덜 끝나면, 텔레비전 못 볼 줄 알아.

3) 의문문

吗 의문문과 정반의문문 두 가지로 만들 수 있습니다.

단어
作业 zuòyè 명 숙제

① 吗 의문문 : 술어 + 결과보어 + 了吗?

写完了吗? 다 썼니?

② 정반의문문 : 술어 + 결과보어 +了没有?

写完了没有? 다 썼니 덜 썼니?

2. 종 류

1) 동사 결과보어

동사가 결과보어로 쓰이면 주로 동작의 완료됨을 나타냅니다.

결과보어	함께 자주 쓰이는 술어
…掉 diào	■ 동작을 행한 결과 소실됨 吃掉 먹어치우다 / 改掉 고쳐버리다 / 除掉 제거해버리다 / 扔掉 버려버리다 / 消失掉 없애버리다
…懂 dǒng	■ 동작의 결과로 이해하거나 알게됨 听懂 듣고 이해하다(알아듣다) / 看懂 보고 이해하다
…出 chū	① 동작을 행한 결과 안에서부터 바깥으로 이동 走出 걸어나가다 / 跑出 뛰어나가다 / 拿出 끄집어내다 ② 드러나지 않은 감춰진 것에서 뚜렷한 것으로 드러남, 또는 무(無)에서 유(有)로의 변화 说出 (입 밖으로) 말을 하다 / 看出 ~이 눈으로 보아 알 수 있다 / 反映出 반영되어 나오다
…见 jiàn	■ 동작을 해서 감각기관에 의해 인지됨을 표시 听见 듣다 / 看见 보다 / 闻见 냄새를 맡다 / 遇见 우연히 만나다 / 碰见 우연히 만나다
…开 kāi	■ 결합되어 있다가 분리 또는 이탈함
…上 shàng	① 합쳐짐 (开와 반대의 의미) 把书合上 책을 덮다 / 关上 닫다 ② 첨가 加上两个 두 개를 더하다 / 穿上 옷을 입다 ③ 목적달성, '하게 되다' 爱上她 그녀를 사랑하게 되다 / 看上他 그에게 반하다
…满 mǎn	■ 꽉 차거나 아주 많음 坐满 가득 앉다 / 站满 꽉차게 들어서 있다 / 放满 꽉 차게 두다

掉 diào 동사 뒤에서 동작의 제거, 떠남의 결과를 나타냄

除 chú 동 없애다

扔 rēng 동 던지다, 내버리다

消失 xiāoshī 동 없어지다, 사라지다

反映 fǎnyìng 동 반영하다

闻 wén 동 (냄새를) 맡다

遇见 yù jiàn 동 (우연히) 만나다

碰见 pèng jiàn 동 우연히 만나다

단어

停 tíng 〔동〕 멎다, 서다, 그 만두다

记 jì 〔동〕 (머릿속에) 기억 하다

睡 shuì 〔동〕 (잠을) 자다

抓 zhuā 〔동〕 잡다, 쥐다

站 zhàn 〔동〕 서다

翻译 fānyì 〔동〕 통역(번역) 하다

睁 zhēng 〔동〕 (눈을) 뜨다

…完 wán	■ 동작의 완결과 완성
	吃完 다 먹다 / **读完** 다 읽다 / **说完** 말을 마치다 / **用完** 사용하는 것을 마무리하다
…下 xià	① 고정과 남겨짐
	停下 정지하다 / **记下** 기억해두다 / **写下** 써두다
	② 분리와 이탈
	脱下 옷을 벗다 / **扔下** 버리다
…着 zháo	■ 이미 목적에 이르거나 또는 어떠한 결과를 얻음(= 到와 같은 용법)
	买着 사다 / **找着** 찾아내다 / **睡着** 잠들다
…住 zhù	■ 사람이나 사물의 위치를 고정시킴
	抓住 꽉 잡다 / **记住** 기억하다 / **站住** 서다 / **停住** 정지하다
…成 chéng	■ 어떠한 사물이 동사로 인해 어떠한 변화나 상태에 이미 다다랐음
	做成 ~로 만들다 / **看成** ~로 보다 / **当成** ~로 되다 / **读成** ~로 읽다 / **翻译成** ~로 번역하다

2) 형용사 결과보어

형용사가 결과보어로 쓰이면 동작의 완료와 더불어 완료된 상태를 설명합니다.

결과보어	함께 자주 쓰이는 술어 + 결과보어
对 duì / 错 cuò	■ 동사한 결과가 맞거나 틀림
	听错 잘못 듣다 / **说错** 잘못 말하다 / **算对** 맞게 계산하다 / **回答对** 맞게 대답하다
大 dà	■ 동사한 결과가 커짐
	放大 확대하다 / **变大** 크게 변했다 / **睁大** (눈을) 크게 뜨다
好 hǎo	■ 동사한 결과 잘 끝맺음
	做好 잘 만들다 / **算好** 잘 계산하다 / **准备好** 준비가 잘되다 / **安排好** 안배가 잘되다
干净 gānjìng	■ 동사한 결과 깨끗해짐
	洗干净 깨끗이 씻다 / **擦干净** 깨끗이 닦다 / **扫干净** 깨끗이 청소하다
惯 guàn	■ 동사하는 것이 습관이 됨
	吃惯 ~을 먹는 것이 습관이 되다 / **喝惯** 마시는 것이 습관이 되다 / **听惯** 듣는 것이 익숙하다
清楚 qīngchu	■ 동사한 결과 명확하고 분명함
	听清楚 명확하게 들었다 / **看清楚** 명확하게 보다 / **读清楚** 명확하게 읽다 / **说清楚** 명확하게 말하다

2 방향보어(趋向补语)

방향보어란 동사 뒤에서 동작의 방향 또는 사물의 발전 방향을 보충 설명하는 성분을 가리킵니다. 결과보어처럼 동사의 바로 뒤에 나오며, 방향성이 있는 동사들이 보어로 사용됩니다.

1. 형식 및 종류

보어로 쓰인 방향성 있는 동사의 음절이 하나이면 단순방향보어, 음절이 두 개이면 복합방향보어입니다.

1) 단순방향보어 (1음절)

단순방향보어는 다음과 같은 두 가지 형식이 있습니다.

> ① 동사 + 来 / 去
> ② 동사 + 上 / 下 / 进 / 出 / 回 / 过 / 起

他从外面跑来了。 그는 바깥에서 뛰어 왔다.

他上去了。 그는 올라갔다.

他从楼上下来了。 그는 위층에서 내려왔다.

我要飞上青天。 나는 푸른 하늘로 날아오르고 싶다.

我买回一件大衣。 나는 외투 한 벌을 사왔다.

妈妈一个一个地抱起她的孩子们。 엄마는 아이들을 하나하나 안아주었다.

2) 복합방향보어 (2음절)

복합방향보어는 단순방향보어인 上 / 下 / 进 / 出 / 回 / 过 / 起와 来 / 去의 조합으로 형식은 다음과 같습니다.

> 동사 + 上 / 下 / 进 / 出 / 回 / 过 / 起 + 来 / 去
> 복합방향보어

※ ☺ 화자

	上	下	进	出	回	过	起	단순방향보어
복합방향보어	上来	下来	进来	出来	回来	过来	起来	来
	上去	下去	进去	出去	回去	过去	X	去

Tip 방향보어는 주로 화자의 입장에서 동작의 방향을 표현하게 됩니다. 그래서 방향보어의 의미를 이해하기 쉽도록 각각의 방향보어 옆에 화자를 중심으로 동작의 이동방향을 표시했습니다.

风筝飞上去了。 연이 (위쪽으로) 날아갔다.

慢慢儿从楼上走下来了。 천천히 2층에서 걸어 내려왔다.

他从外面跑过来了。 그는 바깥에서 뛰어 (내 쪽으로) 왔다.

2. 복합방향보어의 확장된 의미

각각의 방향보어들은 동작의 방향성을 나타내는 의미 외에 확장된 의미의 추상적인 진행방향을 나타내기도 합니다. 방향보어는 일반적으로 동사와 결합하지만, 일부 방향보어는 형용사와도 결합할 수 있으므로, 방향보어별 용법에 주의해야 합니다.

	확장된 의미	예 문
上来 (동사)	① 위로 동작을 실시(화자의 나이, 지위가 높음) ② 낮은 수준 → 높은 수준으로 변화	① 大家把作业交上来。 모두들 숙제를 내세요. ② 经过努力，我儿子的学习跟上来了。 노력을 통해서, 우리 아들의 공부는 (다른 애들을) 따라잡았다.
上去 (동사)	① 위로 동작을 실시(화자의 나이, 지위가 낮음) ② 낮은 수준 → 높은 수준으로의 변화	① 昨天的作业已经交上去了。 어제 숙제는 이미 제출했다. ② 我们都希望生活水平能提高上去。 우리는 모두 생활수준이 향상되길 바란다.
过去 (동사)	① 정상 → 비정상으로의 변화 ② 완료된 상태 등을 나타냅니다.	小李他昨天上课的时候突然昏过去了。 샤오 리 걔가 어제 수업할 때 갑자기 쓰러졌어. 那么辛苦的日子，我们都熬过去了。 그렇게 힘들었던 날들을 우리는 다 겪어냈다.

	확장된 의미	예 문
过来 (동사)	① 비정상 → 정상의 변화 ② 시간적, 공간적, 수량적으로 할 만한 능력이 있음을 표시. 이 경우, 주로 방향보어를 활용한 가능보어의 형태 [동 / 형용사 + 得 / 不 + 过来] 로 쓰임.	他慢慢儿醒过来了。 그녀는 점점 정신이 들었다.(깨어났다) 可能忙不过来。 아마 매우 바쁠 것이다. 他可能干得过来。 그는 아마 해낼 수 있을 것이다.
出去 (동사)	동작이 내부 → 외부로 실현되어 표출될 때	你不要把这件事说出去。 너는 이 일을 (밖으로) 말하지 마라.
出来 (동사)	① 동작을 통해 사람이나 사물을 분별·식별해낼 때 ② 동작의 결과, 무 → 유, 불명확 → 명확함으로 변화	我看出来了，你是中国人。 난 네가 중국인이라는 걸 딱 보고 알았어. 儿子画出来一只狗。 아들은 개 한 마리를 그려냈다.
下来 (동사 / 형용사)	■ 동사 + 下来 ① 고정 ② 분리 ③ 과거 → 현재까지 지속 ④ 위 → 아래로 ~함 (화자의 나이, 지위가 낮음) ■ 형용사 + 下来 소극적 형용사의 뒤에 붙어서, 형용사의 상태가 출현한 뒤 계속 그 상태가 지속됨을 강조	① 老师说的，你都记下来了吗？ 선생님이 말씀하신 것, 너 다 기억해두었니(외웠니)? ② 把雨衣脱下来吧。 우의를 벗으렴. ③ 吃粽子的传统一直传下来了。 쫑즈를 먹는 전통은 줄곧 전해져 내려왔다. ④ 通知书发下来了吗？ 통지서가 (상부로부터) 발부되었나요? 教室里安静下来了。 교실 안은 조용해졌다.
下去 (동사 / 형용사)	■ 동사 + 下去 ① 동작, 상태의 지속 ② 위 → 아래로 동작이 이루어짐 (화자의 나이, 지위가 높음을 암시) ■ 형용사 + 下去 소극적 형용사 뒤에 쓰여, 원래 형용사한 상태가 계속 발전되어감을 강조	① 汉语你应该努力学下去。 중국어는 네가 열심히 배워나가야만 한다. ② 工资老板已经发下去了。 임금은 사장이 (부하직원들에게) 이미 지급했다. 他最近工作很忙，一天一天地瘦下去。 그는 요즘에 일이 바빠서, 나날이 말라간다.
起来 (동사 / 형용사)	■ 동사 + 起来 ① ~하기 시작하다 ② 가정의 의미 '~을 한다면' ■ 형용사 + 起来 형용사 정도가 점점 심해지다	① 股票涨起来。 주식이 오르기 시작하다. ② 可是听起来很容易，做起来很难。 그렇지만 듣기에는 쉽지만 하기에는 어려워. 天亮起来了。 날이 점점 밝아지고 있다.

단어

雨衣 yǔyī 몡 비옷

脱 tuō 통 벗다

粽子 zòngzi 몡 쫑즈(중국 전통음식)

传统 chuántǒng 몡 전통

传 chuán 통 전하다

安静 ānjìng 혱 고요하다

应该 yīnggāi 능 마땅히 ~해야 한다

工资 gōngzī 몡 급여

老板 lǎobǎn 몡 주인, 사장

瘦 shòu 혱 (몸이) 여위다, 마르다

주의 소극적 형용사

수량이 적거나 정도가 약한 뜻을 가진 형용사를 말하며, 부정적인 의미의 형용사를 일컫는 말이 아닙니다.

短 duǎn 짧다

低 dī 낮다

矮 ǎi (키가) 직다

窄 zhǎi 좁다

薄 báo 얇다

浅 qiǎn 얕다

细 xì 얇다

瘦 shòu 마르다

小 xiǎo 작다

轻 qīng 가볍다

近 jìn 가깝다

少 shǎo 적다

便宜 piányi 저렴하다

방향보어는 동사와 밀접한 관계에 있는 동태조사 및 목적어와의 위치에 주의해야 합니다.
특히 복합방향보어는 다양하게 변화하기 때문에 잘 알아두어야 합니다.

1) 복합방향보어와 了의 위치

복합 방향보어에서 了의 위치는 동사 뒤, 방향보어 뒤 둘 다 가능합니다.

学生们向老师跑了过去。 학생들은 선생님에게 뛰어갔다.
学生们向老师跑过去了。

2) 목적어의 위치

동사 뒤 목적어와 보어의 자리 쟁탈전은 매우 치열합니다. 목적어가 일반 목적어인지
장소 목적어인지에 따라, 이합사가 동사로 쓰였을 경우에 따라 방향보어의 위치가 달
라집니다. 특히 복합방향보어는 두 단어가 붙었다 떨어졌다 하기 때문에 더 복잡해보
이지만, 복합방향보어의 앞 부분은 무조건 동사의 바로 뒤에 붙고, 위치 이동을 하는
것은 来 / 去라는 것을 기억하면 쉽습니다.

① 일반 목적어는 방향보어 중 来 / 去의 앞이나 뒤 모두 가능

我从北京买回来一本书。(○) 나는 베이징에서 책 한 권을 사가지고 돌아왔다.
我从北京买回一本书来。(○)

② 장소 목적어는 방향보어 중 来 / 去의 앞에

他把那辆车买回上海来了。(○) 그는 그 차를 가지고 상하이로 돌아왔다.
他把那辆车买回来了上海。(×)

③ 이합사 + 복합방향보어

이합사에 복합방향보어가 붙을 때는 이합사의 목적어 부분을 반드시 来 / 去의 앞에
위치합니다.

刮风 + 起来   刮   起   风   来
              이합사의 동사   방향보어1   이합사의 목적어   방향보어2

- 游泳 + 过去   →   他向对岸游过泳去了。 그는 맞은편 기슭으로 헤엄쳐 건너갔다.
- 下雨 + 起来   →   下起雨来了。 비가 내리기 시작했다.
- 唱歌 + 起来   →   她唱起歌来了。 그녀는 노래를 부르기 시작했다.

3 정도 · 정태보어(程度 · 情态补语)

동사나 형용사의 뒤에서 '상태와 상황이 어떤 정도까지 이르게 되었음'을 설명해주거나 동사나 형용사의 상태를 묘사해주는 성분을 정도보어, 정태보어라고 합니다. 정도보어와 정태보어는 '~할 정도로 …하다'라는 뜻입니다.

1. 정도보어(程度补语)

형용사나 심리동사 뒤에서 정도를 표시할 때 쓰이며, 주로 '굉장히 / 매우 ~하다'의 뜻이 많습니다. 보어로 오는 단어의 성질에 따라 得를 쓰기도 하고 쓰지 않기도 합니다. 그러므로, 정도보어들은 아예 한 단어처럼 생각하고 외워두는 것이 좋습니다.

1) 형용사 + 得 + 很 / 多 / 慌 / 要命 / 要死 / 不得了 / 不行

最近早晚冷得要命。　최근에는 아침저녁으로 정말 추워죽겠다.
最近早晚冷要命了。(×)

2) 형용사 + 得 + 多 / 远

정도가 상당히 강함을 표현합니다.

他的汉语比我强得多。　그의 중국어(실력)는 나에 비해 훨씬 낫다.

3) 형용사 + 多 / 远 + 了

정도가 상당히 강함을 표현하며, 어기조사 了와 함께 쓸 때는 得를 쓰지 않습니다.

他的汉语比我强多了。　그의 중국어는 나에 비해 훨씬 낫다(잘한다).

4) 형용사 + 极了 / 死了 / 坏了 / 透了

형용사의 정도가 매우 극심함을 표현하는 최상급 표현이며, 得를 쓰지 않습니다.

他心里难过极了。　그의 마음은 너무 견디기 힘들었다.
他心里难过得极了。(×)

단어

早晚 zǎowǎn 명 아침과 저녁

强 qiáng 형 (힘이) 강하다

难过 nánguò 형 힘들다

2. 정태보어(情态补语)

동사 또는 형용사의 뒤에서 동작의 상태를 묘사하거나 상황을 설명하고 평가합니다.

1) 정태보어의 형식

정태보어는 보어 중에서 가능보어처럼 동사 / 형용사 뒤에 구조조사 得를 사용하여 보어를 구성합니다. 부정문을 만들 때는 得의 뒤에 부정부사를 쓴다는 것에 주의하세요.

문형		형 식	예문
긍정형		동 / 형용사 + 得 +(怎么样…)	说得非常好。 말을 매우 잘한다.
부정형		동 / 형용사 + 得 + 不 + …	说得不太好。 말을 그다지 잘 못한다.
의문형	吗 의문문	동 / 형용사 + 得 + … 吗?	说得好吗? 말을 잘하니?
	정반 의문문	동 / 형용사 + 得 + … 不~?	说得好不好? 말을 잘해 못해?
	의문사의문문	동 / 형용사 + 得 + 怎么样?	说得怎么样? 말하는 게 어때?
★ 목적어의 위치		(동사) + 목적어 + 동사 + 得 + …	(说)汉语说得很好 중국어를 잘한다.

2) 정태보어 사용시 주의할 점

① 동사 / 형용사 중첩 불가

정태보어를 사용한 문장의 핵심은 서술어로 쓰인 동사나 형용사가 아니라 '서술어의 정도, 상태'를 나타내는 '보어'입니다. 따라서 정태보어가 쓰인 문장에서는 서술어로 쓰인 동사나 형용사를 중첩하여 강조하지 않습니다.

写写得很认真。(×)→ 写得很认真。(○) 참 열심히 쓴다.

② 정태보어를 쓸 수 없는 형용사

雪白 / 漆黑 / 通红 / 冰凉… 등 앞뒤 단어가 서로 수식하거나 비유하는 관계로 이루어져 자체에 정도의 의미를 갖고 있는 형용사들은 정태보어를 사용하지 않습니다.

墙壁雪白得像雪。(×)→ 墙壁白得像雪。(○) 벽이 눈처럼 희다.

墙壁 qiángbì 몡 벽

③ 이합사 및 목적어를 갖는 동사와 정태보어

목적어가 있는 동사와 이합사가 정태보어를 가질 때는 동사를 중복하여 목적어와 정태보어를 표시하거나, 목적어를 서술어 앞으로 도치하기도 합니다.

- **동사 + 목적어 + 동사 + 정태보어**

  喝酒[동사 + 목적어]

  喝酒得很多。(×)→ **喝酒喝得很多。**(○) 술을 많이 마신다.

  跳舞 [이합사]

  跳舞得很好。(×)→ **跳舞跳得很好。**(○) 춤을 아주 잘 춘다.

- **목적어 + 동사 + 정태보어**

  他汉语说得很好。 그는 중국어를 잘한다.

  他身体壮得很。 그는 아주 건장하다.

단어
跳舞 tiào wǔ 图 춤을 추다

---

4 가능보어(可能补语)

동사 또는 형용사 뒤에서 가능 여부를 보충설명하며, '할 수 있다 / 없다'라고 해석할 수 있습니다. 가능보어는 동사 뒤에 **得了 / 不了 / 得 / 不得**를 붙이거나, 결과보어 또는 방향보어를 이용하는 등 다양한 형태를 취합니다.

1. 종류와 형식

가능보어도 정태보어와 비슷하게 구조조사 **得**를 사용하지만, 보어로 동사나 형용사가 오는 것이 아니라, 결과보어, 방향보어 등이 사용된다는 차이점이 있습니다. 동사와 보어 사이에 긍정일 경우 **得**를, 부정일 때는 **得** 대신 **不**를 넣습니다.

1) 결과보어를 이용한 가능보어 [동 / 형용사 + 得 / 不 + 결과보어]

동사와 결과보어 사이에 得나 不를 넣어 가능보어를 만듭니다. 해석할 때 '~해서 …
할 수 있다 / 없다'라고 직역하면 확실하게 의미를 짚을 수 있습니다.

동사 + 결과보어	가능보어 긍정형	가능보어 부정형
听 + 懂 듣고 이해하다	听得懂 듣고 이해할 수 있다	听不懂 듣고 이해할 수 없다
看 + 见 보다	看得见 볼 수 있다	看不见 볼 수 없다
写 + 清楚 분명하게 쓰다	写得清楚 분명하게 쓸 수 있다	写不清楚 분명하게 쓰지 못하다

2) 방향보어를 이용한 가능보어 [동 / 형용사 + 得 / 不 + 방향보어]

동사와 방향보어 사이에 得나 不를 넣으면 가능보어를 만들 수 있습니다. '~할 수 있
다 / 없다'로 해석할 수 있습니다.

동사 + 방향보어	긍정형	부정형
举起 들어 올리다	举得起 들어 올릴 수 있다	举不起 들어 올릴 수 없다
过去 건너가다	过得去 건너갈 수 있다	过不去 건너갈 수 없다

3) 동 / 형용사 + 得了 / 不了

가능보어의 가장 간단한 형식이며, '(어떠한 이유로) ~할 수 없다'라는 뜻입니다.

동사 / 형용사	긍정형	부정형
来	来得了 올 수 있다	来不了 올 수 없다
决定	决定得了 결정할 수 있다	决定不了 결정할 수 없다

4) 동 / 형용사 + 得 / 不得

많이 보이는 형태는 아니지만, 동 / 형용사 뒤에 得 / 不得를 써서 '~할 수 있다(없다)
/ ~해도 된다(안 된다)'의 의미를 나타냅니다.

동사	긍정형	부정형
记	记得 기억하다	记不得 기억하지 못하다
吃	吃得 먹을 수 있다(먹어도 된다)	吃不得 먹을 수 없다. (먹으면 안 된다)

1) 가능보어는 把자문, 被자문에 사용 불가

把자문과 被자문에 쓰인 동사 뒤에는 가능보어를 쓸 수 없습니다.

我把这件事办不好。(×)

2) 가능보어 VS 결과보어 / 정태보어

가능보어는 형식상으로 보면 정태보어와 혼동되고, 의미상으로 보면 결과보어와 혼동됩니다. 보어 구별법을 간단하게 확인합시다.

보어	긍정문	부정문
가능보어	你说的话我听得清楚。 네가 한 말을 난 잘 들을 수 있다.	你说的话我听不清楚。 네가 한 말을 잘 들을 수 없다.
정태보어	你说的话我听得很清楚。 네가 한 말이 난 아주 잘 들린다.	你说的话我听得不太清楚。 네가 한 말이 난 잘 들리지 않는다.
결과보어	我听清楚了。 네가 한 말을 난 분명히 들었다.	我没听清楚。 네가 한 말을 분명하게 듣지 못했다.

① 긍정문

得 / 不의 뒤에 1음절이나 2음절의 동사나 형용사가 따라오면 가능보어일 확률이 높습니다. 해석할 때 반드시 가능보어는 '~할 수 있다 / 없다'로 해야 의미를 확실히 구별지을 수 있습니다.

② 부정문

부정문은 반드시 보어의 앞에 不를 씁니다. 정태보어는 가능보어보다 다양한 성분들이 보어 자리에 올 수 있으며, 부정문을 만들 때 得 뒤의 보어를 부정한다는 것을 기억해야 합니다. 또 결과보어는 得 / 不를 사용하지 않고, 부정문을 만들 때는 서술어로 쓰인 동사 앞에 没 / 不를 써서 부정하며, '~했다, 못했다'로 해석합니다.

5 수량보어(数量补语)

수량보어는 동 / 형용사 뒤에서 동사의 수량 개념을 보충해주는 말입니다. 시간의 양을 나타내는 시량보어와 동작의 횟수를 나타내는 동량보어가 있습니다. 시량보어와 동량보어는 상당히 유사하면서도 차이점이 있으니, 서로 비교해서 익혀두도록 합니다.

1. 수량사 (数词 + 量词)

수량사가 보어로 쓰인 것을 수량보어라고 합니다. 그렇다면 수량사는 무엇일까요? 수량사는 수사와 양사를 합쳐서 수량사라고 일컬으며, 수사는 수(1, 2, 3…)를 말하고 양사는 양의 단위를 말합니다. 수량사는 명량 / 시량 / 동량 정도로 구분할 수 있는데, 명사를 수식하는 양사를 명량사, 시간을 표현하는 것을 시량사, 동사의 동작 횟수를 세는 것을 동량사라고 합니다.

가장 기본적인 것은 명량사로, 중국어는 양사가 발달되어 있어 명사가 무엇인지에 따라 양사도 바꿔줘야 합니다. 상용되는 명량사는 다음과 같습니다.

	양사		사용되는 명사
장소 · 건물	家 jiā	(가게, 회사) 하나	商店、公司、…
	所 suǒ	(주로 비영리단체) 채	幼儿园、小学、邮局…
	座 zuò	(규모가 큰) 하나	山、大厦…
책	本 běn	권	小说、地图…
도구	台 tái	(한) 대	彩电、录音机…
	部 bù	(한) 편	电影…
탈 것	辆 liàng	(한) 대	自行车、摩托车…

단어

地图 dìtú **명** 지도

		양사	사용되는 명사
동물	只 zhī	마리	船、老虎、鸟…
	匹 pǐ	필	马、布…
	口 kǒu	마리 / 구멍 모양의 입구	猪、井、三口人…
긴 것	条 tiáo	마리 / 줄기	鱼、领带、新闻…
여러 모양	块 kuài	한 뭉테기	肉、蛋糕、钱…
	把 bǎ	손잡이가 있는 사물	刀、椅子、雨伞…
	张 zhāng	(한) 장	光盘、地图、脸…
	幅 fú	(한) 폭	画儿…
일, 사건	份 fèn	(한) 분량	报纸、文件、饭…
	件 jiàn	(한) 건	事情、衣服、行李…
	回 huí	차례	两回事儿、怎么回事、那么回事
항목	项 xiàng	(한) 종류	运动、工程、任务…
짝	双 shuāng	(한) 쌍 (좌우 동일)	一双手、一双鞋、一双筷子…
	对 duì	(한) 쌍	夫妇、母女…
	副 fù	(한) 개	眼镜…
둘 이상 / 무리	群 qún	(한) 무리	上海人、追星族、狼…
	批 pī	(한) 떼거지	第一批游客、第三批货…
	帮 bāng	(주로 안 좋은 의미의) 무리	乞丐、哥儿们…
꼬치	串 chuàn	다발, 꼬치	钥匙、项链、葡萄…

단어

猪 zhū 명 돼지
井 jǐng 명 우물
鱼 yú 명 물고기
领带 lǐngdài 명 넥타이
新闻 xīnwén 명 뉴스
肉 ròu 명 고기
蛋糕 dàngāo 명 케익
刀 dāo 명 칼
椅子 yǐzi 명 의자
雨伞 yǔsǎn 명 우산
光盘 guāngpán 명 CD
脸 liǎn 명 얼굴
画儿 huàr 명 그림
报纸 bàozhǐ 명 신문
文件 wénjiàn 명 문서
事情 shìqing 명 용무
行李 xíngli 명 짐
两回事儿 liǎng huí shìr 두 가지 일
怎么回事 zěnme huí shì 어찌된 일
那么回事 nàme huí shì 그렇게 된 일
工程 gōngchéng 명 공사, 공정
任务 rènwu 명 임무
鞋 xié 명 신발
筷子 kuàizi 명 젓가락
夫妇 fūfù 명 부부
母女 mǔnǚ 명 모녀
眼镜 yǎnjìng 명 안경
追星族 zhuīxīngzú 명 오빠부대
狼 láng 명 이리, 늑대
游客 yóukè 명 여행객
货 huò 명 상품
乞丐 qǐgài 명 거지
哥儿们 gērmen 명 형제들, 남자들을 부르는 호칭
钥匙 yàoshi 명 열쇠
项链 xiàngliàn 명 목걸이
葡萄 pútao 명 포도

2. 시량보어(时量补语)

시량보어는 동사가 지속된 시간의 양, 즉 '얼마 동안 ~하다'에 해당합니다. 이때 동사들은 반복 가능한 동작들 즉, 지속성 동사들이 옵니다. 간혹 비지속성 동사가 오기도 하는데, 이런 경우에는 동사의 '동작을 한 이후 시간이 얼마나 지났는가'를 나타냅니다.

1) 형식 [동사 + 시량사(시간 개념)]

시량사는 기본적으로 동사의 뒤에 위치합니다.

我等了一个小时。 나는 한 시간을 기다렸다.

我看了一个小时的电影。 나는 한 시간 동안 영화를 봤다.

我来北京一年了。 나는 베이징에 온 지 1년이 되었다.

2) 부정문

부정문일 때는 시량사가 동사 앞에 위치합니다.

我们三年没见面。 우리는 3년 동안 못 만났다.

3) 시량보어와 목적어의 위치

시량보어는 술어를 뒤에서 꾸며주기 때문에 동사 술어가 목적어를 가질 경우 목적어와의 순서에 주의해야 합니다. 특히 목적어의 성격에 따라 시량보어와 목적어의 위치가 달라집니다.

① **동사 + 목적어 + 동사 + 시량보어**

| 等 | 他 | 等了 | 很长时间 | 그를 오랜 시간 동안 기다렸다 |

② **동사 + 시량보어 + 일반 명사**

| 看了 | 一个小时 | 电影 | 한 시간 동안 텔레비전을 보다 |

③ **동사 + 대명사 + 시량보어**

| 等 | 他 | 一个小时 | 그를 한 시간 동안 기다리다 |

④ **동사 + 시량보어 + 특정인**

| 替 | 一个小时 | 老师 | 한 시간 동안 선생님을 대신하다 |

⑤ 비지속동사 + 지명 + 시량보어

来　　　　　首尔　　　一年　　　서울에 온 지 1년 되다

3. 동량보어(动量补语)

동량보어는 동사의 뒤에서 동작의 횟수, '몇 번 ~하다'라는 뜻을 나타냅니다.

1) 형식

동사 + 수량사(동작의 횟수 개념)

老师说了一次。 선생님은 한 번 말씀하셨다.

这本书我看过三遍了。 이 책은 내가 세 번 보았다.

我去过一趟。 나는 한 번 가본 적이 있다.

2) 상용 동량사

- 阵 zhèn (짧은 시간의) 번, 차례

  下了一阵雨 잠시 비가 내렸다.

- 场 chǎng (자연현상과 관련된) 번

  下了一场雨 비가 내렸다.

- 番 fān 바탕

  讨论了一番 토론을 한바탕했다 / 翻一番 한바탕 찾다

- 顿 dùn (권고, 구타) 번

  一天吃了三顿 하루에 세끼를 먹는다

  被骂了一顿 욕을 한바탕 얻어먹었다.

- 趟 tàng (왕복하는) 번

  我去了一趟 나는 한 번 다녀왔다.

- 次 cì (횟수를 강조하는) 번

  你再去一次吧。 다시 한 번 가렴.

- **回 huí** 번. 次와 같은 의미, 회화체에서 더 많이 쓰임

  你去一回吧。 한번 가봐라.

- **下 xià** 짧은 시간의 번

  你等一下。 잠시만 기다리세요.

3) 동량보어와 목적어의 위치

동량보어에서 가장 중요한 것은 목적어와 보어의 위치입니다. 시량보어와 마찬가지로 목적어와 보어의 위치를 결정하는 기준은 목적어의 성질입니다.

① **동사** + **보어** + **일반 명사**

| 看过 | 一次 | 电影 | 영화를 한 번 보았다 |

② **동사** + **대명사** + **보어**

| 看过 | 他 | 一次 | 그를 한 번 본 적이 있다 |

③ **동사** + **특정인 / 지명** + **동량보어**(보어는 동사 뒤, 목적어 뒤 모두 가능)

找过	老师	三次	선생님을 세 번 찾았다
找过	三次	老师	
去过	北京	一次	베이징에 한 번 가봤다
去过	一次	北京	

Tip 목적어가 동물인 경우도 보어의 앞뒤 자리 모두 가능

④ **동사** + **목적어** + **차량보어**(刀 / 脚 / 拳…)

| 给了 | 对手 | 一脚 | 상대에게 킥을 한 차례 날렸다 |

Tip 一把 / 一眼은 목적어가 차용양사의 앞뒤 자리 모두 가능

주의 차용양사
신체 일부의 이름을 양사로 사용하는 말을 뜻합니다. '～번'으로 해석하면 됩니다.

MEMO

Part 02

특수문형과 복문 다잡기

특수 문형과 강조 문형 그리고 복문에 대해 알아봅시다.

중국어는 문장 속에서 항상 고정적인 격식을 갖는 어휘들이 많은데, 이를 특수문형이라고 합니다.
강조문도 고정형식을 취합니다. 그래서, 중국어 문장을 볼 때는 어휘를 기준으로 보지 않고, 먼저
어떤 형태의 고정형식이 문장에 쓰였는지를 찾는 것이 중요합니다. 이번 장에서는 이러한
특수문형과 강조문형에 대해서 알아보고, 두 개 이상의 문장으로 결합되
는 복문에 대해 살펴봅시다.

01 특수문형

단어들 가운데 특정한 형식을 가지는 것들이 있습니다. 이들은 매우 자주 쓰이므로 아예 중국어에서 특수문형으로 분류됩니다. 이러한 특수문형의 종류를 파악하고 각 문형의 특징을 알아봅시다.

1 연동문(连动句)

학생들에게 '그는 중국어를 공부하기 위해(공부하러) 간다'라는 문장을 중국어로 작문하도록 하면 거의 다 '为了学习汉语, 他去中国'라고 합니다. 전치사 为了를 사용한 문장이죠. 하지만, 언어는 간명하고 정확할수록 핵심에 다가설 수 있습니다. 앞의 문장은 '他去中国学习汉语'라고 할 수 있습니다. 이처럼 하나의 주어에 두 개 이상의 동사가 문장 중의 휴지 없이 연이어 나오는 문장을 연동문이라 하며, 동사와 형용사, 또는 형용사와 동사로 이루어질 수도 있습니다.

1. 연동문의 형식 및 종류

연동문은 앞뒤 동사의 관계에 따라 아래의 몇 가지 종류로 나눌 수 있는데, 이러한 관계를 잘 알아두면 문장 구조 파악은 물론 회화에 상당히 도움이 됩니다. 특히, 순서, 방식, 목적의 경우는 회화에서 상용되며, HSK에서도 자주 출제됩니다.

동사1 + (기타 관련 성분) + 동사2 + (기타 관련 성분)

순서	穿上衣服推开门跑了出去。	옷을 입고 → 문을 열고 → 뛰어 나갔다. (동사 1, 2가 순서 관계)
방식	坐着看书。	앉아서(방식) 책을 본다.(동사1이 동사2의 방식)
목적	去北京学习汉语。	베이징에 간다.(왜?) 중국어 배우러. (동사2가 동사1의 이유나 목적)
상반	拿着不放。	들고서 놓지 않는다.(동사1,2가 서로 반대 관계)
수식	有道理这样说吗?	일리가 있느냐? 이렇게 말할(동사2가 동사1의 수식성분)

穿 chuān 통 (옷, 신발을) 입다

推开 tuīkāi 통 밀어 열다

跑 pǎo 통 뛰다, 빨리 내닫다. 달리다

拿 ná 통 쥐다. 잡다. 가지다

道理 dàoli 명 규칙. 일리

2. 연동문에서 동태조사(了 / 着 / 过)의 위치

연동문에서 무엇보다 중요한 것은 동태조사 了 / 着 / 过의 위치입니다. 동사가 두 개나 온다면 동사 뒤에 붙는 동태조사들은 어디에 두어야 할까요? 동태조사가 첫 번째 동사 바로 뒤에 쓰이는지 여부가 연동문의 관건입니다. 了는 시간 관계 연동문일 경우만 첫 번째 동사 뒤에 오고 다른 경우는 쓰일 수 없습니다. 着는 첫 번째 동사 뒤에 쓰일수 있으며, 过는 첫 번째 동사 뒤에 쓰일 수 없고, 쓰려면 두 번째 동사 뒤에 씁니다.

동태조사	가능 여부	형식 및 예문
첫 번째 동사 뒤 了	X	■ 동1(来 / 去 / 到…) + 了 + 동2 … (×) 동사1이 왕래 및 출발과 도착을 나타내는 동사이고, 동사2가 동사1의 원인·목적을 나타낼 때(동사2 하기 위해 동사1 하다) 동사 1뒤에 了를 사용할 수 없습니다. 他去了北京学习汉语。(×) → 他去北京学习汉语了。(○) 그는 베이징에 중국어 공부하러 갔다. 我到了家乡看父母。(×) → 我到家乡看父母了。(○) 나는 고향에 가서 부모님을 뵈었다.
	O	■ 동1 + 了 + 就 / 才 / 再 + 동2 … 순서관계 표시일 때 동사1 뒤에 了 사용 가능 (동사1 한 후에 동사2 하다) 我吃了饭就上班。나는 밥 먹은 후에 출근한다. 她说了几句话才下台。그녀는 몇 마디를 하고서야 내려왔다.
첫 번째 동사 뒤 着	O	■ 동1 + 着 + 동2 … ① 동사1이 동사2의 방식·방법을 나타냄 (동사1 한 채로 동사2 하다) 妈妈带着孩子去医院。엄마는 아이를 데리고서 병원에 갔다. ② 동사2가 동사1의 이유 (동사2 하기 위해 동사1 하다) 这碗菜留着给爸爸吃。 이 요리는 아버지께서 드시게 남겨두어라. ■ 동1 + 着 + 동1 + 着, + 동2 … 동사1 한 채로, 자신도 모르게 동사2 하다 他的儿子哭着哭着，睡着了。그의 아들은 울면서 잠이 들어버렸다.
첫 번째 동사 뒤 过	X	■ 연동문에 동사1 뒤에서 동태조사 过는 사용할 수 없습니다. 대신 동태조사 过를 연동문에 쓰려면 두 번째 동사 뒤에 사용합니다. 我去过北京旅游。(×) → 我去北京旅游过。(○) 나는 베이징으로 여행을 간 적이 있다.

단어

家乡 jiāxiāng 명 고향

上班 shàng bān 통 출근하다

句 jù 양 마디, 편(말. 글을 세는 단위)

下台 xià tái 통 (무대에서) 내려오다

带 dài 통 (몸에) 지니다. 휴대하다

碗 wǎn 명 그릇

哭 kū 통 울다

旅游 lǚyóu 통 여행하다

2 겸어문(兼语句)

겸어문은 연동문처럼 한 문장 안에 동사가 두 개 존재하는 문형입니다. 연동문과 다른 점은 앞동사의 목적어가 뒷동사의 주어 역할을 겸하게 된다는 것인데, 이러한 단어를 겸어라고 합니다. 다소 생소한 문형일 수 있지만, 회화에서 자주 쓰일 뿐만 아니라, HSK 문제로도 자주 출현하므로 겸어문의 구조와 겸어동사들에 어떤 것이 있는지 잘 알아두도록 합니다.

1. 겸어문의 형식 및 종류

겸어문의 첫 번째 동사의 목적어는 두 번째 동사의 주어를 겸하게 됩니다. 이때 겸하는 역할을 하는 이 문장 성분을 겸어라고 하며, 절대 생략될 수 없습니다.

你		请		他		来
주어1	+	동사1	+	목적어 / 주어2 / 겸어	+	동사2

	나는	그를	청한다
+	그가	온다	
	나는	그에게	오라고 청한다

겸어문은 첫 번째 동사의 의미에 따라 아래의 몇 가지로 나눕니다.

① 사역의 겸어동사

상용동사 使 / 让 / 叫 / 请 / 命令 / 强迫 ……

의미 주어는 겸어가 ~하게 하다 / 주어는 겸어를 ~하라고 시키다

老师让我们努力学习中文。 선생님은 우리에게 열심히 중국어를 공부하라 하셨다.

我叫我的小妹妹带来一本新杂志。
나는 내 여동생에게 새 잡지를 한 권 가져오라고 시켰다.

他使我感动。 그는 나를 감동시켰다.

大家请她致词。 모두들 그녀에게 연설을 부탁했다.

단어

使 shǐ 통 (~에게) ~하게 하다

让 ràng 통 (~에게) ~하게 하다

叫 jiào 통 ~라고 부르다. 시키다

命令 mìnglìng 통 명령하다

强迫 qiǎngpò 통 (어떤 일을) 강제로 하게 하다

带来 dài lái 통 가져 오다. 가져다 주다

② 호칭 및 인정, 확정의 겸어동사

상용동사 叫 / 称 / 选…

특성 '주어가 겸어를 ~로 부르다, 인정하다'로 해석되며, 동사2로 做 / 为 / 当 등이
옵니다.

我给他起了个小名叫明明。 나는 그에게 아명을 밍밍이라고 지어줬다.

你们选谁当代表? 너희들은 누구를 대표로 뽑니?

③ 칭찬, 비평 및 애증의 겸어동사

상용동사 爱 / 喜欢 / 恨 / 嫌…

의미 주어는 겸어가 ~하는 것을 싫어하다 / 좋아하다

大家埋怨他来晚了。 모두들 그가 늦게 온 것을 원망했다.

大家都嫌你讲话啰嗦。 모두들 네가 너무 수다스러운 것을 싫어해.

④ 겸어문과 연동문의 有

의미 겸어문 : ~에는 동사2 한 …이 있다 / ~에 있는 …이 동사2 하다

연동문 : ~는 동사2 할 …이 있다

특징 형식상 비슷하게 생겼지만, 주어로 오는 단어의 성격과 有 뒤의 명사의 역할이
다릅니다. 겸어문은 주어로 장소명사가 오고, 有 뒤의 명사가 동사2의 주어가
됩니다. 연동문은 주어가 주로 사람이 오며, 동사2가 [有 + 명사]를 수식합니다.

겸어문

他家有一只羊病了。 그의 집에는 병이 난 한 마리 양이 있다.

后面有几个人笑起来了。 뒤편에서 몇 사람 웃는 이가 있다.

연동문

我有一件事跟你商量。(商量什么? : 商量一件事)
나는 너와 상의해야 할 일이 있다.

你有权力这样说吗? (什么权力? : 这样说的权力)
너한테 이런 말 할 자격이 있니?

Tip 겸어문과 연동문의 有 뒤에 오는 명사는 불특정한 대상을 가리킵니다.

단어

叫 jiào 통 (~라고) 부르
다. ~이다

称 chēng 통 (무엇이라
고) 칭하다

选 xuǎn 통 선출하다

起名 qǐ míng 이름을 짓
다

小名 xiǎomíng 명 아명

代表 dài biǎo 명 대표

恨 hèn 통 원망하다

嫌 xián 통 혐오하다

埋怨 mányuàn 통 불평
하다

주의 有자 겸어문은 연동
문과 유사하기 때문에 겸
어식 연동문. 이라고 부
르기도 합니다.

2. 겸어문에서 주의해야 할 사항

1) 了 / 着 / 过의 위치

일반적으로 겸어문의 첫번 째 동사 뒤에는 了 / 着 / 过를 붙일 수 없습니다. 단, 앞 뒤 문장에서 원인이나 결과가 충분히 설명되어 있을 때 了를 붙일 수도 있습니다.

老板没有时间去北京，于是他就派了我去北京出差。
사장님이 베이징에 갈 시간이 없어서 그는 나를 베이징으로 출장 보냈다.

这个问题太难了，我自己做不了，我请了老师帮我。
이 문제는 너무 어려워 나 혼자 할 수가 없어서 선생님께 도움을 청했다.

Tip 了 / 着 / 过의 위치는 연동문과 겸어문의 공통된 주의사항입니다.

2) 부정부사, 능원동사의 위치

주어 + 동사 1 + 동사 2
↑
不 / 没 / 능원동사

我没去中国旅行过。 나는 중국에 여행 가본 적이 없다.

我不让他走。 나는 그로 하여금 가지 못하게 했다.

他会去北京找你的。 그는 베이징에 가서 너를 찾을 것이다.

这件事会叫他感到十分为难。 이 일은 그를 매우 어렵게 만들 것이다.

3) 연동문, 겸어문의 첫 번째 동사는 중첩 불가

我上上街买东西。(×)→ 我上街买东西。(○) 나는 물건 사러 바깥에 나간다.

我让让他看书了。(×)→ 我让他看书了。(○) 나는 그에게 보게 했다.

<단어>

感到 gǎndào 동 (~라고)
느끼다

为难 wéinán 형 난감하
다. 난처하다

上街 shàng jiē 동 거리
로 나가다

3 존현문(存现句)

중국어 문장을 접하다 보면 주어 자리에 장소가 오는 경우가 종종 있는데, 이러한 형식의 문장이 바로 존현문입니다. 존현문이란 사람·사물의 존재와 출현 및 소실 등을 나타내는 문장으로, 어떤 사물이나 사람의 행위에 의미를 두는 것이 아니라, 어떤 장소에 무엇이 나타나고 사라지고 왔다갔다 했다는 것에 의미를 두는 문장입니다.

1. 형식

존현문은 장소를 주어로 두고 출현, 소실, 존재여부를 나타내는 동사(+동태조사)를 쓴 뒤 불특정한 명사를 씁니다. 특정한 인물이나 사물은 목적어로 올 수 없습니다.

장소 + 동사 + (동태조사) + 불특정 명사

桌子上　放　　着　　一本书。

책상 위에 책 한 권이 놓여져 있다.

Tip 学校门口站着白老师。　이 문장은 대표적인 존현문의 오류 문장입니다. 왜 틀린 문장이며 틀렸다면 어떻게 고쳐야 할까요? 문장의 '백 선생님'은 불특정한 사람이 아니지요? 화자와 청자가 모두 알고 있는 특정한 사람입니다. 존현문의 목적어로 오는 사람이나 사물은 불특정하거나 임의의 무엇이어야 합니다. 따라서 이 문장은 비문이 되며, 바르게 고쳐 쓴다면 아래의 두 형태로 고칠 수 있습니다.
① 学校门口站着一位老师。　학교 입구에 선생님 한 분이 서 계신다.
② 白老师站在学校门口。　백 선생님이 학교 입구에 서 계신다.

2. 종류와 그 특징

1) 존재를 나타내는 존현문

① 장소 + 有 + 명사

桌上有几本书。 책상 위에 몇 권의 책이 있다.

② 장소 + 동사 + 满(결과보어) + 了 + 명사

黑板上写满了字。 칠판 위에 글자들이 가득 써져 있다.

③ 장소 + 동사 + 着 / 了 + 명사

门口站着一个人。 입구에 어떤 사람이 서 있다

窗台上摆了一盆花。 창턱에 꽃 화분 하나를 두었다.

Tip 이외에도 是를 쓴 문장도 존현문으로 보며, 어떤 지역을 설명하거나 묘사할 때 쓸 수 있습니다.
→ [장소 + 是 + 명사]
前面是一所学校。 앞쪽은 학교이다.

2) 출현과 소실을 나타내는 존현문

동사에 존재의 출현이나 소실의 의미가 담겨 있습니다.

① 장소 + 동사 + 了 + 명사

天空中出现了一架飞机。 하늘에 비행기가 나타났다.

② 장소 + 동사 + 방향보어 + 명사

树上飞过来了一只小鸟。 나무 위에 작은 새 한 마리가 날아왔다.

③ 장소 + 동사 + 결과보어 + 명사

邻居家死了一只猫。 이웃집에 고양이 한 마리가 죽었다.

Tip 이러한 형식에는 목적어 앞에 수량구가 자주 옵니다.

4 把자문("把"字句)

전치사 把와 그의 목적어로 이루어진 전치사구가 있을 때 이를 把자문이라 하며, 把의 목적어는 서술어의 처치대상, 즉 주어가 동작을 행할 대상을 나타냅니다. 把자문은 被자문(피동문)과 자주 함께 거론됩니다. 둘 다 전치사구이면서 유사한 점이 많은 데다가 상반되는 부분도 있어서, 종종 서로 비교의 대상이 되곤 합니다.

1. 把자문의 일반적인 어순

전치사 把는 동작의 대상이 되는 명사 목적어를 동반하여 동사를 수식하는 전치사구를 이룹니다. 부사나 능원동사 등 다른 부사어들과 함께 쓰였다 하더라도 동사의 바로 앞 자리는 把자구가 차지합니다.

> **(부정부사 / 능원동사) + 把 + 명사 + 동사 + 기타성분**
>
> 把자구(전치사구)

他能把全文写完。 그는 (이 / 그) 전문을 다 쓸 수 있다.

他不把电视看完，不睡觉。 그는 텔레비전을 끝까지 다 보지 않으면 안 잔다.

주의

把 이외에 목적어를 동사 앞으로 이끌어 낼 수 있는 전치사로 将이 있습니다.

他能把全文写完。

= **他能将全文写完。**

그는 (이 / 그) 전문을 다 쓸 수 있다.

2. 把자문의 형식

把자구의 뒤에 오는 동사의 형태나 문장성분의 종류에 따라 把자문의 형식이 조금씩 달라집니다.

1) 把자구 + 동사 + 각종 보어 (방향 / 결과 / 정태 / 수량)

보어는 모두 동사의 뒤에 나타납니다.

把那本书拿过来。 그 책을 갖고 오렴.

把门关上。 (그) 문 닫아라.

把那件衣服洗得干干净净的。 그 옷을 깨끗하게 빨았다.

把那本小说看了两遍。 그 소설을 나는 두 번 읽었다.

2) 把자구 + 동사 + 목적어

把로 이끌어낸 목적어 외에 동사 뒤에 다른 목적어가 올 수도 있습니다.

把书给我。 (그) 책 나에게 줘.

3) 동사중첩과 了 / 着

把자문에서는 동사를 중첩할 수도 있고, 동태조사를 쓸 수 있습니다. 把자문은 이미 알고 있는 일을 강조하여 말하는 것이기 때문에 동사를 중첩할 때는 [동사 + 了 + 동사]의 형태로 중첩합니다.

把工作的事情和他谈了谈。 (그) 업무에 관한 일을 그와 얘기해봤다.

你别把孩子吓着。 너는 (그) 애를 놀래키지 말아라.

3. 把자문의 특징

1) [把 + 명사]에서 명사는 특정한 것

강조되는 목적어, 즉 把 뒤의 명사는 반드시 화자와 청자가 모두 알고 있는 구체적이고 특정한 것이어야 합니다. 把자문을 사용하는 이유가 '그 대상을 ~하여 어떻게 변화한다 / 되었다'라고 목적어를 강조하기 위한 것이기 때문입니다. 그러므로, 임의의 '어떤 것'은 올 수 없습니다. 또한 동사는 기타성분들(보어, 목적어, 동태조사, 중첩형 등)이 부가되어야 합니다.

我想把衣服买。 (×)

→ 我想把那件衣服买下来。 (○) 나는 그 옷을 사고 싶다.

2) 把자구 + 심리동사 / 가능보어 / 동태조사 (×)

把자문은 화자와 청자가 서로 알고 있는 특정한 이유로, '把 뒤의 목적어를 ~하다 / 했다'라는 집행의 의미를 강조하는 문장이기 때문에, 가능보어나 동태조사 过와 심리동사는 사용할 수 없습니다.

我把今天的作业写得完。 (×) → 我能把今天的作业写完。 (○)
난 오늘 숙제 다 할 수 있어.

把工作的事情和他谈过。 (×) → 把工作的事情和他谈了谈。 (○)
업무에 관한 일을 그와 얘기해봤어.

父母把孩子爱了。 (×) → 父母爱孩子。 (○) 부모는 아이를 사랑한다.

주의

동사는 목적어와의 관계 이외에 의미상의 차이로도 분류할 수 있습니다.

동작동사 : 움직임, 동작을 표현

吃 / 看 / 说 / 表演……

심리동사 : 심리 상태, 심리의 변화를 표현

爱 / 喜欢 / 恨 / 讨厌……

관계동사 : 주어와 목적어의 관계를 표시

是 / 叫 / 像 / 当作……

5 피동문(被动句)

문장 안에 전치사 被 등의 피동 전치사와 그의 목적어로 이루어진 구가 있는 문장을 被자문이라고 하며, '피동문의 주어가 피동 전치사 뒤의 목적어에 의해 ~당하다'라는 의미를 나타냅니다.

1. 피동문의 어순

피동문은 [被 / 叫 / 让 / 给 + 명사] 형태의 피동 전치사구가 동사 앞에 위치하는 문장입니다. 그런데, 이 어순이 피동 전치사마다 약간씩 다릅니다.

1) 일반적인 피동문의 어순

被자구, '被 / 叫 / 让 / 给 +명사' 형태의 피동 전치사구는 把와 마찬가지로 부정부사와 능원동사의 뒤에 위치하여, 동사의 바로 앞에서 수식합니다. 동사의 뒤에는 각종 보어 (방향 / 결과 / 정태 / 수량)와 동태조사가 올 수 있습니다.

> **주어 + (부정부사 / 능원동사) + 被 / 叫 / 让 / 给+ 명사 + 동사 + (기타성분)**

他还没被警察抓住。 그는 아직 경찰에게 잡히지 않았다.

你这样肯定会被大家笑话了。 네가 이렇게 하는 것은 분명 사람들에게 비웃음을 살 것이다.

我的钱包被小偷偷去了。 나의 지갑은 (도둑에 의해) 도둑맞았다.

包子都叫他(给)吃光了。 (그) 만두는 그에게 다 먹혔다.(그가 만두를 모두 먹어버렸다)

猪八戒已经被打得半死。 저팔계는 이미 죽을 정도로 두들겨 맞았다.

被妈妈骂了一顿。 엄마에게 욕을 한바탕 들었다.

我们被他骗了。 우리는 그에게 속았다.(속임을 당했다)

他从来没被老师批评过。 그는 이제껏 선생님에게 꾸중을 들은 적이 없다.

2) 목적어를 생략할 수 있는 被 / 给

전치사 被 / 给는 그 뒤의 목적어 부분인 전치사구를 이루는 명사를 생략하고 바로 동사 앞에 쓰일 수 있지만, 叫와 让은 생략할 수 없습니다.

> **주어 + (부정부사 / 능원동사) + 被 / 给 + 동사 + (기타성분)**

我的钱包叫 / 让偷走了。(×)
→ 我的钱包被偷走了。(○) 내 지갑은 도둑맞았다.

他叫 / 让吓坏了。(×)
→ 他被 / 给吓坏了。(○) 그는 (뭔가에 의해) 깜짝 놀랐다.(놀래킴을 당했다)

3) 被 / 为…所

이 형식에서는 所 뒤의 동사가 1음절일 경우 所를 생략할 수 없지만, 2음절일 경우에는 생략할 수 있습니다. 또한 所 뒤의 동사는 목적어나 보어 등의 기타성분을 가질 수 없습니다.

人们总是被人情所累。 사람들은 항상 정에 힘들어 한다.
为歌声(所)吸引。 노랫소리에 끌렸다.
我被他的话(所)感动。 나는 그의 말에 감동했다.

2. 피동문의 특징

1) 피동문의 주어와 목적어

주의
피동문에 쓸 수 없는 동사는 반드시 把자문에도 쓸 수 없습니다.

被 뒤의 목적어는 특정한 것이 아닌 임의의 것이어도 상관없으며, 생략할 수도 있습니다. 그러나 주어는 특정한 것이어야 하며, 생략할 수 없습니다.

小丽、明明等十个学生被评为全校模范学生。
샤오 리, 밍밍 등 열 명의 학생들이 전교에서 모범 학생으로 평가받았다.

教室的门被撞开了。 교실문은 부딪혀 열렸다.

2) 피동문과 동태조사 / 가능보어

대부분 술어로 쓰이는 동사는 기타성분들(보어, 목적어, 동태조사, 중첩형 등)이 부가
되지만 가능보어와 동태조사 着는 사용될 수 없습니다. 피동문 역시 동작의 완결이나
결과를 나타내기 때문입니다.

李白的诗被他看得懂。(×)
→ 李白的诗被他看懂了。(○) 이백의 시는 그에 의해 (보고) 이해되었다.

我从来没被老师挨打着。(×)
→ 我从来没被老师挨打过。(○) 나는 이제껏 선생님에게 맞아본 적이 없다.

3) 是 / 有 / 在 / 当 / 像 등의 동사들은 피동문에 사용 불가

他被大家当班长了。(×)
→ 他被大家选为班长了。(○) 그는 모두에 의해 반장으로 선출됐다.

6 비교문(比较句)

중국어에는 비교의 뜻을 나타내는 다양한 구문들이 있습니다. 종류가 많지만, 각 형식과 특징이 비교적 간단해서 어렵지 않습니다. 비교문은 HSK 어법 부분에서 종종 출제되며, 특히 듣기 영역에서 자주 출제됩니다.

1. 比

비교문의 가장 기본적인 형식입니다.

1) 형식

전치사 比의 앞뒤에 명사, 동사, 형용사, 절을 두어 '~에 비해서', '~보다'의 비교의 뜻을 가집니다. 比가 쓰이는 비교문의 형식은 아래와 같습니다.

- **A 比 B + 형용사**
  我比你高。 나는 너에 비해 크다.

- **A 比 B + 更 / 还 형용사**
  我比你更(还 / 都 / 再)高。 나는 너에 비해 훨씬(좀더 / 더) 크다.

- **A 比 B + 형용사 一点儿 / 一些**
  我比你高一点儿 / 一些。 나는 너보다 조금 크다.

- **A 比 B + 형용사 得多 / 高多了**
  我比你高得多 / 多了。 나는 너보다 많이 크다.

- **A 比 B + 1음절 형용사 + 동사 + 수량사**
  我比你多吃了一个。 나는 너보다 하나 더 먹었다.

2) 주의점

부정문일 때 不는 比자 앞에 두어야 A 不比 B… 의 형식이 되어야 합니다.

我比你不高。(×) → 我不比你高。(○) 나는 너에 비해 크지 않다.
我比你不矮。(×) → 我不比你矮。(○) 나는 너에 비해 작지 않다.

단어
矮 ǎi [형] (키가) 작다

2. 有

有가 비교문에서 쓰이면 '~만큼'이라는 뜻을 갖습니다. 형용사 앞에는 '이만큼, 저만큼'이라는 뜻을 나타내는 这样 / 那么 등의 대사들이 붙습니다.

1) 형식

- **A 有 B 这么(这样) / 那么(那样) + 형용사**
  我有你这么高。난 너만큼 (너가 큰 만큼) 크다.

- **A 没有 B 这么(这样) / 那么(那样) + 형용사**
  我没有你这么高。난 너만큼 (너가 큰 만큼) 크지 않다.

2) 주의점

没有 비교문에서는 적극적 의미의 형용사(大、快、多、漂亮…)만 쓸 수 있으며, 소극적 의미의 형용사(小、慢、矮、臭…)는 사용할 수 없습니다. 만일 소극적 형용사를 사용하려면 比자구를 사용합니다.

我没有你这么矮。(×) → 我不比你矮。(○) 난 너보다 작지 않아.(같을 수도 있고 클 수도 있다)

3. 不如

如는 원래, 동사로 '~에 견줄 만하다, ~와 같다'라는 뜻이지만, 비교문에서는 부정의 형태로 쓰여 '~만 못하다'라는 뜻을 나타냅니다.

1) 형식

不如를 사용해서 단순하게 주어와 비교 대상만을 비교할 수도 있고, 주어와 비교 대상이 '얼마만큼 어떠한지' 정도까지 표시할 수도 있습니다.

- **A 不如 B + (这么 / 这样 / 那么 / 那样 + 형용사)**
- **A 不如 B + (这么 / 这样 / 那么 / 那样 + 형용사)**

  我不如你。난 너만 못해.
  我不如你这么高。나는 너만큼 크지 않다.

단어

这么 zhème 대 이렇게
那么 nàme 대 그렇게, 저렇게
这样 zhèyang 대 이러하다
那样 nàyang 대 저러하다
臭 chòu 형 추악하다, 엉망이다, 못생기다

2) 不如 vs 没有

不如와 没有는 둘 다 주어보다 뒤에 오는 비교 대상이 더 낫다는 뜻이며, 소극적 형용사는 쓰지 않습니다. 그러나 이 둘에는 차이점이 있습니다. 不如 뒤에는 지시대사 없이 비교 대상이 단독으로 올 수 있지만, 没有 뒤에는 비교의 정도를 표시하는 지시대사 없이 비교 대상이 단독으로 올 수 없습니다.

> 我不如你。 난 너만 못해.
> 我没有你。 나에게는 네가 없어.(틀린 문장이 아니라, 비교의 의미가 없음)

4. A 跟 B 一样 / 差不多

'A와 B가 같다 / 비슷하다'는 뜻으로, 뒤에 형용사를 두어서 비교하는 내용을 표시할 수 있습니다. 부정형을 만들 때는 不를 跟이나 一样의 앞에 놓으면 되는데, 一样의 앞에 놓는 것이 좀더 보편적입니다.

[단어]

差不多 chà bu duō [형] 비슷하다
饱 bǎo [형] 배부르다
个子 gèzi [명] 키

- A 跟 B 一样 / 差不多　　　　　我跟你一样。 나는 너와 같아.
- A 跟 B 一样 / 差不多 + 형용사　我跟你一样高。 나는 너만큼 크다.
- A 跟 B 不一样 (A 不跟 B 一样)　我跟你不一样。 나와 너는 다르다.

5. 越

越는 '점점', '한층 더'라는 뜻의 부사인데, 아래의 두 가지 형식으로 쓰여 비교문을 나타냅니다.

- 越 A 越 B (= 愈 A 愈 B) A 할수록 B하다
  > 越吃越饱。 먹을수록 배가 부르다.
  > 愈让步，愈进步! 양보할수록 진보한다!

- 越来越 B　(시간이) 갈수록 B하다
  > 他的个子越来越高了。 그의 키가 갈수록 커진다.
  > 上海越来越好玩。 상하이는 점점 더 재미있어진다.

6. 형용사 + 于

전치사 于는 '~에'라는 뜻을 갖고 있는데, 형용사 뒤에 쓰이면 '~보다 더 …하다'라는 비교의 뜻을 나타냅니다.

国家的利益高于个人利益。 국가의 이익은 개인의 이익에 앞선다. (이익보다 높다)

当前的形势是内忧大于外患。 당시의 형세는 내우가 외환보다 더 컸다.

단어

利益 lìyì 명 이익

个人 gèrén 명 개인

形势 xíngshì 명 발전 상황, 형세

内忧 nèiyōu 명 내우

外患 wàihuàn 명 외환

02 강조문형

강조문은 고정격식과 특징이 있어 역시 HSK에 자주 출제됩니다.

1 是……的 강조구문

중국어를 공부하다 보면, 우리말과 중국어가 비슷한 부분이 많다는 것을 느낄 때가 있습니다. 그중 하나가 바로 是…的 강조구문입니다. '그는 한국에서 온 거야.'라고 하면 이미 발생한 일에 대해 서술하면서 특별히 '한국'에서 왔음을 강조하는 표현이 되죠. 중국에서 그런 역할을 하는 것이 바로 的입니다. 的는 관형어를 만드는 수식성분이기도 하지만 먹은 것(吃的), 본 것(看的), 만든 것(做的) 등에서 보듯이 '~한 것'으로도 해석됩니다. 是…的 강조구문의 的를 이때의 '~했던 것'으로 해석하면 거의 다 해결이 됩니다. 즉 완성된 동작의 시간, 장소, 방식, 행위자, 동작의 대상 등을 강조할 때 是…的 강조용법을 사용할 수 있습니다.

1. 형식

형식은 매우 간단합니다. 강조하고 싶은 말을 是자 뒤에 두고, 문장의 맨 끝에 的를 붙이면 됩니다. 是는 생략할 수 있으나 的는 생략할 수 없습니다.

> **(是) + 강조하고 싶은 부분 + 的**
> (주어도 강조될 수 있음)

是我姐姐来接我的。 우리 언니가 나를 마중왔던 거야.

我是前天回来的。 나는 그저께 돌아왔다.

他是从韩国来的。 그는 한국에서 왔다.

作业是用红笔改的。 숙제는 빨간 펜으로 고쳤다.

他是为学习汉语而来北京的。 그는 중국어를 배우기 위해 베이징에 왔다.

단어
改 gǎi 통 바꾸다, 교체하다

2. 특징

1) 是의 위치

是의 위치에 따라 강조하는 부분도 달라집니다.

是他去年在我校学习汉语的。　그가 작년에 우리학교에서 중국어를 배웠다.
他是去年在我校学习汉语的。　작년에 그는 우리학교에서 중국어를 배웠다.
他去年是在我校学习汉语的。　우리 학교에서 그는 작년에 중국어를 배웠다.
他去年在我校是学习汉语的。　중국어를 그는 작년에 우리학교에서 배웠다.

2) 생략 가능한 是, 생략 불능의 的

是는 생략 가능하지만, 的는 생략할 수 없습니다. 단, 부정문일 때는 是를 생략할 수 없습니다.

他是从广州来的。(○) 그는 광저우에서 왔다.
= 他从广州来的。(○)
他是从广州来。(×)
→ 他不是从广州来的。(○) 그는 광저우에서 온 것이 아니다.

3) 주어를 강조할 때 是의 위치

是는 일반적으로 주어 뒤에 위치하지만, 주어를 강조할 때는 是자가 구문 앞에 옵니다.

是她买的衣服。 그녀가 산 옷이다.
是小陈把手机弄坏了。　샤오 천이 휴대전화를 망가뜨렸다.

4) 목적어의 위치

的는 일반적으로 목적어 뒤에 두지만, 동작의 대상(목적어)을 강조할 때는 대부분 목적어의 앞에 위치합니다. 또한 동사의 구조가 [동사 + 목적어]의 이합사일 때 的를 이합사 사이에 두는 경우가 더 많습니다.

他是去的广州，我是去的上海。 그는 광저우로 갔고 나는 상하이로 갔다.
他是喝的咖啡，我是喝的可乐。 그는 커피를 마셨고, 나는 콜라를 마셨다.
他是在上海结婚的。→ 他是在上海结的婚。 그는 상하이에서 결혼했다.

단어

广州 Guǎngzhōu 지 광저우

可乐 kělè 명 콜라

2 반어문(反问句)

중국어 회화에서 여러 가지 반어문을 자유자재로 구사할 줄 안다면 이미 중급 실력은 넘어섰다고 볼 수 있을 정도로 반어문은 우리에게 매우 까다로운 존재입니다. 특히 HSK 듣기 영역에서 많이 출제되는데, 반어문 문제의 함정은 순간순간 들리는 말의 숨은 뜻을 알지 못한 채 답을 고른다는 것입니다. 들리는 문장의 반대되는 의미로 파악해야 하는 것이 바로 반어문입니다.

1. 부정문을 이용한 반어문

'~가 아니었어?' 라는 표현의 실제 뜻은 '~였다'인 것처럼, 반어문은 그 뜻을 한 번 뒤집어야 합니다. 만일 문장 속에 부정부사 不 / 没有와 의문 어기조사 吗가 쓰였다면 반어문일 확률이 매우 높습니다.

- **不是……吗？** ~이지 않느냐?
  我们不是说好的吗？ 우리 얘기 다 한 거 아니었어? (이미 이야기 다 되었다)

- **没有……吗？** ~하지 않았느냐?
  我没跟你说过吗？ 别理他! 내가 너한테 말하지 않았니? (말했다) 그를 상대하지 마!

- **还不……(吗)？** 아직도 ~ 아니냐?
  你还不知道吗? 너 아직도 몰라? (당연히 알아야지)

- **这不是…吗？** 이것은 ~가 아니냐?
  这不是指鹿为马吗? 이것은 '지록위마'가 아니겠어? ('지록위마'이다)

단어

说好 shuōhǎo **통** 말의 매듭을 짓다, 이야기를 마무리 짓다

理 lǐ **통** 아랑곳하다, 상대하다

指鹿为马 zhǐlù wéimǎ **성** 사슴을 말이라고 하다, 눈가리고 아웅하다

2. 难道

难道는 '설마'라는 뜻이며, 주어 앞에도 위치할 수 있는 부사입니다. 难道说라는 고정구로 쓰일 때는 반드시 주어 앞에 위치합니다.

- **难道……(吗 / 不成)?**

  难道这是偶然的吗? 설마 이것이 우연은 아니겠지?

- **难道说……(吗 / 不成)?**

  难道让我看一下都不成? 설마 내가 한 번 보는 것도 안 되는 것은 아니겠지?

  难道说是我被骗了? 설마 내가 속았다고?

3. 의문사를 이용한 반어문

각종 의문사를 이용해서 반어문을 만들 수 있는데, 의문사를 이용하면 보다 구체적으로 강조의 대상을 표현할 수 있습니다.

- **哪儿有……的(呢)? 어디 ~이 / 가 있느냐?**

  哪儿有这样的能人啊?

  어디 이렇게 유능한 사람이 있단 말이냐? (이렇게 유능한 사람이 없다)

- **哪儿……啊? 어디 ~하느냐?**

  我哪儿能不告诉你啊? 내가 어디 너에게 알려주지 않을 수 있겠어? (당연히 알려주지)

- **怎么……? 어찌 ~하느냐?**

  这怎么行啊? 이게 어떻게 된단 말이냐? (이러면 안 되지)

- **……什么(呀)? 뭐가 ~하느냐?**

  今天的作业多什么? 오늘 숙제가 뭐가 많다고? (많지 않다)

- **什么时候……? 언제 ~했느냐?**

  我什么时候不听你的意见了? 내가 언제 당신 의견을 듣지 않았습니까? (의견을 들었다)

- **…有什么…? 뭐 ~한 것이 있느냐?**

  有什么了不起的? 뭐 대단하게 있다고. (대단한 게 없다)

단어

偶然 ǒurán 형 우연하다

骗 piàn 동 속이다

能人 néngrén 명 재주가 많은 사람

了不起 liǎobuqǐ 형 대단하다, 뛰어나다

4. 何 + … 呢？ 하물며 ~는?

何는 원래 '누구, 무슨'이라는 뜻으로 고문에 쓰였던 서면어이며, 회화체에서 '谁' / 什么에 해당합니다. 何必 / 何苦 / 何况은 문장 끝에 어기조사 呢와 종종 결합하여 반어문을 만드는데, 何必 / 何苦 / 何况과 呢 사이에 오는 성분들에 주의해야 합니다.

주의

何와 呢가 결합된 반어문 형식은 HSK 독해, 종합영역에서 골고루 출제되며, 어법영역에서는 특히 **何况…呢？** 구문이 자주 등장합니다.

단어

开玩笑 kāi wánxiào 농담하다

当真 dāngzhēn 휑 사실이다

亲自 qīnzì 兜 몸소, 친히

1) 何必…呢？ 무슨 ~할 필요가 있느냐？

'…' 부분	예문
명사	何必明天呢，今天也可以。 뭘 내일이야, 오늘도 되는데.
동사(구)	他只是开个玩笑，你何必当真呢？ 그는 농담일 뿐이었는데 네가 진실로 생각할 필요가 있나? (진실로 생각할 필요가 없다)
강조하는 말 없이 사용 가능	你亲自去？何必呢？ 당신께서 직접 간다고요? 그럴 필요가 있겠습니까?

2) 何苦…呢？ (굳이) 무엇 때문에 ~하느냐？ / ~할 가치가 없다

'…' 부분	예문
동사(구)	何苦亲自来呢？ 뭐하러 직접 오셨습니까? (직접 오시지 않아도 되었습니다)
강조하는 말 없이 사용 가능	生孩子的气，何苦呢？ 애 한테 화내봤자 무슨 소용있습니까?

3) 何况…呢? 하물며 ～는?(말할 필요도 없다)

'…' 부분	예문
명사	老师都不知道，何况我呢？ 선생님도 다 모르는데, 하물며 나는?
동사(구)	学好母语很难，何况学习外国语呢？ 모국어를 공부하기도 어려운데, 하물며 외국어를 공부하는 것은 어떻겠어?

Tip 何况은 뒷절의 맨 앞에 접속사처럼 쓰여, 자세한 이유를 설명하기도 합니다. 이때는 '게다가(而且 / 况且)'의 뜻을 나타냅니다.

你去接场接他把，这儿不好找，何况他又是第一次来。
네가 공항으로 그를 마중나가렴, 여기는 찾기도 힘들고, 게다가 그는 처음 오거든.

3 고정격식의 강조문형들

앞에서 알아본 다양한 강조문형들 외에, 숙어처럼 쓰이는 짧은 강조문형들이 있습니다.
모두 한국어와 비슷하므로 쉽게 익힐 수 있습니다.

1. 连 A 也 / 都 / 还 B

'(심지어) A마저도 다 B하다'라는 뜻으로, 부사 甚至를 连 앞에 쓸 수도 있습니다. 连 뒤
에는 명사, 동사구, 절 등이 올 수 있는데, 连 뒤에 동사구가 나오면 서술어는 부정형만
올 수 있습니다. 连 뒤에 나올 수 있는 절은 의문대사 几个, 多少 등의 부정 수사가 있
는 형식입니다.

连我都知道了，他当然知道。 나도 다 아는데, 그 사람이야 당연히 알지.

连看电影都没兴趣。 영화 보는 것 마저도 다 재미없다.

连他叫什么名字我也忘了问。 그의 이름이 뭐냐고 묻는 것조차 다 잊어버렸네.

他的东西太大了，甚至四、五个小伙子也搬不动。
그의 물건이 너무 커서, 심지어 너댓 명의 청년들도 옮기지 못한다.

他失去记忆，甚至忘记自己的出身。
그가 기억을 상실해서, 심지어 자신의 출신까지도 잊었다.

2. 의문사 + 也 / 都……

의문사 뒤에 也 / 都를 붙이면 '어떠한 조건, 상황에도 다 ~하다'라는 뜻의 강조구문을
만듭니다.

谁都知道。 누구라도 다 안다.

什么时候都可以。 언제라도 좋다.(다 가능하다)

去哪儿都行。 어디 가더라도 다 좋다.(다 된다)

别人说什么都没关系。 다른 이들이 뭐라고 말하든 다 상관없다.

怎么爱你都不够。 어떻게 너를 사랑해도 모자라.

단어

没兴趣 méi xìngqù 관심이 없다

甚至 shènzhì 〔부〕 심지어

小伙子 xiǎohuǒzi 〔명〕 총각, 젊은이

搬不动 bān bu dòng 옮길 수 없다(가능보어)

失去 shīqù 〔동〕 잃다

记忆 jìyì 〔동〕 기억하다

忘记 wàngjì 〔동〕 잊어버리다, 망각하다

出身 chūshēn 〔동〕 ~출신이다

够 gòu 〔동〕 충분하다, 넉넉하다

3. 一 ＋ 양사 ＋ 也 / 都 ＋ 不(没有)……

강한 부정형을 강조할 때 쓰이며, '하나도 ～하지 않다'라는 뜻입니다.

1) 一 ＋ 양사 ＋ 也 / 都 ＋ 不 / 没… 한 개(양사)도 ～하다

一个都不能少。 하나라도 빠뜨려선 안 된다.
一辆也卖不出去。 한 대도 팔리지 않는다.

2) 一点儿 ＋ 也 / 都 ＋ 不 / 没… 조금도 ～하지 않다, 전혀 ～하지 않다

一点儿都不冷。 조금도 춥지 않다.

단어

少 shǎo 통 없다, 모자라다, 빠지다

辆 liàng 양 차량(車輛)을 세는 양사, 대

冷 lěng 형 춥다, 차다

03 복문(复句)

복문이란 두 개 이상의 단문이 일정한 관계로 이어진 문장을 말합니다. HSK 어법 부분의 문제는 20% 이상이 복문과 관련되어 있고, 종합 부분에서도 접속사 문제가 자주 출제됩니다. HSK 문제에 자주 보인다는 말은 회화에서도 그만큼 상용된다는 뜻입니다. 짧은 단문만 나열하던 중국어 회화 실력을 길게 늘리는 데 고리 같은 역할을 하는 것이 바로 복문에 쓰이는 접속사와 관련부사입니다. 복문을 구성하는 단문들을 절(分句)이라고 부르며, 앞뒷절의 관계에 따라 쓰이는 접속사나 관련부사가 달라집니다.

1 접속사와 관련부사의 위치

HSK 어법 1부분에서는 접속사와 관련부사의 위치 선정 문제가, 어법 2부분에서는 보기 중 알맞은 접속사와 관련부사 찾기 문제가 자주 출제됩니다.

단문 또는 절이 두 개 이상 연결되는 복문에서는 접속사와 관련부사가 각각의 절을 연결하는 역할을 합니다. 앞뒷절이 모두 접속사로 연결되는 형태의 복문과 앞절은 접속사, 뒷절은 관련부사로 연결된 형태의 복문이 있습니다. 복문에서 특히 주의해야 할 것은 접속사와 관련부사, 그리고 주어의 위치입니다.

Tip 관련부사는 앞뒷절을 일정한 관계로 이어주는 역할을 합니다. P. 216 관련부사 부분을 참조하세요.

1. 앞절 접속사

1) 앞뒷절 주어가 같을 때

앞뒷절 주어가 같을 때 앞절 접속사는 주어의 앞뒤 자리 모두 가능합니다.

我因为坐在前边，所以看得非常清楚。 내가 앞자리에 앉았기 때문에 매우 뚜렷이 보였다.

因为我坐在前边，所以看得非常清楚。 내가 앞에 앉아 있어서 매우 잘 보였다.

2) 앞뒷절 주어가 다를 때

앞뒷절 주어가 다를 때, 앞절 접속사는 주어 앞에 위치합니다.

因为她很可爱，所以大家都喜欢她。 그녀는 매우 귀여워서, 모두들 그녀를 좋아한다.

因为他是上海人，所以我们都听不懂他的话。
그는 상하이 사람이기 때문에 우리는 모두 그의 말을 못 알아들었다.

뒷절에 나오는 접속사는 항상 주어 앞에 위치하며, 뒷절에 나오는 관련부사는 반드시 주어 뒤에 위치합니다. 앞뒷절의 주어가 같을 경우 뒷절에서는 주어를 생략할 수 있습니다.

他不但会说汉语，<u>而且</u>说得很流利。
그는 중국어를 할 줄 알 뿐만 아니라, 말하는 것이 매우 유창하다.

不但他会说汉语，而且他的妹妹<u>也</u>会说汉语。
그가 중국어를 할 줄 알 뿐만 아니라, 그의 여동생도 중국어를 할 줄 안다.

2 복문의 종류

복문은 앞절과 뒷절의 관계에 따라 분류할 수 있으며, 사용되는 접속사와 관련부사가 달라집니다.

앞절과 뒷절이 어법적으로 평등한 관계입니다. 두 가지 이상의 사건을 설명, 묘사하거나 한 가지 사물의 여러 가지 면을 설명합니다.

- 又(既)A, 又B – A이기도 하고 B이기도 하다
  这家饭店的菜又便宜又好吃。이 가게의 요리는 싸면서 맛있다.
  他既聪明又有学问。그는 총명하고 또 학식도 있다.

- A 也 , B 也 – A도 ~하고 B도 ~하다
  爷爷也睡了，奶奶也睡了。할아버지도 주무시고, 할머니도 주무신다.
  左思也不是，右思也不是。이렇게 생각해도 아니고, 저렇게 생각해봐도 아니다.

- 有时(有时候 / 有的时候) A，有时 B – 어떤 때는 A하고, 어떤 때는 B하다
  周末他有时看书有时睡觉。주말에 그는 어떨 때는 책을 보고, 어떨 때는 잔다.
  有时候锻炼身体，有时候去见朋友。
  어떨 때는 운동을 하기도 하고, 어떨 때는 친구를 만나러 간다.

- 一会儿 A，一会儿 B – A했다가 B했다가 하다.
  当时我们俩一会儿用英语聊，一会儿用汉语聊。
  당시 우리는 영어로 얘기하다, 중국어로 얘기하다 그랬지.
  一会儿刮风，一会儿下雨。바람이 불었다 비가 왔다 한다.

단어
睡 shuì 동 자다
睡觉 shuì jiào 동 (잠을) 자다
锻炼 duànliàn 동 단련하다

■ (一)边 A，(一)边 B – 한편으로는 A하고 한편으로는 B하다

他们一边看电视，一边聊天儿。　그들은 텔레비전을 보면서 이야기를 나누었다.

孩子们边吃边看。아이들은 먹으면서 본다.

Tip 边 A 边 B는 주로 동일 주어이면서 단음절 동사일 때 사용합니다.

■ 一方面(一面) A，一方面(一面) B – 한편으로는 A하고 한편으로는 B하다

这次到韩国来，一方面想游览韩国的名胜古迹，一方面也想看多年不见的老朋友。

이번에 한국에 와서, 한편으로는 한국의 명승고적을 보고 싶고, 한편으로는 오랫동안 못 만났던 오랜 친구를 보고 싶기도 하다.

他一面接过我的包，一面握住我的手说：“欢迎欢迎”。

그는 한편으로 내 가방을 받아들고, 한편으로 내 손을 잡으면서 “환영해요”라고 말했다.

Tip 一方面은 한 사실에 대한 두 방면을 강조하되, 시간적 차이가 있을 수 있으나, 一面 / 一边은 두 개의 동작이 동시에 이루어짐을 강조합니다.

■ 一来(一则)A，二来(二则)B – 첫째로는 A하고, 둘째로는 B하다

那我先找小白谈谈，一来看看他什么时候有空儿，二来问问明天开会的事。

그러면 난 우선 샤오 바이를 찾아 얘기를 해봐야겠어, 첫째는 그가 언제 짬이 나는지 좀 보고, 둘째는 내일 회의에 관한 일도 좀 물어보고.

我想学跆拳道，一来健身，二来可以防身。

나는 태권도를 배우고 싶은데 첫째는 몸을 건강하게 하고 둘째는 몸을 방어할 수 있기 때문이다.

2 선택(选择) 관계

두 개 이상의 절이 몇 가지 상황을 구별하거나, 그중 하나를 선택해야 할 때 사용합니다.

1) 여러 가지 선택 사항이 있을 때

① 평서문

■ 或者(或是 / 或) A 或者(或是 / 或) B – A이든가, B이든가

或者你去，或者我去，我看都可以。네가 가든, 내가 가든, 내가 볼 때는 다 괜찮아.

或者结婚，或者分手，得跟他算账。결혼을 하던가, 헤어지던가 그와 담판을 지어야 해.

■ 要么 A 要么 B – A이든가, B이든가

我们要么去爬山，要么去游泳，反正出去吧。

등산을 가든, 수영을 가든, 우리 아무튼 나가자.

要么你去，要么他来，要不然你们没法见面。

네가 가든가, 그가 오든가 해야지, 안 그러면 너희들은 만날 방법이 없다.

② 의문문

- **(是)A 还是 B?** – A입니까 아니면 B입니까?

  咱们去看电影，还是去跳舞? 우리 영화를 보러 갈래 아니면 춤추러 갈래?

  你是韩国人，还是中国人? 당신은 한국인인가요 중국인인가요?

2) 두 개의 선택 사항 중 반드시 하나가 선택되어 사실에 부합될 때

- **不是 A, 就是(便是) B** – A 아니면 바로 B이다

  不是赢就是死。 승리 아니면 죽음뿐이다.

  不是死就是活。 죽기 아니면 살기다.

3) 하나를 선택하고 나머지를 버릴 때

두 개의 절이 다른 사물을 나타내거나, 주어의 의지가 확고하여 하나를 선택하고 하나를 버리기로 결정했을 때 쓰입니다.

- **与其 A, 不如(宁可) B** – A하는 것은 B보다 못하다

  与其你去，不如我去。 네가 가는 것은 내가 가는 것만 못하다.

  与其上网问别人，宁可自己查词典。
  인터넷에 접속해서 다른 이에게 묻는 것은 스스로 사전을 찾아보느니만 못하다.

- **宁可 A, 也(决)不 B** – A할지언정 B하지 않는다

  我宁可考不好，也不作弊。 나는 시험을 못 볼지언정, 컨닝은 하지 않는다.

  宁可流血也决不流泪。 피를 흘릴지언정, 절대 눈물은 흘리지 않는다.

  Tip 위와 같은 선택 관계를 취사선택(取舍) 관계라고도 합니다. 둘 다 '차라리 ~한다'라는 뜻으로 기억해두세요.

3. 선후(承接) 관계

절들이 순서대로 연속 발생된 몇 가지 동작이나 사건 등을 나열합니다. 중국어로는 승접(承接) 관계라고 합니다.

- **(首)先 A, 然后 B** – 먼저 A하고 나서 B하다

  韩国总统首先讲了话，然后日本总统也讲了话。
  한국 대통령이 먼저 발언한 뒤에, 일본 대통령이 발언했다.

  先去医院看看妈妈，然后回家休息。
  먼저 병원에 가서 어머니를 좀 뵌 후에, 집으로 가서 쉬었다.

- **A 了，就(便) B** – A하고 나서 B하다

  他听了话，就哭了起来。 그는 말을 듣고 웃기 시작했다.

  你吃了饭，就上班。 그는 밥 먹은 후에 바로 출근한다.

4. 점층(递进) 관계

뒷절이 앞절에 비해 의미하는 바가 더 강합니다. 앞절의 접속사는 생략하고 뒷절의 접속사만 써도 되지만, 뒷절의 접속사를 생략할 수는 없습니다.

1) 긍정

- **不但 / 不仅 A，也 / 还 / 更 B** – A할 뿐만 아니라 B하다(뒷절 – 관련부사)

  他不但会说汉语，也会说英语。 (앞뒤 단문의 주어가 동일한 경우)
  그는 중국어를 할 줄 알 뿐만 아니라, 영어도 할 줄 안다.

  不但金科长会说汉语，李部长也会说汉语。 (앞뒤 단문의 주어가 동일하지 않는 경우)
  김 과장이 중국어를 할 줄 알 뿐만 아니라, 이 부장도 중국어를 할 줄 안다.

- **不但 / 不仅 A，而且 / 并且 / 甚至 B** – A할 뿐만 아니라 B하다(뒷절 – 접속사)

  他不但会说英语，而且会说汉语。 (앞뒤 단문의 주어가 동일한 경우)
  그는 영어를 할 수 있을 뿐만 아니라, 중국어도 할 줄 안다.

  不但金科长会说汉语，而且李部长会说汉语。 (앞뒤 단문의 주어가 동일하지 않는
  경우) 김 과장이 중국어를 할 줄 알 뿐만 아니라, 이 부장도 중국어를 할 줄 안다.

2) 부정

- **不但不(没) A，反而 B** – A하지 않을 뿐만 아니라 오히려 B하다

  老师不但没称赞我，反而骂了我。
  선생님은 나를 칭찬하기는 커녕, 오히려 나를 혼냈다.

  那个化妆品的效果来说，皮肤不但没有变好，反而出现了很多问题。
  그 화장품의 효과로 말하자면, 피부가 좋아지기는 커녕, 오히려 많은 문제가 생겨났다.

  Tip HSK에서는 앞절 빈칸에 들어갈 부분의 보기를 不但不(没)가 아닌, 不但의 형태로 주는데, 이
  때 주어진 문장의 앞 부분에 不(没)가 들어가 있습니다. 여기서 보기로 不但…反而이 나왔다
  고 해서 틀린 조합이라고 제외시키면 안 됩니다. 반드시 앞절에 부정부사가 있는지 확인해야
  합니다.

3) 何况…呢？

- **A，何况 B (呢)？** – A한데, 하물며 B는?

  连他都会瑜伽，何况你呢？ 그마저도 다 요가를 할 줄 아는데 하물며 너는?

  连小孩子都知道，何况你呢？ 어린아이조차도 다 아는데, 하물며 너는?

단어

科长 kēzhǎng 명 과장

部长 bùzhǎng 명 부장,
각 부처 장관

化妆品 huàzhuāng pǐn
명 화장품

皮肤 pífū 명 피부

跑步 pǎo bù 통 뛰다

收入 shōurù 명 수입

瑜伽 yújiā 명 요가

5. 인과(因果) 관계

종속절에는 원인이, 주절에는 결과가 옵니다.

1) 일반 인과 관계

종속절은 원인을, 주절은 원인으로 인해 만들어진 결과를 표시합니다.

- **因为 A, 所以 B** – (왜냐하면) A이기 때문에, 그래서 B이다

  因为我身体不好，所以现在才来看你。
  내 몸이 좋지 않아서, (그래서) 이제서야 너를 보러 왔다.

  因为天气不好，所以我们没出去。 날씨가 좋지 않아서, 우리는 나가지 않았다.

- **由于 A(因此 / 因而) B** – A로 인해 B되다

  由于时间太短，因此只能做这一些了。
  시간이 너무 짧아, 이번에는 (어쩔 수 없이) 이것들만 할 수밖에 없다.

  由于事情比较复杂，因而意见不一致。 일이 비교적 복잡하므로, 의견이 일치되지 않는다.

- **A, 因而(因此) B** – A하여 B하다

  他晚上有课，因而不能去参加晚会了。
  그는 저녁에 수업이 있어서, (그리하여) 저녁 모임에 갈 수가 없다.

  他们事先作了充分准备，因此会议开得很成功。
  그들은 사전에 충분한 준비를 했다. 그래서 회의는 성공적으로 열렸다.

- **(由于) A, 以至于(以致于) B** – A로 인해 B 상황이 나타났다

  这篇文章我读了好几遍，以至于全文都能背下来。
  이 문장은 내가 하도 여러 번 읽어서, 전문을 다 외울 수 있을 지경이다.

  自己的优越感越来越强，以致于会让别人远离我，
  자신의 우월감이 갈수록 심해져, 다른 사람들이 내게서 멀어지게 했다.

  Tip 以致于는 以至于에 비교했을 때 뒤에 주로 안 좋은 결과가 옵니다.

  > 단어
  >
  > **远离** yuǎ lí 〔동〕멀리 떨어지다, 멀어지다

2) 추측 인과 관계

종속절은 원인을, 주절은 원인으로 인해 내리는 주관적 판단을 표시합니다.

- **既然 A, 就** – 기왕 A인 바에 B이다

  既然外边下雨了，我就不去踢足球了。
  기왕 바깥에 비가 내리니, 나는 축구하러 가지 않겠어.

  Tip 既然 구문은 어떤 사실에 대한 화자의 의지를 내포하거나, 주관적인 생각을 드러냅니다.
  　　既然你已不再爱我，为什么我还要继续等待？
  　　당신이 이미 나를 사랑하지 않는데, 왜 나는 계속 기다리려고 하나?

6. 목적(目的) 관계

종속절은 목적을, 주절은 목적을 위해 선택한 행동

- **为(为了) A，B – A를 위해 B하다**

  为了忘了你，我爱上他了。 너를 잊기 위해, 나는 그를 사랑했다.

  为了去北京学习汉语，最近我正在打工挣钱。
  베이징으로 중국어를 공부하러 가기 위해서 나는 최근 아르바이트를 하며 돈을 벌고 있다.

- **A，以便 B – B하기 쉽도록(편하도록), A하다**

  掌握更多的词，以便你的中文表达更准确、生动。
  더 많은 단어를 익히세요, 당신의 중국어 표현이 훨씬 더 정확하고, 생동감 있게 하려면.

  请你留下联系方式，以便我们答复你。
  연락 방법을 남겨주세요, 우리가 당신에게 답할 수 있도록이요.

- **A，免得(以免) B – B하지 않도록 A하다**

  你提前整理好吧，免得忙中出错。
  너는 미리 정리를 잘 해두어라. 바쁜 와중에 틀리게 하지 않도록.

  多穿点衣服，免得着凉。 감기 들지 않도록 옷을 좀더 입어라.

7. 조건(条件) 관계

종속절에는 조건을, 주절에는 결과를 씁니다.

1) 특정 조건문

주절은 어떤 특정한 결과를, 종속절은 그 결과가 나타나기 위한 조건을 표시합니다.

- **只要 A，就 B – A이기만 하면 B이다**

  只要努力，就能成功。 노력하기만 하면, 성공할 수 있다.

  只要你努力学习，就一定能学好。 네가 열심히 공부하기만 하면, 반드시 잘 배울 거야.

- **只有(除非) A，才 B – 오로지 A이어야만 B이다**

  只有努力，才能成功。 노력해야지만 성공할 수 있다.

  只有分手，才有幸福。 오로지 헤어져야만 행복이 있다.

- **除非(只有) A，不然 B – 오직 A이어야지, 그렇지 않으면 B이다**

  只有努力，不然会失败。 노력해야지, 그렇지 않으면 실패할 수 있다.

단어

掌握 zhǎngwò 동 장악하다, 파악하다(어떤 사물을 충분히 이해하여 마음대로 운용할 수 있는 상태)

着凉 zháo liáng 동 감기에 걸리다

本周六的比赛除非下大雨，不然正常进行。
이번 주 토요일 경기는 비가 오지 않으면, 정상적으로 진행된다.
(비가 와야지, 그렇지 않으면 정상적으로 진행된다)

2) 무조건문

종속절은 조건을, 주절은 종속절의 조건에 관계없이 모두 같은 결과를 얻게됨을 표시
합니다.

- 不管(不论 / 无论) A, 주어 + 都(也 / 总 / 还 / 却) B
  − A에 관계없이(막론하고), 다 B이다

  不管有多大的困难，我也要干下去。 아무리 큰 어려움이 있어도, 나는 해나갈 것이다.

  无论怎样，总有人会喜欢你。 어떻든 간에, 어쨌든 너를 좋아할 사람이 있을 거다.

8. 가설(假设) 관계

종속절에는 가설을, 주절에는 조건문의 조건에서 나타날 수 있는 결과를 나타냅니다.

- 要是(如果) A 就 B − 만약 A라면 B이다 (회화체)

  你要是有困难，就说出来, 我们都可以帮助你。
  (당신이) 만약 곤란한 점이 있으면, 바로 말하십시오, 우리 모두 당신을 도울 수 있습니다.

  如果我死了，世界上就少了个人才。
  만약 내가 죽으면, 세상에 인재가 하나 없어지는 것이다.

- 若是A 便 B − 만약 A라면 B이다 (서면체)

  若是恋爱太累，便直接结婚吧。 연애가 너무 힘들다면, 바로 결혼을 하십시오.

  若是天意，我便逆天。 만약 하늘의 뜻이라면, 나는 하늘(의 뜻)을 거스르겠다.

- 倘若 A, B − 만약 A라면 B이다 (서면체)

  倘若失去了勇敢，你的生命等于交给了敌人。
  만약 용기를 잃었다면, 당신의 생명은 적에게 넘겨준 것이나 마찬가지 입니다.

  倘若生命只剩最后一天，我要留在母亲身边。
  만약 삶이 최후의 하루만 남았다면, 나는 어머니 곁에 남겠다.

단어

逆 nì 통 (반대의 방향을)
향하다, 역행하다

倘若 tǎngruò 만약 ～한
다면

9. 전환(转折) 관계

종속절은 사실을, 주절은 종속절과 상반된 사실이나 결론을 표시합니다.

1) 이미 일어난 사실의 전환 관계

- 虽然(尽管 / 固然 / 倒是) A, 但是(可是 / 不过 / 却) B
  – 비록 A이지만, 그러나 B이다(앞절의 虽然 생략 가능)

  她虽然不是他的妈妈，可是比妈妈对他还好。
  그녀는 비록 그의 엄마가 아니지만, 엄마보다 그에게 더 잘한다.

  放屁现象虽然尴尬，却表示身体健康。
  방귀를 뀌는 현상은 비록 좀 민망하기는 하지만, 오히려 몸이 건강하다는 것을 나타낸다.

  他很面熟，不过一时想不起来。 그는 낯이 익긴 한데, 잠시 생각이 나지 않는다.

- A, 要不然 / 不然 / 否则 B – A해야지, 그렇지 않으면 B이다

  该写信了，要不然家里会担心我的。
  편지를 써야겠다, 안 그러면 집에서 나를 걱정할 거야.

  最好现在去，不然明天一早去。
  지금 가는 게 가장 좋긴 하지만, 아니면 내일 아침 일찍 가지 뭐.

  加油也要有分寸，否则后果很严重。
  격려도 정도껏 해야지, 그렇지 않으면 결과가 심각해진다.

2) 발생하지 않은 가설에 대한 전환 관계

- 即使(就是 / 哪怕) A, (주어)也 B – 설령 A일지라도, B이다

  即使世界末日到，你也要开心。 설령 세계의 종말이 오더라도 당신은 즐거워해야 합니다.

  哪怕世界上就剩下我一个人，也要坚持下去。
  세상에 나 홀로 남겨지더라도, 살아남아야 합니다.

  Tip HSK에서 虽然…但是~ 구문과 함께 보기로 등장하여 두 개 중 하나를 고를 때 많이 헷갈립
  니다. 이 경우 이미 발생된 사실이라면 虽然…但是~ 구문을 선택하고, 발생하지 않은 사실에
  대한 가설이면 即使(就是 / 哪怕) A, (주어) 也 B 보기를 선택합니다.

단어

放屁 fàngpì 동 방귀를 뀌다

尴尬 gāngà 형 난처하다, 거북하다, 곤란하다

分寸 fēncun 명 (일이나 말의) 적당한 정도나 범위

첫걸음
끝내고 보는
초중급의 모든것 중국어

오디오북

단어 인덱스 포함

크게 오디오를 틀고~ ♬ 다 함께 따라 해요.
〈오디오북〉은 바쁜 생활 속 자투리 시간을 이용하여 공부할 수 있도록 만들어
졌습니다. 휴대가 간편하여 틈틈이 보고 들으며 회화 공부를 하기에 효과적입
니다. 또 주제와 관련된 재미있는 단어를 수록했습니다. 가벼운 마음으로 읽고
넘어가세요. 보너스 부록으로 회화편 새단어의 인덱스를 실었으니 모르는 단
어를 바로 찾아 확인하면서 공부할 수 있습니다.

트랙 1　　**천천히 듣는 회화**　중국인의 목소리로 본문을 천천히 들려줍니다. 우리말 해
석을 보면서 회화 내용을 듣고 이해해보세요. 중국어와 한국어가 어떻게 연
결되는지 감을 익힐 수 있습니다. 트랙 3에서 나올 숨겨진 보너스 트랙의 내
용까지 훑어보면서 전체적인 대화의 흐름을 파악해보세요.

트랙 2　　**새단어**　회화에서 새로 나온 단어를 들려줍니다. 중국인이 정확한 발음으로
하나씩 읽어주는 목소리를 듣고 따라 읽습니다.

트랙 3　　**일상 속도로 듣는 회화 + 보너스 트랙**　본문을 일상 회화의 빠르기로 들려줍
니다. 또 회화에 이어지는 숨겨진 보너스 트랙을 연이어 들려주니, 앞에 수
록된 해석의 내용을 떠올리며 들어보세요.

트랙 4　　**회화 연습문제**　회화 연습문제를 위해 본문을 한 번 더 들려줍니다. 핵심구
문들을 떠올리며 마무리하세요.

차례

호텔 예약하기

我要订房间。

🎧 Track **01**

请听听用汉语怎么说。 다음 대화 내용이 중국어로 어떻게 바뀌는지 들어보세요.

(호텔 종업원과의 통화)

A 여보세요! 방 예약 좀 하려고요

B 성함이 어떻게 되시나요? 며칠 머무르실 겁니까?

A 성은 백, 이름은 연주입니다.
　 8월 1일부터 4일까지, 3박 4일 있을 겁니다.

B 어떤 방을 원하십니까? 싱글룸입니까 아니면 트윈룸입니까?

A 싱글룸으로 주세요, 방에서 국제전화를 사용할 수 있나요?

B 가능합니다. 휴대폰 번호를 말씀해주세요.

A 제 휴대폰 번호는 82-10-3187-1111입니다.

B 네, 요청하신 방이 예약되었습니다.

보너스 트랙　🎧Track_03 회화에 이어서 나옵니다.

A 아, 죄송한데, 조식 제공입니까?

B 그렇습니다. 무료입니다.

A 고맙습니다.

B 별말씀을요.

단어 &

订 dìng 통 예약하다

房间 fángjiān 명 방

宿 xiǔ 양 밤을 세는 데 쓰임

单人间 dānrénjiān 명 1인실

双人间 shuāngrénjiān 명 2인실

国际电话 guójì diànhuà 명 국제전화

手机 shǒujī 명 휴대폰

号码 hàomǎ 명 번호

（跟服务员打电话）

A 喂！你好。我要订房间。
Wéi!　Nǐ hǎo.　Wǒ yào dìng fángjiān.

B 您贵姓？要住几天？
Nín guì xìng?　Yào zhù jǐ tiān?

A 我姓白，叫然珠。
Wǒ xìng Bái,　jiào Ránzhū.

我要从八月一号住到八月四号，四天三宿。
Wǒ yào cóng bā yuè　yī hào zhùdào bā yuè　sì hào,　sì　tiān sān xiǔ.

B 您需要什么样的房间？单人间还是双人间？
Nín　xūyào shénmeyàng de fángjiān?　Dānrénjiān　háishi shuāngrénjiān?

A 要单人间，房间里可以打国际电话吗？
Yào dānrénjiān,　fángjiān li　kěyǐ　dǎ　guójì　diànhuà ma?

B 可以，请告诉我您的手机号码。
Kěyǐ,　Qǐng gàosu　wǒ nín de　shǒujī　hàomǎ.

A 我的手机号码是82-10-3187-1111。
Wǒ de　shǒujī　hàomǎ shì bā èr - yāo líng - sān yāo bā qī - yāo yāo yāo yāo.

B 好的，您要的房间订好了。
Hǎo de,　nín yào de　fángjiān dìnghǎo le.

A 啊，麻烦您了。请问提供早餐吗？
A, máfan nín le. Qǐngwèn tígōng zǎocān ma?

B 对，是免费的。
Duì, shì miǎnfèi de.

A 谢谢。
Xièxie.

B 不客气。
Bú kè qì.

재미로 보는 단어

객실	客房 kèfáng	연회장	宴会厅 yànhuìtīng
도어맨	门童 méntóng	일반객실	标准间 biāozhǔnjiān
로비	大厅 dàtīng	지배인	经理 jīnglǐ
바	酒吧 jiǔbā	체크인	入房手续 rùfáng shǒuxù
벨 보이	行李员 xínglǐyuán	체크아웃	退房手续 tuìfáng shǒuxù
비상구	太平门 tàipíngmén	카드열쇠	房卡 fángkǎ
스위트룸	套间 tàojiān / 套房 tàofáng	트윈룸	双人间 shuāngrénjiān
싱글룸	单人间 dānrénjiān	프런트데스크	服务台 fúwùtái
엘리베이터	电梯 diàntī		

교통수단 이용하기
去北京饭店坐什么车最好呢？

🎧 Track 05

(공항에서 차를 타려고 한다)

A 저기요, 베이징 호텔에 가려는데 무엇을 타고 가는 것이 가장 좋습니까?

B 공항 리무진을 타거나 아니면 택시를 타세요.
제일 좋기는 공항 리무진을 타는 거죠. 매우 편리하답니다.

A 제 베이징 친구도 저더러 공항 리무진을 타고 가라 하던데요.
다음 차는 언제 출발하나요?

B 약 20분 후에 출발할 겁니다.

A 아이고, 너무 길군요. 날씨가 점점 흐려지는 거 같은데.

B 맞아요. 일기예보에서 오늘 눈이나 비가 온다고 했어요.

A 그럼 여기서 더 이상 기다릴 수가 없겠네요. 택시를 타고 가야겠어요.

보너스 트랙 🎧 Track_07 회화에 이어서 나옵니다.

A 거기서 20분을 기다리면 감기에 걸릴 것 같은 거야.
게다가 그 사람도 택시를 타는 게 제일 나을 거라고 했다고.

最好 zuìhǎo 凰 제일 좋기는

要么 A 要么 B yàome A yàome B 쩝 A하든지 B하든지

机场巴士 jīchǎng bāshì 명 공항 리무진

出租车 chūzūchē 명 택시

下 xià 명 다음

趟 tàng 양 차례, 횟수

出发 chūfā 동 출발하다

大概 dàgài 凰 대략, 대강

啊哟 āyō 갑 아야, 어머나

越来越… yuèláiyuè 갈수록 ～하다, 점점 ～하다

阴 yīn 형 흐리다

据 jù 전 ～에 따르면

不是 A 就是 B bú shì A jiùshì B 쩝 A가 아니면 B이다

下雪 xià xuě 동 눈이 내리다

下雨 xià yǔ 동 비가 내리다

天气预报 tiānqì yùbào 일기예보

得 děi 동 ～해야 한다

（要在机场坐车）

A 请问，去北京饭店坐什么车最好呢？
Qǐngwèn, qù Běijīng fàndiàn zuò shénme chē zuìhǎo ne?

B 你要么坐机场巴士要么坐出租车。
Nǐ yàome zuò jīchǎng bāshì yàome zuò chūzūchē.

你最好坐机场巴士去，很方便。
Nǐ zuìhǎo zuò jīchǎng bāshì qù, hěn fāngbiàn.

A 我的北京朋友也让我坐机场巴士去，
Wǒ de Běijīng péngyou yě ràng wǒ zuò jīchǎng bāshì qù,

下一趟车什么时候出发？
Xià yítàng chē shénme shíhou chūfā?

B 大概20分钟以后出发。
Dàgài èrshí fēnzhōng yǐhòu chūfā.

A 啊哟，太长了。我看天越来越阴。
Āyō, tài cháng le. Wǒ kàn tiān yuèláiyuè yīn.

B 对了，据天气预报说今天不是要下雪，
Duì le, jù tiānqì yùbào shuō jīntiān bú shì yào xià xuě,

就是要下雨。
jiùshì yào xià yǔ.

A 那么，我不能在这儿等了，得坐出租车去。
Nàme, wǒ bù néng zài zhèr děng le, Děi zuò chūzūchē qù.

A

在那儿等20分种，恐怕会感冒。
Zài nàr děng èrshí fēnzhōng, kǒngpà huì gǎnmào.

而且他也说最好坐出租车去。
Érqiě tā yě shuō zuìhǎo zuò chūzūchē qù.

재미로 보는 단어

교통카드	交通卡 jiāotōngkǎ	운전사	司机 sījī
기본요금	起价 qǐjià	자전거	自行车 zìxíngchē
러시아워	高峰时间 gāofēngshíjiān	정류소	车站 chēzhàn
미터기	计程表 jìchéngbiǎo	종점	终点站 zhōngdiǎnzhàn
배	轮船 lúnchuán	지하철	地铁 dìtiě
버스	公共汽车 gōnggòng qìchē	지하철 역	地铁站 dìtiězhàn
버스정류장	公车站 gōngchēzhàn	차가 막히다	堵车 dǔchē
비행기	飞机 fēijī	차멀미	晕车 yùnchē
승차하다	上车 shàng chē	차비	车费 chēfèi
하차하다	下车 xià chē	택시를 잡다	打的 dǎ dí / 打车 dǎ chē
시외버스	长途汽车 chángtú qìchē	환승	换车 huàn chē / 换乘 huàn chéng
양보하다	让座 ràngzuò	1호선	一号线 yī hàoxiàn
영수증을 끊다	开票 kāipiào		

집 구하기
我想找房子。

Track 09

请听听用汉语怎么说。다음 대화 내용이 중국어로 어떻게 바뀌는지 들어보세요.

(부동산 중개인과 대화)

A 안녕하세요, 방을 좀 구하려고 하는데요.

B 어느 지역, 방이 몇 개인 집을 원하세요?

A 베이징 대학 근처에 방 두 개인 집이요. 그리고 내부 시설과 가구가 새것
이면 좋겠어요.

B 걱정 마세요. 요새 새로 지은 집들은 가구나 가전제품이 모두 새거예요.

A 안에 뭐가 있나요?

B 침대, 옷장, TV, 에어컨 등등 모든 가구와 가전제품들이 있습니다.
참, 중앙 난방이든 개별 난방이든 상관없나요?

A 상관없어요. 지금 세를 놓는 집이 있습니까?
있으면 구경을 좀 하고 싶은데요.

B 마침 세놓은 집이 있습니다. 같이 가서 좀 보시죠.

보너스 트랙 Track_11 회화에 이어서 나옵니다.

A 중앙 난방과 개별 난방은 뭐가 다르죠?

B 중앙 난방은 관리비와 난방비를 집주인이 내지만,
개별 난방은 관리비는 주인이 내고, 난방비는 당신이 내야 해요.

房地产 fángdìchǎn 몡 부동산

经理人 jīnglǐrén 몡 중개자, 대리인

找 zhǎo 동 찾다

房子 fángzi 몡 집, 건물

区 qū 몡 구역

北京大学 Běijīng Dàxué 고유 베이징 대학

附近 fùjìn 형 부근의

室 shì 실(室), 집

厅 tīng 몡 큰방, 홀

大概 dàgài 뷔 아마, 대개, 대략적으로

设备 shèbèi 몡 설비, 시설

家具 jiājù 몡 가구

不管 bùguǎn 접 ~에 관계없이, ~를 막론하고

中央空调供暖 zhōngyāng kōngtiáo gōngnuǎn 중앙 난방식

个人供暖 gèrén gōngnuǎn 개별 난방식

就…来说 jiù…láishuō 고정 (동작의 대상 또는 화제의 범위)에 대해 말하자면

出租 chūzū 동 세주다, 세놓다

正好 zhènghǎo 뷔 마침

Track **11**

（和房地产经理人对话）

A 你好，我想找房子。
Nǐ hǎo, wǒ xiǎng zhǎo fángzi.

B 您要哪一区的？要几室几厅的？
Nín yào nǎ yì qū de? Yào jǐ shì jǐ tīng de?

A 我想住在北京大学附近， 要两室一厅的，
Wǒ xiǎng zhùzài Běijīng Dàxué fùjìn, yào liǎng shì yì tīng de,

还有最好里边的设备和家具都要新的。
háiyǒu zuìhǎo lǐbian de shèbèi hé jiājù dōu yào xīn de.

B 别担心，最近就新盖的房子来说，
Bié dān xīn, zuìjìn jiù xīngài de fángzi láishuō,

里边的家具和家电都是新的。
lǐbian de jiājù hé jiādiàn dōu shì xīn de.

A 里边儿都有什么呢？
Lǐbianr dōu yǒu shénme ne?

B 里边有床、衣柜、电视、空调等等，
Lǐbian yǒu chuáng、yīguì、diànshì、kōngtiáo děngděng,

什么家具和家电都有。 对了，不管是中央
shénme jiājù hé jiādiàn dōu yǒu. Duì le, bùguǎn shì zhōngyāng

空调供暖还是个人供暖都没关系吗？
kōngtiáo gōngnuǎn háishi gèrén gōngnuǎn dōu méi guānxi ma?

A 没关系，有没有要出租的？我想先去看一看。
Méi guānxi, yǒu méiyǒu yào chūzū de? Wǒ xiǎng xiān qù kàn yi kàn.

B 正好有出租的，一起去看看吧。
Zhènghǎo yǒu chūzū de, yìqǐ qù kànkan ba.

A 中央空调供暖和个人供暖有什么不一样呢?
Zhōngyāng kōngtiáo gōngnuǎn hé gèrén gōngnuǎn yǒu shénme bù yíyàng ne?

B 就中央空调供暖来说，管理费和暖气费都
Jiù zhōngyāng kōngtiáo gōngnuǎn lái shuō, guǎnlǐfèi hé nuǎnqìfèi dōu

由房东来付，就个人供暖来说，管理费由
yóu fángdōng lái fù, jiù gèrén gōngnuǎn láishuō, guǎnlǐfèi yóu

房东来付，个人暖气费由你自己来付。
fángdōng lái fù, gèrén nuǎnqìfèi yóu nǐ zìjǐ lái fù.

재미로 보는 단어

건물	房子 fángzi		입구	门口 ménkǒu
방	屋子 wūzi		손잡이	把手 bǎshou
원룸	一室一厅 yí shì yì tīng		문패	门牌 ménpái
집을 사다	买房子 mǎi fángzi		초인종	门铃 ménlíng
집세를 내다	交房租 jiāo fángzū		지붕	屋顶 wūdǐng
아파트	公寓 gōngyù		화장실, 욕실	卫生间 wèishēngjiān
단층집	平房 píngfáng		욕조	浴缸 yùgāng
층집(2층집 이상)	楼房 lóufáng		변기	马桶 mǎtǒng
인테리어하다	装修 zhuāngxiū		수도꼭지	水龙头 shuǐlóngtóu
세든 사람	房客 fángkè		배수구	排水口 páishuǐkǒu
2층, 위층	楼上 lóushàng		응접실	客厅 kètīng
아래층	楼下 lóuxià		소파	沙发 shāfā
계단	楼梯 lóutī		침실	卧室 wòshì
천장	天花板 tiānhuābǎn		주방	厨房 chúfáng
마루	地板 dìbǎn			

취업하기
我们就要大学毕业了。

Track 13

请听听用汉语怎么说。다음 대화 내용이 중국어로 어떻게 바뀌는지 들어보세요.

A 날씨가 정말 따뜻해, 곧 봄이 오겠어.

B 그래, 올봄에 우리가 대학교를 졸업하잖아, 더 이상 대학생이 아니라고.

A 맞아, 더 이상 자유시간이 없어지는 거지. 넌 졸업한 후에 뭘 할 계획이야?

B 당연히 일해야지. 사실은 난 졸업하면 외국으로 여행을 가고 싶어, 하지만 현실은 현실이잖아.

A 듣자하니 샤오리는 이미 일자리를 찾았다던데, 어떤 무역회사래.

B 매일 밥 먹자마자 바로 도서관 가서 공부하더니,
과연 먼저 일자리를 찾았구나.

A 맞아, 걔는 매일 저녁 11시나 되어서야 집에 간다고.
정말 부지런한 애야. 넌 취직했니?

B 아니, 지금 찾는 중이야, 내일 어떤 회사 가서 면접 볼 거야.

A 정말? 왜 지금에야 알려주는 거야? 행운을 빌어!

보너스 트랙 　Track_15 회화에 이어서 나옵니다.

A 어느 회사니? 이력서는 어떻게 썼어?

B 그건 비밀이야!

단어 &

暖和 nuǎnhuo 형 따뜻하다

毕业 bì yè 명동 졸업, 졸업하다

自由 zìyǒu 명형 자유, 자유롭다

打算 dǎsuan 동 ～하려고 하다

干 gàn 동 (일을) 하다

其实 qíshí 부 사실은, 실제는

旅行 lǚxíng 명동 여행(하다)

现实 xiànshí 명 현실

贸易 màoyì 명 무역

果然 guǒrán 부 과연, 생각한 대로

才 cái 부 ～에야, 비로소

扎实 zhāshi 형 착실하다

正在 zhèngzài 부 마침 ～하고 있는 중이다

面试 miànshì 명동 면접시험 (보다)

家 jiā 양 가게나 기업 등을 세는 단위

祝 zhù 동 빌다, 축복하다

好运 hǎoyùn 명 행운

请听听正常的语速。본문 내용을 일상 회화의 빠르기로 다시 들어보세요

A 天气真暖和，快要到春天了。
Tiānqì zhēn nuǎnhuo, kuàiyào dào chūntiān le.

B 是，今年春天我们就要大学毕业了，
Shì, jīnnián chūntiān wǒmen jiù yào dàxué bì yè le,

不再是大学生了。
bú zài shì dàxuésheng le.

A 对了，没有自由的时间了。 你毕业以后打算干什么？
Duì le, méiyǒu zìyóu de shíjiān le. Nǐ bì yè yǐhòu dǎsuan gàn shénme?

B 当然做工作呀。 其实我想毕了业就去外国旅行，
Dāngrán zuò gōngzuò ya. Qíshí wǒ xiǎng bì le yè jiù qù wàiguó lǚxíng,

可是现实是现实。
kěshì xiànshí shì xiànshí.

A 听说小李已经找到工作了，是一家贸易公司。
Tīngshuō Xiǎo Lǐ yǐjing zhǎodào gōngzuò le, shì yì jiā màoyì gōngsī.

B 他每天吃了饭就去图书馆学习，果然先找到工作了。
Tā měitiān chī le fàn jiù qù túshūguǎn xuéxí, guǒrán xiān zhǎodào gōngzuò le.

A 对，他每天晚上十一点才回家。
Duì, tā měitiān wǎnshang shí yī diǎn cái huíjiā.

真是个扎扎实实的人。 你找到工作了吗？
Zhēn shì ge zhāzhashíshí de rén. Nǐ zhǎodào gōngzuò le ma?

B 没有，正在找呢，明天就要去一家公司面试了。
Méiyǒu, zhèngzài zhǎo ne, míngtiān jiù yào qù yì jiā gōngsī miànshì le.

A 真的？ 你怎么现在才告诉我？ 祝你好运！
Zhēn de? Nǐ zěnme xiànzài cái gàosu wǒ? Zhù nǐ hǎoyùn!

A 是哪家公司？履历书怎么写的？
Shì nǎ jiā gōngsī? Lǚlìshū zěnme xiě de?

B 那是秘密！
Nà shì mìmì!

재미로 보는 단어

구직활동 하다	求职 qiúzhí		겸업	兼职 jiānzhí
지원하다	应聘 yìngpìn		파트타임	钟点工 zhōngdiǎngōng
직원을 모집하다	招聘 zhāopin		무직	无业 wúyè
아르바이트하다	打工 dǎ gōng		전문대학	大专 dàzhuān
취업 정보	就业消息 jiùyè xiāoxi		고등학교	高中 gāozhōng
직업소개소	职业介绍所 zhíyèjièshàosuǒ		중학교	初中 chūzhōng
필기시험	笔试 bǐshì		약력	简历 jiǎnlì

직장 생활
今天我的上级骂了我一顿。

🎧 Track **17**

A 자기야, 왜 그래? 보아하니 오늘 무슨 기분 안 좋은 일 있는 것 같은데.

난 네 얼굴만 봐도 너에게 무슨 일이 있는지 다 알아차릴 수 있다고.

B 맞아. 오늘 상사한테 꾸중 좀 들었어.

A 뭐, 일할 때 실수했어?

B 응. 내가 보고서에 상대방 회사의 이름을 잘못 썼어.
그 회사는 최근에 우리 회사와 새로 무역 관계를 맺었거든.

A 잘못 썼으면 다시 좀 고치면 되는 것 아니야? 왜 이렇게 걱정하는데?

B 왜냐하면 다음 달에 승진발표가 있거든.
샤오 장 걔는 나랑 동갑인데 벌써 주임이라고.

A 어쩐지 네가 이렇게 심각해하는 게 승진하고 싶어서였구나.
내가 볼 땐 말이야, 네 상사가 안목이 있다면 반드시 널 추천할 거야.
걱정하지 마.

보너스 트랙 🎧 Track_19 회화에 이어서 나옵니다.

B 역시 내 여자친구야. 나같이 이런 출중한 인재가 설마 해고라도 당하겠어?

亲爱的 qīn'ài de 친애하는, 자기야(속어)

怎么了 zěnme le 무슨 일이야? (어찌된 일이야)

看样子 kàn yàngzi 보기에, 보아하니

脸 liǎn 몡 얼굴

看得出来 kàn de chūlai 분간해낼 수 있다, 보고 알아낼 수 있다

上级 shàngjí 몡 상사, 상급기관

骂 mà 통 욕하다

顿 dùn 양 번, 차례, 끼니

搞错 gǎocuò 통 잘못하다, 실수하다

报告书 bàogàoshū 몡 보고서

对方 duìfāng 몡 상대방, 상대

建立 jiànlì 통 설립하다, 세우다

贸易 màoyì 몡 무역

交易 jiāoyì 통 거래하다, 교역하다

改 gǎi 통 고치다, 수정하다

担心 dān xīn 통 걱정하다

升职 shēng zhí 통 (등급 · 계급 · 학년 등이) 올라가다, 업그레이드하다

发表 fābiǎo 통 발표하다

同岁 tóngsuì 통 동갑이다

主任 zhǔrèn 몡 주임

难怪 nánguài 뷔 어쩐지

心事重重 xīnshì chóngchóng 근심거리가 쌓여 있다

原来 yuánlái 몡 원래

眼光 yǎnguāng 몡 시선, 안목

推荐 tuījiàn 통 추천하다

请听听正常的语速。본문 내용을 일상 회화의 빠르기로 다시 들어보세요.

A 亲爱的，你怎么了？
Qīn'ài de, nǐ zěnme le?

看样子今天你有什么不高兴的事儿吧。
Kàn yàngzi jīntiān nǐ yǒu shénme bù gāoxìng de shìr ba.

我一看你的脸就看得出来你有什么事儿。
Wǒ yí kàn nǐ de liǎn jiù kàn de chūlai nǐ yǒu shénme shìr.

B 说得没错，今天我的上级骂了我一顿。
Shuō de méi cuò, jīntiān wǒ de shàngjí mà le wǒ yí dùn.

A 怎么了，你工作搞错了吧？
Zěnme le, nǐ gōngzuò gǎocuò le ba?

B 是，我在报告书上把对方公司的名字写错了，
Shì, wǒ zài bàogàoshūshang bǎ duìfāng gōngsī de míngzi xiěcuò le,

那家公司是最近跟我公司新建立的贸易关系。
nà jiā gōngsī shì zuìjìn gēn wǒ gōngsī xīn jiànlì de màoyì guānxi.

A 写错了再改改，不就行了吗？为什么这么担心？
Xiěcuò le zài gǎigai, bú jiù xíng le ma? Wèi shénme zhème dān xīn?

B 因为下个月有升职发表。小张他跟我同岁，
Yīnwèi xià ge yuè yǒu shēng zhí fābiǎo. Xiǎo Zhāng tā gēn wǒ tóngsuì,

可已经当主任了。
kě yǐjing dāng zhǔrèn le.

A 难怪你这么心事重重的，原来想升职了。
Nánguài nǐ zhème xīnshì chóngchóng de, yuánlái xiǎng shēng zhí le.

我看，你的上级如果有眼光，
Wǒ kàn, nǐ de shàngjí rúguǒ yǒu yǎnguāng,

就一定会推荐你，别担心。
jiù yídìng huì tuījiàn nǐ, bié dān xīn.

보너스 트랙 p.20 해석을 떠올리며 들어보세요.

B 你不愧是我的女朋友。我这样的精英人士
Nǐ bú kuì shì wǒ de nǚ péngyǒu. Wǒ zhèyàng de jīngyīng rénshì

难道会被炒鱿鱼吗?
nándào huì bèi chǎo yóuyú ma?

재미로 보는 단어

회사원	上班族 shàngbānzú 公司职员 gōngsīzhíyuán	정리해고 되다	下岗 xiàgǎng
실직하다	失业 shī yè	감원하다	裁员 cái yuán
퇴직하다	退休 tuìxiū	초봉	首月工资 shǒuyuè gōngzī
사직하다	辞职 cízhí	퇴직금	退休金 tuìxiūjīn
은퇴하다	退役 tuìyì	연금	养老金 yǎnglǎojīn
해고하다	炒鱿鱼 cháo yóuyú		

이상형

我对她一见钟情。

Track 21

请听听用汉语怎么说。 다음 대화 내용이 중국어로 어떻게 바뀌는지 들어보세요.

A 봐봐, 쩌우 지에룬 진짜 멋져.

B 뜻밖이네, 너 플레이보이 같은 남자를 좋아해?
텔레비전으로 보니까 저렇게 몸이 좋아 보이는 거야.

A 됐어, 넌 상관하지마! 아, 맞다, 너 최근에 리리한테 고백했다며,
성공했어?

B 말할 필요도 없지, 성공했지.

A 너희 둘은 도대체 어떻게 알게 된 거야?

B 내가 저번에 칭화 대학에 갔을 때, 길에서 우연히 마주쳤어. 난 그녀한테
첫눈에 반했지. 우리들은 서로 느낌이 통한 거야. 그런데 좀 걱정돼. 왜냐
하면 그녀가 내년에 한국으로 석사 공부하러 가거든.

A 몸이 멀어지면 마음도 멀어지는데!
그녀가 떠나기 전에 넌 진짜 잘 대해줘야만 해.

B 네 말이 맞아, 난 죽을지언정 그녀와 헤어지고 싶지 않아.

보너스 트랙 Track_23 회화에 이어서 나옵니다.

B 그녀는 말이야, 노래도 정말 잘 부르고, 생긴 것도 정말 귀엽고,
잘 꾸미고, 제일 중요한 것은 마음씨도 곱다는 거지.

A 정말 눈에 콩깍지가 씌었구나.

단어 &

周杰伦 Zhōu Jiélún
고유 쩌우 지에룬(대만 연예인)

长 zhǎng 통 생기다, 자라다

帅 shuài 형 멋있다

没想到 méi xiǎngdào 미처 생각도 못하다

花花公子 huāhuāgōngzǐ 바람둥이

…似的 shìde ~와 같은

显得… xiǎnde ~로 보이다

壮 zhuàng 형 건장한

管 guǎn 통 관리하다, 간섭하다

向 xiàng 전 ~에게, 향하여

表白 biǎobái 통 고백하다

俩 liǎ 양 2개, 둘

到底 dàodǐ 부 도대체, 결국

清华大学 Qīnghuá Dàxué
고유 칭화 대학교

碰 pèng 통 우연히 만나다

一见钟情 yíjiàn zhōngqíng
첫눈에 반하다

来电了 lái diàn le 느낌이 오다

有点儿 yǒudiǎnr 부 조금

担心 dān xīn 통 걱정하다

读 dú 통 읽다, 학교 가다

硕士 shuòshì 명 석사

久别情疏 jiǔbié qíngshū
눈이 멀어지면 마음도 멀어진다

之前 zhīqián ~ 전에

得…才行 děi…cái xíng 해야만 한다

好好儿 hǎohāor 부 잘

对待 duìdài 통 대하다

没错 méi cuò 맞다(동의 표시)

分开 fēnkāi 통 헤어지다, 분리되다

Track **23**

请听听正常的语速。본문 내용을 일상 회화의 빠르기로 다시 들어보세요.

A 你看，周杰伦他长得特别帅。
Nǐ kàn, Zhōu Jiélún tā zhǎng de tèbié shuài.

B 没想到，你喜欢花花公子似的男的？
Méi xiǎngdào, nǐ xǐhuan huāhuāgōngzǐ shìde nán de?

他才显得那么壮。

从电视上看，他才显得那么壮。
Cóng diànshìshang kàn, tā cái xiǎn de nàme zhuàng.

A 算了，你别管我了！
Suàn le, nǐ bié guǎn wǒ le!

对了，听说你最近向丽丽表白了，成功了吗？
Duì le, tīngshuō nǐ zuìjìn xiàng Lìlì biǎobái le, chénggōng le ma?

B 那还用说，成功了。
Nà hái yòng shuō, chénggōng le.

A 你们俩到底怎么认识的？
Nǐmen liǎ dàodǐ zěnme rènshi de?

B 我上次去清华大学的时候，我们在路上碰到的。
Wǒ shàngcì qù Qīnghuá Dàxué de shíhou, wǒmen zài lùshang pèngdào de.

我对她一见钟情。我们俩就来电了。不过，
Wǒ duì tā yíjiàn zhōngqíng. Wǒmen liǎ jiù lái diàn le. Búguò,

我有点儿担心，因为她明年要去韩国读硕士。
wǒ yǒudiǎnr dān xīn, yīnwèi tā míngnián yào qù Hánguó dú shuòshì.

A 久别情疏！她走之前你得好好儿地对待她才行。
Jiǔbié qíng shū! Tā zǒu zhīqián nǐ děi hǎohāor de duìdài tā cái xíng.

B 你说得没错，我宁愿死，也不愿意跟她分开。
Nǐ shuō de méi cuò, wǒ nìngyuàn sǐ, yě bú yuànyì gēn tā fēnkāi.

보너스 트랙 p.24 해석을 떠올리며 들어보세요.

B 她呀，唱歌儿唱得特别好，长得也非常可爱，
Tā ya, chàng gēr chàng de tèbié hǎo, zhǎng de yě fēicháng kě'ài,

打扮得也很时髦，最重要的是她心地也善良。
dǎban de yě hěn shímáo, zuì zhòngyào de shì tā xīndì yě shànliáng.

A 简直是情人眼里出西施。
Jiǎnzhí shì qíngrén yǎnlǐ chū Xīshī.

재미로 보는 단어

공주병 / 왕자병 / 도끼병	自作多情 zìzuò duōqíng
남자친구	男朋友 nánpéngyou
닭살	鸡皮疙瘩 jīpí gēda
데이트	约会 yuēhuì
바람맞다	被放鸽子 bèi fàng gēzi
아끼다	疼 téng
양다리 걸치다	脚踏两只船 jiǎo tà liǎng zhī chuán
여자친구	女朋友 nǚpéngyou
자기야	我的宝贝 wǒ de bǎobèi
질투하다	吃醋 chīcù
짝사랑	单相思 dānxiāngsī / 单恋 dānliàn
차다	甩 shuǎi
첫사랑	初恋 chūliàn
친한 동생	干妹 gānmèi
프로포즈하다	求婚 qiú hūn

요리하기
我最拿手的菜就是春卷。

Track 25

(TV에서 한 요리사가 춘권 만드는 방법을 이야기하고 있다)

여러분, 안녕하세요. 제가 가장 잘하는 요리가 바로 춘권인데, 오늘 제가 여러분에게 춘권 만드는 법을 설명해 드리겠습니다.

우선 춘권 소를 얘기해볼까요. 소는 정해진 것이 아니라, 각자 좋아하는 것으로 넣으면 되죠.

먼저 소를 잘 볶아서 식혀놓고, 춘권피를 준비합니다.

약간의 소를 피의 밑부분에 두고 아랫부분 끝에서 시작해서 위로 말아 올립니다. 그 다음에는 양쪽 끝을 말아서, 나란히 계속 위로 말아 올립니다.

위쪽까지 말아 올렸을 때, 한쪽을 조금 남겨두고 가장자리에 밀가루 풀을 조금 발라주세요.

마지막으로 풀이 잘 발린 피를 말면 됩니다.

튀길 때는 빨리 튀기고 기름은 깨끗해야 합니다. 처음에는 기름 온도를 조금 높게 하고, 춘권을 집어넣은 후에는 약한 불로, 다 되어갈 때쯤 또 센 불로 해야 하죠. 이렇게 해야지 겉은 바삭바삭하고 속은 충분히 익습니다.

보너스 트랙   Track_27 회화에 이어서 나옵니다.

A 아, 난 한국으로 돌아간 후에 춘권 가게를 하나 내야겠어.

B 아이고, '너 정말 우물가에서 숭늉 찾는 격'이야.

단어 &

厨师 chúshī 몡 요리사

春卷(儿) chūnjuǎn(r) 몡 춘권

包 bāo 통 빚다

拿手 náshǒu 혱 잘하는, 자신 있는

菜 cài 몡 요리

首先 shǒuxiān 뮈 우선

馅儿 xiànr 몡 (만두) 소

固定 gùdìng 혱 고정적인

炒 chǎo 통 볶다

放凉 fàngliáng 식히다

准备 zhǔnbèi 몡통 준비(하다)

皮 pí 몡 (만두)피, 껍질

下半部 xiàbànbù 몡 하반부

角 jiǎo 몡 모서리

向 xiàng 전 ～를 향하여

然后 ránhòu 젭 그 후에

边 biān 몡 쪽

对齐 duìqí 나란히

继续 jìxù 뮈 계속적으로

留 liú 통 남기다

边缘 biānyuán 몡 가, 가장자리

抹 mǒ 통 바르다, 문지르다

糨糊 jiànghú 몡 풀

油温 yóuwēn 몡 기름 온도

稍微 shāowēi 뮈 약간

等 děng 통 기다리다

小火 xiǎohuǒ 몡 약한 불

开 kāi 통 열다, (불을) 켜다

外焦里熟 wài jiāo lǐ shú 바깥은 바삭하고 안은 잘 익다

请听听正常的语速。본문 내용을 일상 회화의 빠르기로 다시 들어보세요.

（电视里有一位厨师正在讲春卷的包法）

各位朋友们，你们好，我最拿手的菜就是春卷，
Gèwèi péngyoumen, nǐmen hǎo, wǒ zuì náshǒu de cài jiù shì chūn juǎn,

我今天给你们讲春卷包法。
wǒ jīntiān gěi nǐmen jiǎng chūnjuǎn bāofǎ.

首先说说春卷的馅儿，馅儿是没有固定的，
Shǒuxiān shuōshuō chūnjuǎn de xiànr, xiànr shì méiyǒu gùdìng de,

自己喜欢吃什么就放什么。
zìjǐ xǐhuan chī shénme jiù fàng shénme.

先把馅儿炒好后，再放凉，准备好春卷皮。
Xiān bǎ xiànr chǎohǎo hòu, zài fàng liáng, zhǔnbèi hǎo chūnjuǎnpí.

放一点馅儿在皮的下半部。从下面的角开始向上卷。
Fàng yìdiǎn xiànr zài pí de xiàbànbù. Cóng xiàmian de jiǎo kāishǐ xiàng shàng juǎn.

然后两边卷过来，对齐继续向上卷。
Ránhòu liǎngbiān juǎn guòlai, duìqí jìxù xiàng shàng juǎn.

卷到上边的时候，留一点边，在边缘抹上糨糊。
Juǎndào shàngbian de shíhou, liú yì diǎn biān, zài biānyuán mǒshàng jiànghú.

最后把抹好糨糊的皮卷过来，就好了。
Zuìhòu bǎ mǒhǎo jiànghú de pí juǎn guòlai, jiù hǎo le.

炸的时候要快，油要干净。一开始的时候油温
Zhá de shíhou yào kuài, yóu yào gānjìng. Yì kāishǐ de shíhou yóu wēn

稍微高一点儿，等把春卷放进去之后，就变小火，
shāowēi gāo yìdiǎnr, děng bǎ chūnjuǎn fàng jìnqu zhī hòu, jiù biàn xiǎohuǒ,

等快好的时候，又要开大火，这样才能外焦里熟。
děng kuài hǎo de shíhou, yòu yào kāi dàhuǒ, zhè yàng cái néng wài jiāo lǐ shú.

A 噢，我要回韩国后开家春卷店。
Ō, wǒ yào huí Hánguó hòu kāi jiā chūnjuǎndiàn.

B 咳，你真是‘到井边要开水，操之过急’。
Hāi, nǐ zhēn shì 'dào jǐng biān yào kāi shuǐ, cāo zhī guò jí'.

재미로 보는 단어

간장	酱油 jiàngyóu	싱겁다	淡 dàn
고추장	辣椒酱 làjiāojiàng	담백하다	清淡 qīngdàn
된장	大酱 dàjiàng	쓰다	苦 kǔ
소금	盐 yán	무치다, 섞다	拌(搅) bàn (jiǎo)
설탕	糖 táng	찌다	蒸 zhēng
식초	醋 cù	부치다, 지지다	煎 jiān
맛	味道 wèidao / 味儿 wèir	삶다, 끓이다	煮 zhǔ
향기롭다	香 xiāng	밥하다	做饭 zuò fàn
시다	酸 suān	밥을 푸다	盛饭 chéng fàn
떫다	涩 sè	불을 붙이다	点火 diǎn huǒ
맵다	辣 là	야채를 다듬다	摘菜 zhāi cài
짜다	咸 xián	재료를 썰다	切菜 qiē cài
비리다	腥 xīng	만두를 빚다	包饺子 bāo jiǎozi
느끼하다	油腻 yóunì	밀가루 반죽하다	和面 huó miàn
달다	甜 tián	직접 불에 굽다	烤 kǎo

운동하기
从来没做过什么运动呢。

Track 29

请听听用汉语怎么说。 다음 대화 내용이 중국어로 어떻게 바뀌는지 들어보세요.

A 너 내일 6시에 일어날 수 있어 없어?

B 난 분명히 못 일어날 거 같은데, 왜?

A 너 좀 일찍 일어나서 같이 요가하러 가자.
내가 볼 때 넌 평소에 운동을 안 해.

B 나란 사람은 말이지, 여태껏 무슨 운동이라고는 해본 적이 없어.

A 이러면 안 돼. 운동은 다이어트에 도움이 되고,
게다가 건강을 위해서라도 해야지.

B 나 같은 사람도 배워서 할 수 있을까?

A 당연히 할 수 있지. 심지어 나 같은 이런 뚱보도 요가를 하는데 하물며 네가?

B 오, 너 정말 대단한걸! 넌 요가를 배운후 느낌이 어때?

A 요가를 하면 몸도 건강해지고, 질병을 예방할 수 있고,
게다가 사람도 아름답게 변하지.

B 좋아, 네가 날 데리고 가.

A 난 매주 월, 수, 금 하는데 마침 내일이 딱 금요일이네, 가는 김에 데려갈게.

보너스 트랙   Track_31 회화에 이어서 나옵니다.

A 요가가 효과가 없는 것 같아.

B 너 조심해. 일단 멈춰버리면 또 원래 모습으로 돌아간다고.

起来 qǐlái 동 일어나다

肯定 kěndìng 부 꼭, 확실히

练 liàn 동 연습하다, 훈련하다

瑜伽 yújiā 명 요가

从来 cónglái 부 지금까지, 여태껏

这样 zhèyàng 대 이렇게, 이와 같다

可 kě 부 강조를 나타냄

有利于… yǒulì yú ~에 유익하다

减肥 jiǎn féi 동 다이어트하다

再说 zàishuō 접 게다가

健康 jiànkāng 형 건강하다

学会 xuéhuì 동 습득하다, 배워서 할 수 있다

连 A 都 B lián A dōu B
A조차도 다 B하다

胖子 pàngzi 명 뚱뚱보

何况 hékuàng 접 하물며

噢 ō 감 아! 오!

真行 zhēn xíng 대단하다, 훌륭하다

觉得 juéde 동 ~라고 느끼다, 여기다

感觉 gǎnjué 명동 느낌, 여기다

不但 A 而且 B búdàn A érqiě B
A할 뿐만 아니라 B하다

防止 fángzhǐ 동 방지하다

疾病 jíbìng 명 질병

变 biàn 동 변하다

带 dài 동 지니다, 휴대하다

每周 měi zhōu 매주

正好 zhènghǎo 부 마침

顺便 shùnbiàn 부 ~하는 김에

请听听正常的语速。본문 내용을 일상 회화의 빠르기로 다시 들어보세요

A 你明天六点起得来起不来？
Nǐ míngtiān liù diǎn qǐ de lái qǐ bu lái?

B 我肯定起不来，为什么？
Wǒ kěndìng qǐ bu lái, wèishénme?

A 你早点儿起床，一起去练瑜伽吧。
Nǐ zǎo diǎnr qǐ chuáng, yìqǐ qù liàn yújiā ba.

我看你平时不做运动。
Wǒ kàn nǐ píngshí bú zuò yùndòng.

B 我这个人啊，从来没做过什么运动呢。
Wǒ zhège rén a, cónglái méi zuòguo shénme yùndòng ne.

A 你这样可不行。运动有利于减肥，
Nǐ zhèyàng kě bù xíng. Yùndòng yǒulì yú jiǎn féi,

再说为了身体健康也得去做。
zàishuō wèile shēntǐ jiànkāng yě děi qù zuò.

B 我这样的人也学得会吗？
Wǒ zhèyàng de rén yě xué de huì ma?

A 当然学得会，连我这个胖子都会瑜伽，何况你呢？
Dāngrán xué de huì, lián wǒ zhège pàngzi dōu huì yújiā, hékuàng nǐ ne?

B 噢，你真行！你自己觉得学习瑜伽后感觉怎么样？
Ō, nǐ zhēn xíng! Nǐ zìjǐ juéde xuéxí yújiā hòu gǎnjué zěnmeyàng?

A 练习瑜伽不但可以身体健康、防止疾病，
Liànxí yújiā búdàn kěyǐ shēntǐ jiànkāng、 fángzhǐ jíbìng、

而且人也变漂亮了。
érqiě rén yě biàn piàoliang le.

B 好的，你带我一起去吧。
Hǎo de,　　nǐ dài wǒ yìqǐ　qù ba.

A 我每周一三五去练，明天正好星期五，
Wǒ méi zhōu yī sān wǔ qù liàn,　míngtiān zhènghǎo xīngqīwǔ,

顺便带你去吧。
shùnbiàn dài nǐ qù ba.

 p.32 해석을 떠올리며 들어보세요.

A 练瑜伽好像没有效果呢。
Liàn　yújiā hǎoxiàng méiyǒu xiàoguǒ ne.

B 你得注意，一旦停下来不练就又恢复原样了。
Nǐ　děi zhùyì,　　yídàn　tíng xiàlai bú liàn jiù yòu huīfù yuányàng le.

재미로 보는 단어

골프	高尔夫球 gāo'ěrfūqiú		야구	棒球 bàngqiú
권투	拳击 quánjī		유도	柔道 róudào
농구	篮球 lánqiú		장거리달리기	长跑 chángpǎo
달리기(조깅)	慢跑 mànpǎo		축구	足球 zúqiú
등산	爬山 páshān		탁구	乒乓球 pīngpāngqiú
레슬링	摔跤 shuāijiāo		테니스	网球 wǎngqiú
마라톤	马拉松 mǎlāsōng		비타민	维生素 wēishēngsù / 维他命 wéitāmìng
배구	排球 páiqiú			
배드민턴	羽毛球 yǔmáoqiú		영양	营养 yíngyǎng
볼링	保龄球 bǎolíngqiú		지방	脂肪 zhīfáng
수영	游泳 yóuyǒng		칼로리	热量 rèliàng

我去给我学生辅导太极拳。

请听听用汉语怎么说。 다음 대화 내용이 중국어로 어떻게 바뀌는지 들어보세요.

A 어, 샤오 천 아니야? 너 어디가?

B 나 우리 학생한테 태극권 과외해주러 가.

A 생각도 못했어, 네가 태극권을 할 줄 안다니. 넌 내가 요즘에 태극권 배우고 싶어하는 거 아직 몰랐어? 태극권한 지는 얼마나 된 거야?

B 난 어릴 때부터 우리 할아버지한테 태극권을 배웠지.
비록 십여 년을 했지만, 그다지 잘하지 않아.

A 나도 태극권을 할 줄 안다면 얼마나 좋을까!
나중에 기회있으면, 좀 가르쳐줘, 알았지?

B 좋아. 문제없어. 그런데 너는? 넌 어디 가는 길이니?

A 난 도서관에 책 반납하러 가, 기한이 다 되어서.

B 어, 이건 루쉰의 《아큐정전》 아니야?

A 응. 이 책이 비록 중국 명서이긴 하지만, 나한테는 너무 어려워.

B 맞아. 난 네가 단편소설을 보던가 아니면 신문의 짧은 소설들을 보라고 권하겠어.

보너스 트랙 Track_35 회화에 이어서 나옵니다.

A 나 드디어 중국 소설 한 권 다 읽었어.

B 정말이야? 네 중국어 실력이 많이 좋아졌나 보네.

A 아니야, 아직 멀었지 뭐.

辅导 fǔdǎo 명동 과외(하다)

太极拳 tàijíquán 명 태극권

没想到 méi xiǎngdào 미처 생각도 못 했다

从小 cóngxiǎo 부 어릴 때부터

虽然 suīrán 접 비록 ~이지만

但是 dànshì 접 그러나

还 huán 동 돌려주다

到期 dào qī 동 기한이 되다

鲁迅 Lǔ Xùn 고유 루쉰(중국 작가)

《阿Q正传》 Ā Kiū(Qiū) zhèngzhuàn 고유 아큐정전(루쉰(鲁迅)의 소설)

小说 xiǎoshuō 명 소설

本 běn 양 권

尽管 jǐnguǎn 접 ~에도 불구하고

名书 míngshū 형 명서

不过 búguò 접 하지만

对…来说 duì…láishuō 고정구 ~에 대해 말하자면

建议 jiànyì 명동 건의(하다), 충고(하다)

短篇小说 duǎnpiān xiǎoshuō 명 단편소설

或者 huòzhě 접 ~거나, ~든지

小小说 xiǎoxiǎoshuō 명 짧은 소설, 콩트

A 哟，这不是小陈吗？你去哪儿？
Yō,　zhè bú shì Xǎo Chén ma? Nǐ qù nǎr?

B 我去给我学生辅导太极拳。
Wǒ qù gěi wǒ xuésheng fǔdǎo tàijíquán.

A 没想到，你会打太极拳，你还不知道我最近想
Méi xiǎngdào, nǐ huì dǎ tàijíquán, nǐ hái bù zhīdao wǒ zuìjìn xiǎng

学打太极拳吗？你打了几年了？
xué dǎ tài jíquán ma? Nǐ dǎ le jǐnián le?

B 我从小开始跟我爷爷学打太极拳。
Wǒ cóngxiǎo kāishǐ gēn wǒ yéye xué dǎ tàijíquán.

虽然我打了十几年了，但是打得还不太好。
Suīrán wǒ dǎ le shí jǐnián le, dànshì dǎ de hái bútài hǎo.

A 我也会打太极拳的话，该多么好啊！
Wǒ yě huì dǎ tàijíquán de huà, gāi duōme hǎo a!

以后有机会，请教教我，好吗？
Yǐhòu yǒu jīhuì, qǐng jiāojiāo wǒ, hǎo ma?

B 好的，没问题。那你呢？你要去哪儿？
Haǒ de, méi wèntí. Nà nǐ ne? Nǐ yào qù nǎr?

A 我要去图书馆还书，到期了。
Wǒ yào qù túshūguǎn huán shū, dào qī le.

B 哎，这不是鲁迅的《阿Q正传》吗？
Āi　zhè bú shì Lǔ Xùn de《Ā Kiū zhèng zhuàn》ma?

A 是的，这本书尽管是本中国名书，
Shì de,　zhè běn shū jǐnguǎn shì běn Zhōngguó míngshū,

不过对我来说太难了。
búguò duì wǒ láishuō tài nán le.

B 对，我建议你看一些短篇小说，
Duì, wǒ jiànyì nǐ kàn yìxiē duǎnpiān xiǎoshuō,

或者报纸上的小小说吧。
huòzhě bàozhǐshang de xiǎoxiǎo shuō ba.

 p.36 해석을 떠올리며 들어보세요.

A 我终于看完了一本中国小说了。
Wǒ zhōngguú kànwǎn le yì běn Zhōngguó xiǎoshuō le.

B 真的? 看样子你的汉语水平提高了吧。
Zhēn de? Kàn yàngzi nǐ de Hànyǔ shuǐpíng tígāo le ba.

A 哪里哪里，还差得远呢。
Nǎli nǎli, hái chà de yuǎn ne.

재미로 보는 단어

우슈	武术 wǔshù		명차	名茶 míngchá
천안문	天安门 Tiān'ānmén		사합원	四合院 sìhéyuàn
만리장성	万里长城 Wànlǐ Chángchéng		얼후	二胡 èrhú
병마용	兵马俑 bīngmǎyǒng		경극	京剧 jīngjù
치파오	旗袍 qípáo		태극권	太极拳 tàijíquán
4대 요리	四大料理 sì dà liàolǐ		사자춤	狮子舞 shīziwǔ
베이징 요리	北京菜 Běijīng cài		전통 절기	传统节日 chuántǒng jiérì
쓰촨 요리	四川菜 Sìchuān cài		설날	春节 Chūnjié
상하이 요리	上海菜 Shànghǎi cài		설을 쇠다	过年 guò nián
광뚱 요리	广东菜 Guǎngdōng cài			

영화 보기

你想看什么电影?

Track 37

请听听用汉语怎么说。 다음 대화 내용이 중국어로 어떻게 바뀌는지 들어보세요.

A 이번 주 일요일에 나 데리고 영화 보러 갈 수 있어?

B 당연하지, 무슨 영화가 보고 싶은데?

A 장 이모우 감독의 《满城尽带黄金甲》, 주연이 저우 룬파하고 꽁 리래. 게다가 영화 제목을 《황후화》로 바꿔서 한국 전역에 상영해.

B 그가 감독한 영화는 내가 아주 여러 번 봤는데 매번 볼 때마다 느낌이 달라.

A 진짜 네 말이 맞아. 듣자하니 중국 대륙 박스오피스는 이미 인민폐 3억 위엔에 이르렀대.

B 역시 장 이모우야. 그의 작품은 《황후화》 말고도 《영웅》, 《인생》, 《책상 서랍 속의 동화》 등등이 있어, 그중 《인생》은 그의 유일한 상영 금지 영화이지, 너 봤어?

A 아니, 그저 들어봤을 뿐이야. 넌 봤어?

B 전에 인터넷에서 다운로드해서 봤지. 너 다운받아본 적 없어?

A 나는 한국에 있었을 때 여러 번 다운받아봤지.
하지만 중국에서는 한 번도 다운받아 본 적이 없어.

보너스 트랙   Track_39 회화에 이어서 나옵니다.

B 최근 중국에도 무료로 영화를 다운받을 수 있는 홈페이지가 있어.
내가 기회 되면 좀 가르쳐줄게.

A 너무 고마운걸. 그때 《인생》부터 먼저 다운받아 봐야겠다.

陪 péi 통 모시다, 함께 가다

张艺谋 Zhāng Yìmóu 고유 장 이모우(영화 감독)

导演 dǎoyǎn 통 감독하다

《满城尽带黄金甲》 Mǎnchéng jìn dài huángjīnjiǎ 고유 황금갑

主演 zhǔyǎn 명 주연, 주인공

周润发 Zhōu Rùnfā 고유 저우 룬파

巩俐 Gǒng Lì 고유 꿍 리

而且 érqiě 접 게다가

片名 piànmíng 영화 제목, 타이틀

改为 gǎiwéi ～로 바꾸다

《皇后花》 Huánghòuhuā 고유 황후화

上映 shàngyìng 통 상영하다

感觉 gǎnjué 명통 감각, ～라고 느끼다

点子 diǎnzi 명 요점, 핵심

大陆 dàlù 명 대륙

票房 piàofáng 명 박스오피스

达到 dádào 통 도달하다, 이르다

亿 yì 수 억

作品 zuòpǐn 명 작품

除了…以外, 还有～ chúle…yǐwài, háiyǒu~ …이외에도 또 ～가 있다

《英雄》 Yīngxióng 고유 영웅

《活着》 Huózhe 고유 인생

《一个都不能少》 Yí ge dōu bù néng shǎo 고유 책상 서랍 속의 동화

等等 děngděng 조 등, 기타

其中 qízhōng 명 그 속, 그중

部 bù 양 부(서적·영화를 셀 때)

唯一 wéiyī 형 유일한

禁 jìn 통 금지하다

只是…罢了 zhǐshì…bà le 단지 ～할 뿐이다

网上 wǎngshàng 인터넷, 온라인

下载 xiàzài 통 다운로드하다

A 这个星期天你陪我去看电影，行吗？
Zhège xīngqītiān nǐ péi wǒ qù kàn diànyǐng, xíng ma?

B 当然，你想看什么电影？
Dāngrán, nǐ xiǎng kàn shénme diànyǐng?

A 张艺谋导演的《满城尽带黄金甲》，主演是周润发和
Zhāng Yìmóu dǎoyǎn de《Mǎnchéng jìn dài huángjīnjiǎ》, zhǔyǎn shì Zhōu Rùnfā hé

巩俐，而且片名改为《皇后花》在韩国全国上映。
Gǒng Lì, érqiě piànmíng gǎiwéi《Huánghòuhuā》zài Hánguó quánguó shàngyìng.

B 他导演的电影我看过好几次，
Tā dǎoyǎn de diànyǐng wǒ kànguo hǎo jǐ cì,

每次看都有不同的感觉，
měi cì kàn dōu yǒu bù tóng de gǎn jué,

A 你说在点子上了。听说中国大陆票房已经达到
Nǐ shuōzài diǎnzi shàng le. Tīngshuō Zhōngguó dàlù piàofáng yǐjing dádào

3亿人民币了。
sān yì rénmínbì le.

B 不愧是张艺谋。他的作品除了《皇后花》以外，
Búkuì shì Zhāng Yìmóu. Tā de zuòpǐn chúle《Huánghòuhuā》yǐwài,

还有《英雄》、《活着》、《一个都不能少》等等。其中
háiyǒu《Yīngxióng》、《Huózhe》、《Yí ge dōu bù néng shǎo》děngděng. Qízhōng

《活着》是他的一部唯一被禁的作品，你看过吗？
《Huózhe》shì tā de yí bù wéiyī bèi jìn de zuòpǐn, nǐ kànguo ma?

A 没有，只是听说过罢了，你看过吗？
Méiyǒu, zhǐshì tīngshuōguo bà le, nǐ kànguo ma?

B 以前我在网上下载看过的，你没下载过吗？
Yǐqián wǒ zài wǎngshàng xiàzài kànguo de, nǐ méi xiàzàiguo ma?

A 我在韩国的时候，下载过好几次，
Wǒ zài Hánguó de shíhou, xiàzàiguo hǎo jǐ cì,

可是在中国一次也没下载过。
kěshì zài Zhōngguó yí cì yě méi xiàzàiguo.

보너스 트랙 p.40 해석을 떠올리며 들어보세요.

B 最近中国也有免费下载的网站，有机会我教教你。
Zuìjìn Zhōngguó yě yǒu miǎnfèi xiàzài de wǎngzhàn, yǒu jīhuì wǒ jiāojiāo nǐ.

A 太感谢了，到时候要先把《活着》下载看看。
Tài gǎnxiè le, dào shíhou yào xiān bǎ 《Huózhe》 xiàzài kànkan.

재미로 보는 단어

공상과학영화	科幻片 kēhuànpiàn		열혈 팬	追星 zhuīxīng
멜로영화	爱情片 àiqíngpiàn		더빙	配音 pèiyīn
공포영화	恐怖片 kǒngbùpiàn		매진되다	客满 kèmǎn
성인영화	成人片 chéngrénpiàn		영화 촬영하다	拍电影 pāi diànyǐng
무협영화	武侠片 wǔxiápiàn		영화 팬	影迷 yǐngmí
음란물	黄色片 huángsèpiàn		자막	字幕 zìmù
에니메이션	动画片 dònghuàpiàn		배역	角色 juésè
심야영화	通宵电影 tōng xiāo diànyǐng		조연	配角 pèijué
연예계	演艺圈 yǎnyìquān		주인공	主角 zhǔjué
연기	演技 yǎnjì		스크린	银幕 yínmù
무비스타	影星 yǐngxīng		줄거리	情节 qíngjié
대사	对白 duìbái			

교통사고

我在路上发生了交通事故。

🎧 Track **41**

请听听用汉语怎么说。 다음 대화 내용이 중국어로 어떻게 바뀌는지 들어보세요.

A 여보세요? 김 부장님, 제가 길에서 교통사고가 났어요, 차가 부딪혔어요.

B 세상에, 자넨 어떤가? 다쳤나?

A 다행히 다치지 않았고, 단지 차가 망가졌어요.

(A가 회사로 돌아왔다)

B 어떻게 된 일인가?

A 어떤 할머니가 갑자기 길을 건너서, 제가 급 브레이크를 밟았지만, 뒷차가 제 차와 부딪혔어요.

B 그러면 그 할머니는 어떻게 되었나? 안 부딪혔나?

A 안 부딪혔는데, 그 할머니가 많이 놀랐어요. 방금 그 아들이 모셔갔습니다. 만약에 조금만 더 늦게 브레이크를 밟았어도 문제가 커졌을 거예요.

B 사람 안 다쳤으면 됐네. 경찰이 와서 처리했나?

A 네, 그 운전자가 음주 운전이라 경찰한테 잡혀갔습니다.

B 운전할 때, 맑은 정신으로만 해야지, 그렇지 않으면 자신도 다치고 다른 사람도 다치게 할 수 있다고. 자네는 좀더 쉬게.

보너스 트랙 🎧 Track_43 회화에 이어서 나옵니다.

A 안전벨트 안 매셨습니다. 운전면허증 보여주시죠.

B 좀 봐주세요.

部长 bùzhǎng 몡 부장

路上 lùshang 몡 길

发生 fāshēng 동 발생하다, 일어나다

交通事故 jiāotōng shìgù 교통사고

撞 zhuàng 동 충돌하다

受伤 shòu shāng 동 상처를 입다

幸好 xìnghǎo 뷔 다행히

怎么回事 zěnme huí shì 어떻게 된 일이야? 웬일이야?

位 wèi 양 (사람의 수를 세는 단위) 분

老大娘 lǎodàniáng 몡 할머니

突然 tūrán 뷔 갑자기

过马路 guò mǎlù 길을 건너다

踩 cǎi 동 밟다

急刹车 jí shā chē 몡동 급 브레이크(를 걸다)

撞上 zhuàngshang 부딪히다

吓坏了 xiàhuài le 심하게 놀라다

刚才 gāngcái 몡 방금

让 ràng 전 …에게 ~당하다

接 jiē 동 마중하다, 인계하다

要是 yàoshi 전 만약 ~라면

慢点儿 màndiǎnr 동 좀 느리게

刹车 shā chē 동 브레이크를 걸다

没事 méi shì 아무일 없다, 괜찮다

警察 jǐngchá 몡 경찰관

酒后开车 jiǔhòu kāi chē 음주 운전

带走 dàizǒu 동 가지고 가다

除非 chúfēi 접 오직 …해야만 ~하다

清醒 qīngxǐng 형 (머리가) 맑고 깨끗하다

否则 fǒuzé 접 만약 그렇지 않으면

害 hài 동 해를 끼치다, 해치다

A 喂? 金部长，我在路上发生了交通事故，车被撞了。

Wéi? Jīn bùzhǎng, Wǒ zài lùshang fāshēng le jiāotōng shìgù, chē bèi zhuàng le.

B 天啊，你怎么样? 受伤了没有?

Tiān'a, nǐ zěnmeyàng? Shòu shāng le méiyǒu?

A 幸好我没受伤，只是车被撞坏了。

Xìnghǎo wǒ méi shòu shāng, zhǐshì chē bèi zhuànghuài le.

(A 回到公司了)

A Huídào gōngsī le

B 你怎么回事儿?

Nǐ zěnme huí shìr?

A 有一位老大娘突然过马路，我踩了急刹车，

Yǒu yíwèi lǎodàniáng tūrán guò mǎlù, wǒ cǎi le jí shā chē,

可是我后面的车撞上了我的车。

kěshì wǒ hòumiàn de chē zhuàngshang le wǒ de chē.

B 那么那位老大娘怎么样了? 没被撞着吗?

Nàme nà wèi lǎodàniáng zěnmeyàng le? méi bèi zhuàngzháo ma?

A 没有，那位老大娘吓坏了，刚才让他儿子接走了。

Méiyǒu, nà wèi lǎodàniáng xiàhuài le, gāngcái ràng tā érzi jiē zǒu le.

要是我慢点儿刹车，问题就大了。

Yàoshi wǒ màndiǎnr shā chē, wèntí jiù dà le.

B 人·没受伤就没事了。 警察来处理了吗?

Rén méi shòu shāng jiù méi shì le. Jǐngchá lái chǔlǐ le ma?

A 来了，那位司机酒后开车，被警察带走了。
Lái le, nà wèi sījī jiǔhòu kāi chē, bèi jǐngchá dàizǒu le.

B 开车时，除非清醒开车，否则会害了自己，
Kāi chē shí, chúfēi qīngxǐng kāi chē, fǒuzé huì hài le zìjǐ,

也会害了别人。你多休息一会儿吧。
yě huì hài le biéren. Nǐ duō xiūxi yíhuìr ba.

보너스 트랙 p.44 해석을 떠올리며 들어보세요.

A 你没系好安全带，请给我看您的驾驶证。
Nǐ méi jì hǎo ānquándài, qǐng gěi wǒ kàn nín de jiàshǐzhèng.

B 请放我一马。
Qǐng fàng wǒ yì mǎ.

재미로 보는 단어

도로	公路 gōnglù	유턴하다	调头 diào tóu
고가도로	高桥 gāoqiáo	음주운전	酒后开车 jiǔhòu kāichē
고속도로	高速公路 gāosù gōnglù	정차하다	停车 tíng chē
렌트하다	包车 bāo chē	졸음 운전을 하다	开车打盹儿 kāichē dǎ dùnr
안전띠	安全带 ānquándài	신호를 위반하다	闯红灯 chuǎnghóngdēng
뺑소니	肇事逃逸 zhào shì táo yì	주유소	加油站 jiāyóuzhàn
신호등	红绿灯 hónglǜdēng	주유하다	加油 jiāyóu
앞으로 가다	前进 qiánjìn	추월하다	超车 chāo chē
우회전	右拐 yòuguǎi / 右转 yòuzhuǎn	횡단보도	人行横道 rénxínghéngdào
좌회전	左拐 zuǒguǎi / 左转 zuǒzhuǎn	후진하다	倒车 dào chē
운전면허증	驾驶执照 jiàshǐ zhízhào	휴게소	休息站 xiūxizhàn

여행하기

我打算去上海和广州旅行。

Track 45

请听听用汉语怎么说。 다음 대화 내용이 중국어로 어떻게 바뀌는지 들어보세요.

A 중국은 남방과 북방을 어떻게 구분하지?

B 중국의 장강을 경계로 북쪽을 북방으로 하고, 남쪽을 남방으로 해 .
참, 2주만 있으면 방학인데, 너 남방 여행 가려고 한다며?

A 응, 난 상하이와 광저우로 여행 갈 계획이야.

B 상하이는 중국의 금융도시이지, 상하이는 광저우에 비해서 많이 커.
상하이 인구가 1300여만 명에 이르거든.

A 여행 간 김에 나는 물건 좀 사고 싶은데, 광저우 물건이 싸니
아니면 상하이 물건이 싸니?

B 광저우가 훨씬 비싸, 베이징보다 두 배는 비싸고,
상하이에 비해서는 1/3 정도가 비싸.

A 우리 반에서 네가 제일 남방을 잘 알잖아,
네 생각에는 어느 도시가 가장 아름다운 것 같아?

B 내가 가본 도시들은 모두 하나같이 아름다웠어. 그곳의 풍경은 정말 최고
로 좋았지. 네가 직접 가서 풍경을 좀 봐야지만 남방이 얼마나 아름다운
지 몸소 느낄 수 있을 거야.

A 좋아, 내일 표 예매하러 가야겠다.

보너스 트랙 Track_47 회화에 이어서 나옵니다.

A 상하이 말과 표준어가 달라서 알아듣기 힘들다는데, 그래?

B 응, 하지만 걱정 마, 70% 이상의 사람들이 표준말을 할 줄 알아.

단어 &

怎样 zěnyàng 데 어떻다, 어떠하다 (= 怎么样)

划分 huàfēn 통 가르다

南北方 nán běi fāng 명 남쪽과 북쪽

以…为 yǐ…wéi …를 ~로 삼다

长江 Chángjiāng 고유 장강

界 jiè 명 경계

只要…就 zhǐyào…jiù …하기만하면 ~하다

放假 fàng jià 통 방학하다

打算 dǎsuan 통 ~할 계획이다

广州 Guǎngzhōu 고유 광저우

旅行 lǚxíng 통 여행하다

金融 jīnróng 명 금융

城市 chéngshì 명 도시

比 bǐ 전 ~에 비해

人口 rénkǒu 명 인구

倍 bèi 양 배 (중국어의 一倍는 우리의 두 배와 같은 의미입니다)

左右 zuǒyòu 명 가량

三分之一 sān fēn zhī yī 1 / 3 (3분의 1)

班 bān 명 반

当中 dāngzhōng 그 가운데

到 dào 통 도착하다, 이르다

一个比一个 yí ge bǐ yí ge 하나하나 전부 (다)

只有…才 zhǐyǒu…cái 오로지 …하는 것만이 ~하다

体会 tǐhuì 통 체험하다, 몸소 느끼다

多么 duōme 부 얼마나

美丽 měilì 형 아름답다

订票 dìng piào 통 표를 예약하다

A 中国是怎样划分南北方的呢?
Zhōngguó shì zěnyàng huàfēn nánběifāng de ne?

B 中国以长江为界，以北为北方，以南为南方。
Zhōnguó yǐ Chángjiāng wéi jiè, yǐ běi wéi běifāng, yǐ nán wéi nánfāng.

对了，只要等两个星期，就放假了，
Duì le, zhǐyào děng liǎng ge xīngqī, jiù fàng jià le,

听说你要去南方旅行，是吗?
tīngshuō nǐ yào qù nánfāng lǚxíng, shì ma?

A 是的，我打算去上海和广州旅行。
Shì de wǒ dǎsuan qù Shànghǎi hé Guǎngzhōu lǚxíng.

B 上海是中国的金融城市。 比广州大得多。
Shànghǎi shì Zhōngguó de jīnróng chéngshì. Bǐ Guǎngzhōu dà de duō.

人口有1300多万。
Rénkǒu yǒu yìqiān sānbǎi duōwàn.

A 旅游的时候，我想顺便买点东西， 广州的东西
Lǚyóu de shíhou, wǒ xiǎng shùnbiàn mǎi diǎn dōngxi, Guǎngzhōu de dōngxi

便宜还是上海的东西便宜?
piányi háishì Shànghǎi de dōngxi piányi?

B 广州更贵，比北京贵一倍左右，
Guǎngzhōu gèng guì, bǐ Běijīng guì yí bèi zuǒyòu,

比上海贵三分之一左右。
bǐ Shànghǎi guì sān fēn zhī yī zuǒyòu.

A 我们班同学们当中你最了解南方，
Wǒmen bān tóngxuémen dāngzhōng nǐ zuì liǎojiě nánfāng,

你觉得哪个城市最漂亮?
nǐ juéde nǎge chéngshì zuì piàoliang?

B   我到过的城市一个比一个漂亮。
Wǒ dàoguo de chéngshì yí ge bǐ yí ge piào liang.

那儿的风景再好不过了。
Nàr de fēngjǐng zài hǎo bú guò le.

只有你自己去看看风景，才能体会到南方多么美丽。
Zhǐyǒu nǐ zìjǐ qù kànkan fēngjǐng, cái néng tǐhuì dào nánfāng duōme měilì.

A   好，我明天就去订票。
Hǎo, wǒ míngtiān jiù qù dìng piào.

보너스 트랙   p.48 해석을 떠올리며 들어보세요.

A   我听说上海话跟普通话不一样，很难懂，是吗？
Wǒ tīngshuō Shànghǎihuà gēn Pǔtōnghuà bù yíyàng, hěn nándǒng, shì ma?

B   是的，但是你放心吧。70%以上的人都会说
Shì de, dànshi nǐ fàng xīn ba. Bǎi fēnzhī qīshí yǐshàng de rén dōu huì shuō

普通话。
Pǔtōnghuà.

재미로 보는 단어

여행하다	旅行 lǚxíng / 旅游 lǚyóu	여행가이드북	旅行指南 lǚxíng zhǐnán
관광하다	观光 guānguāng	여행사	旅行社 lǚxíngshè
견학하다	参观 cānguān	여행객	游客 yóukè / 旅客 lǚkè
일정을 짜다	安排 ānpái	입장권	门票 ménpiào
여행일정	旅程 lǚchéng	표 값	票价 piàojià
가이드	导游 dǎoyóu		

주식 투자

我的股票又涨起来了。

🎧 Track **49**

A 보아하니 오늘 너 무슨 기분 좋은 일 있구나.

B 진짜 잘 맞추네! 내 주식이 또 올랐잖아. 오늘 밤에 내가 한잔 쏠게, 어때?

A 좋아, 갖다 바치는 술을 어찌 마다하리오. 아, 너 들었어?
샤오 리 개가 어제 수업할 때 갑자기 쓰러졌대.
바닥에 머리를 부딪힐 뻔했다니까.

B 웬일이래, 내 생각엔 걔가 요즘에 공부하면서 아르바이트하더니
아마 너무 바빠 몸이 피곤해서 지친 것 같아.

A 아니야, 걔 룸메이트가 그러는데, 걔가 요즘에 주식을 했다네,
며칠 전에 증시가 갑자기 떨어져서 스트레스가 컸나 봐.

B 아, 원래 그랬었군. 주식 투자는 말이지, 증시가 오르면 내가 팔고,
떨어지면 사면 되는 거야.

A 그렇지만 듣기에는 쉬워도 하려고 하면 어려워.

보너스 트랙 🎧Track_51 회화에 이어서 나옵니다.

A 투자는 정말 넓고도 깊은 학문이야.

B 인생은 '새옹지마'라고 하잖아, 언젠가는 나도 주식으로 돈 버는 날이 있
을 거야.

说着了 shuōzháo le 정곡을 찔렀다 (동의의 의미)

股票 gǔpiào 명 주식

又…了 고정 yòu…le 또 ～하다

涨 zhǎng 동 (수위·물가가) 올라가다

送上门来 sòngshàng mén lái 집 앞까지 가져다주다

昏 hūn 동 기절하다

一边 A 一边 B yìbiān A yìbiān B 접 한편으로는 A하고 한편으로는 B하다

头 tóu 명 머리

地板 dìbǎn 명 바닥

打工 dǎ gōng 동 아르바이트하다

可能 kěnéng 부 어쩌면

忙不过来 máng bu guòlai 바빠서 어쩔 줄 모르다

坏 huài 형 상하다, 망가지다

炒股 chǎo gǔ 주식 투자하다

跌 diē 동 (물가·주가 등이) 떨어지다

压力 yālì 명 스트레스

原来 yuánlái 부 원래, 알고 보니

如此 rúcǐ 대 이와 같다

股市 gǔshì 명 주식 시장

请听听正常的语速。본문 내용을 일상 회화의 빠르기로 다시 들어보세요

A 看起来今天你有什么高兴的事儿吧。
Kàn qǐlai jīntiān nǐ yǒu shénme gāoxìng de shìr ba.

B 你真说着了！ 我的股票又涨起来了。
Nǐ zhēn shuōzháo le! Wǒ de gǔpiào yòu zhǎng qǐlai le.

今晚我请你喝杯酒，怎么样？
Jīnwǎn wǒ qǐng nǐ hē bēi jiǔ, zěnme yàng?

A 好啊，送上门来的酒还能不喝？唉，你听说过吗？
Hǎo a, sòngshàng mén lái de jiǔ hái néng bù hē? Āi, nǐ tīngshuōguo ma?

小李他昨天上课的时候突然昏过去了，
Xiǎo Lǐ tā zuótiān shàng kè de shíhou tūrán hūn guòqu le,

头差点儿撞到地板上。
tóu chà diǎnr zhuàngdào dìbǎnshang.

B 怎么了，我看他最近一边学习一边打工，
Zěnme le, wǒ kàn tā zuìjìn yì biān xuéxí yì biān dǎ gōng,

可能忙不过来，身体累坏了。
kěnéng máng bu guòlai, shēntǐ lèihuài le.

A 没有，听他的同屋说他最近炒股了，
Méiyǒu, tīng tā de tóngwū shuō tā zuìjìn chǎo gǔ le,

前几天股市突然跌下来了，可能他的压力太大了。
qián jǐtiān gǔshì tūrán diē xiàlai le, kěnéng tā de yālì tài dà le.

B 噢，原来如此。炒股呀，股市涨，我就卖出去，
Ō, yuánlái rúcǐ. Chǎo gǔ yā, gǔshì zhǎng, wǒ jiù mài chūqu,

跌下来，买就好了嘛。
diē xiàlai, mǎi jiù hǎo le ma.

A 可是听起来很容易，做起来很难。
Kěshì tīng qǐlai hěn róngyì, zuò qǐlai hěn nán.

A 投资真是一门既广且深的学问。
Tóuzī zhēn shì yì mén jìguǎng qiěshēn de xuéwèn.

B 不是有句话“塞翁失马”吗，有朝一日
Bú shì yǒu jù huà "sàiwēng shīmǎ" ma, yǒuzhāo yírì
我也会炒股挣钱的。
wǒ yě huì chǎo gǔ zhèng qián de.

재미로 보는 단어

주식	股份 gǔfèn / 股票 gǔpiào	지적재산권법	知识产权法 zhīshi chǎnquánfǎ
주식 상장	股票上市 gǔpiào shàngshì	특허권	专利权 zhuānlìquán
위탁 금액	委托数量 wěituō shùliàng	본사	总公司 zǒnggōngsī
거래 분량	成交数量 chéngjiāo shùliàng	지사	分公司 fēngōngsī
주주	股东 gǔdōng	노동조합	工会 gōnghuì
주주총회	股东大会 gǔdōng dàhuì	회사의 이사	董事 dǒngshì
변호사	律师 lùshī	이사회 회장	董事长 dǒngshìzhǎng
공인회계사	注册会计师 zhùcè kuàijìshī	사장 / 총지배인	总经理 zǒngjīnglǐ
비준, 허가	批准 pīzhǔn	부사장 / 부총지배인	副总经理 fùzǒngjīnglǐ
영업 허가증	营业执照 yíngyè zhízhào	엔지니어	工程师 gōngchéngshī
외화	外汇 wàihuì	기술직 최고 책임자	总工程师 zǒnggōngchéngshī
수입	进口 jìnkǒu	재무 책임자	财务负责人 cáiwù fùzérén
수출	出口 chūkǒu		

MEMO

INDEX

INDEX

외국어 출판 40년의 신뢰
외국어 전문 출판 그룹
동양북스가 만드는 책은 다릅니다.

40년의 쉼 없는 노력과 도전으로 책 만들기에 최선을 다해온 동양북스는
오늘도 미래의 가치에 투자하고 있습니다.
대한민국의 내일을 생각하는 도전 정신과 믿음으로 최선을 다하겠습니다.

동양북스